«rororo opernbücher» sind Werkmonographien des Musiktheaters. Sie dokumentieren und interpretieren bedeutende Einzelwerke der Operngeschichte.

Außer dem Textbuch (bei fremdsprachigen Opern mit neuer wortgetreuer Übersetzung) enthalten die Bände ausgewählte Quellentexte, Zeugnisse der literarischen Rezeption und Bildmaterialien, die einen Überblick über die Entstehungs- und Wirkungsgeschichte der jeweiligen Oper vermitteln. Der eigens für jeden Band der Reihe von einem Fachautor verfaßte Essay interpretiert und kommentiert das Werk aus heutiger Sicht und stellt so die Verbindung her zwischen dessen historischen und aktuellen Aspekten.

Wolfgang Amadeus Mozart

Die Entführung aus dem Serail

Texte, Materialien, Kommentare

Herausgegeben von Attila Csampai
und Dietmar Holland

Rowohlt

Originalausgabe
Zusammengestellt und
erläutert von
Attila Csampai
und Dietmar Holland
Fachmusikalische und
redaktionelle Mitarbeit:
G. RICORDI & Co.,
Bühnen- und Musikverlag
GmbH, München
Redaktion Beate Menzel
Umschlagentwurf
Ingeborg Bernerth
(Szenenfoto
Salzburger Festspiele 1974/
Foto Steinmetz)
Veröffentlicht im
Rowohlt Taschenbuch
Verlag GmbH,
Reinbek bei Hamburg,
September 1983
Copyright © 1983 by
Rowohlt Taschenbuch
Verlag GmbH,
Reinbek bei Hamburg
Satz Times (Linotron 404)
Gesamtherstellung
Clausen & Bosse, Leck
Printed in Germany
1480-ISBN 3 499 17757 9

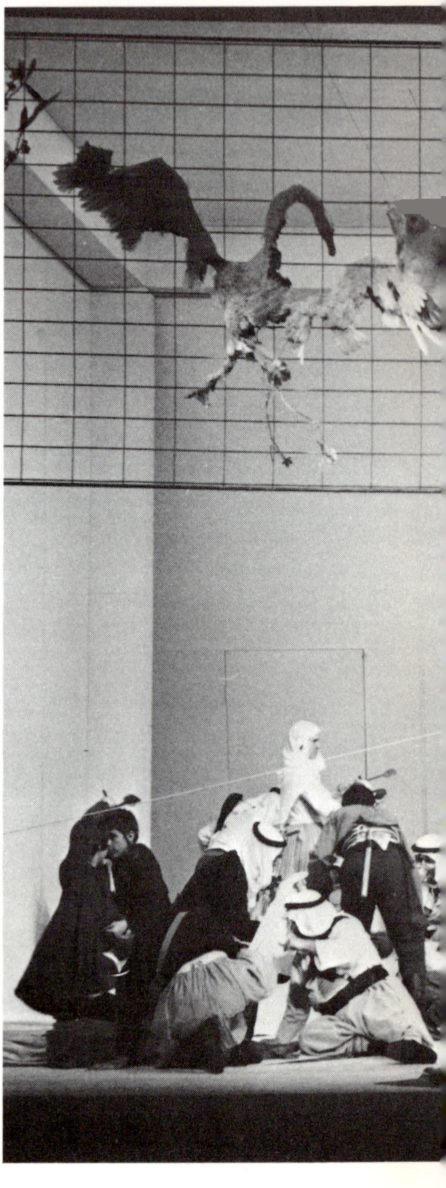

«Ein gewisser Mensch, Namens Mozart, in Wien hat sich erdreistet, mein Drama ‹*Belmonte und Constanze*› zu einem Operntexte zu missbrauchen. Ich protestire hiermit feierlichst gegen diesen Eingriff in meine Rechte und behalte mir Weiteres vor.»

Christoph Friedrich Bretzner

«Ich getraue mir, den Glauben auszusprechen, daß in der ‹*Entführung*› Mozarts Kunsterfahrung ihre Reife erlangt hatte und dann nur die Welterfahrung weiterschuf. Opern wie ‹*Figaro*› und ‹*Don Juan*› war die Welt berechtigt, mehrere von ihm zu erwarten; eine ‹*Entführung*› konnte er mit dem besten Willen nicht wieder schreiben.»

Carl Maria von Weber

Inhalt

Attila Csampai

Plädoyer für eine harmlose Oper

Zu Handlung und Musik in Mozarts
‹Entführung aus dem Serail›

Der Regisseur und Dramaturg Ernst Lert hat einmal die kürzeste Inhalts-
angabe von Mozarts ‹Entführung› verfaßt: «Der spanische Edelmann
Belmonte Lostados entführt seine ihm von Seeräubern geraubte Braut
Constanze, welche die Räuber samt ihrer Zofe, der Engländerin Blonde,
und seinem Diener Pedrillo dem türkischen Bassa Selim verkauft hatten,
aus dem Serail, dem Harem des Bassa; die Flucht aber wird von dem
wegen Blonde eifersüchtigen Haremsaufseher Osmin entdeckt, die
Flüchtigen werden wieder eingebracht. Bis hierher ist die Handlung die
gewöhnliche Opernhandlung. Jetzt aber wendet sie sich hoch ins Ethische. Obwohl nämlich Selim in Belmonte den Sohn seines Todfeindes
entdeckt, der ihn aus der Heimat verstoßen und zum Renegaten gemacht
hat, verzeiht er ihm und entläßt die Christen in ihr Christenland.» Bei der
Gelegenheit [1] nahm Lert auch eine Bewertung des Buchs vor: «Episoden-
los, nur der Handlung des Titels dienend, ist die einfache Fabel. Die Charaktere sind die simplen Typen der Volkskomödie. Die gefangene senti-
mentale Geliebte und ihre resolute kecke Zofe, der seine Geliebte su-
chende und befreiende, edle – ich hätte beinahe gesagt: Prinz, sein komischer, etwas ängstlicher Diener – sind sie uns nicht wohlbekannt aus den
Mimen aller Zeiten und Länder? Der Tyrann, der die Geliebte festhält
und mit seiner Liebe quält, ist zwar kein Zauberer, aber doch aus der
Gegend von 1001 Nacht, sein blutlüsterner, tölpischer Haremsaufseher
aber ist geradezu aus den Zauberhauptaktionen herübergenommen.» [2]
   Was soll man nun heute, zweihundert Jahre später, über eine so harmlose und bis auf den überraschenden Schluß so simpel-konventionelle
Oper noch schreiben?! Was hat sie uns ernstlich noch Neues zu sagen, das
nicht schon hunderte Male gesagt worden wäre und dann beim Publikum

1 Ernst Lert: Mozart auf dem Theater, Berlin 1918, S. 312.
2 Ebd.

und auch bei der schreibenden Zunft nicht immer wieder dasselbe einträchtige Kopfnicken hervorgerufen hätte?! ‹*Die Entführung aus dem Serail*› war schon zu Mozarts Lebzeiten seine mit Abstand erfolgreichste, meistgespielte Oper, und es gibt unter den großen Dauerbrennern des Opernrepertoires kaum ein vergleichbares Stück, das von seiner ersten Vorstellung an über zwei Jahrhunderte hinweg von allen Seiten und auf allen Bildungsebenen eine derart einheitliche Beurteilung und eine ebenso einhellige Zustimmung erfahren hätte wie eben diese harmlose Türkenoper. Sie markiert den entscheidenden Schritt des sechsundzwanzigjährigen Mozart zur persönlichen wie künstlerischen Selbständigkeit. ‹*Die Entführung*› gilt als erste große musikdramatische Tat eines jungen Mannes, der nur wenige Monate zuvor sich sowohl aus der untergeordneten Stellung eines fürstlichen Angestellten beim Salzburger Erzbischof als auch aus der engen Klammer väterlicher Obhut befreit hat und der nach Wien ging, um fortan als freier Komponist sein eigenes Leben zu führen. ‹*Die Entführung*› als ungemein frisches, strahlendes, optimistisches Manifest der eigenen Befreiung und zugleich als eine Stellungnahme für die fortschrittlichen politisch-moralischen Tendenzen der Zeit, für die Aufklärung – so etwa könnte man die heute gängige Meinung über Mozarts Singspiel von 1782 zusammenfassen.

Der edle Türke

Man vermutet sogar, daß Mozart die überraschende Schlußpointe der Handlung, den großmütig dem Sohn seines Todfeindes verzeihenden türkischen Pascha, selbst erfunden hat, um dem simplen Türkensujet eine Wendung ins Ethische zu geben und damit auch seinem Auftraggeber, dem «aufgeklärten Despoten» Kaiser Joseph II., ein Denkmal zu setzen. In der ursprünglichen Textfassung des Berliner Textdichters Christoph Friedrich Bretzner erkennt der Bassa in Belmonte seinen eigenen, lange totgeglaubten Sohn wieder, und läßt dann diesem seine Gnade zuteil werden, was natürlich den moralischen Wert seiner Handlung ungleich geringer macht; dem Nachkommen seines Erzfeindes zu verzeihen und ihm die Angebetete großzügig zu überlassen, verlangt da schon erheblich mehr sittliche Größe, und dies um so mehr, als ihm nun ein Lostados schon zum zweitenmal das Liebesobjekt «entführt». Belmontes Vater hat dem Bassa, wie dieser selbst berichtet, vor vielen Jahren schon einmal die Geliebte geraubt, allerdings wohl gegen deren Willen: sie ist vermutlich die Mutter des Belmonte. Und nun wiederholt sich das grausame, für den

Bassa so grausame Spiel nach zwanzig (?) Jahren noch einmal. Es ist nicht völlig auszuschließen, daß der Bassa am Ende gar der leibliche Vater des Belmonte ist, als türkischer Würdenträger (Bassa = Pascha und nichts weiter als ein militärischer Rang) muß er ja nicht unbedingt auch türkischer Herkunft sein; er wird im Verlauf der Handlung mehrmals als Renegat bezeichnet, also er ist wohl ein des Glaubens abtrünniger Nicht-Muselmann, der die europäischen Sitten beherrscht, die europäische Architektur liebt, die europäischen Frauen begehrt ...

Ob es nun Mozarts oder Stephanies oder eines anderen Idee war, die Figur des Bassa am Ende noch mit josephinischen Zügen auszustatten: es ist jedenfalls schon sehr viel geschrieben worden über den aufklärerischen, modernen, fortschrittlichen Charakter des Stücks, über seine geistige Nähe zu Lessings ‹Nathan› (in der Person des Selim), und zur ‹Minna von Barnhelm› (bezüglich der völligen Gleichstellung von Herren- und Dienerpaar), ebenso zur Goetheschen ‹Iphigenie› (Verzicht des Thoas auf Iphigenie). Und es ließen sich gewiß zu einer Reihe von anderen Theaterstücken und Opern der Zeit inhaltliche und dramaturgische Bezüge aufspüren; dennoch gehen die aufklärerischen Tendenzen der ‹Entführungs›-Fabel – Mozarts neuen Schluß miteingerechnet – in keiner Weise über das normale, damals übliche und erlaubte Maß an Zeitbezug und an politisch-kultureller Aktualität hinaus. Vielmehr gab es damals in ganz Europa und gerade in Wien eine ausgesprochene «Türkenmode», und ebenso hatte man im josephinischen Wien auch nichts gegen eine derart positive Herrscherdarstellung einzuwenden, auch wenn es ein Türke war, der da des Kaisers Züge annahm. Die Zeiten, in denen man in Mitteleuropa sich vor den Türken fürchtete, waren längst vorbei, genau neunundneunzig Jahre zuvor hatten die Osmanen das letzte Mal Wien belagert; inzwischen aber war das ottomanische Reich zu einem kranken, sterbenden Koloß geworden, der nun selbst von allen Seiten bedroht war. Nun mußten die Türken auf allen Bühnen Europas für ihre frühere Gefährlichkeit büßen und sich verspotten lassen, wenn sie nicht, wie der Bassa, das Glück hatten, als «edle Barbaren» kritisch-positive Gegenmodelle zu den in der Regel nicht sehr aufgeklärten europäischen Fürsten verkörpern zu dürfen.

Gewiß übernimmt auch Mozarts Musik in ihrer optimistischen Grundhaltung, ihrer strahlenden Helligkeit, ihrem jugendlichen Elan, in der klaren, gemäßigten, mittleren, Haupttonart C-dur einiges von der aufklärerischen Tendenz des Textbuches, doch geschieht dies nicht in jener vordergründigen, idealisierenden Weise, wie es die meisten bisherigen Deuter der Oper Mozarts Musik andichteten, in der Absicht, die moralischen Aspekte der Handlung, nämlich die Treue und Standhaftigkeit der beiden

Frauen, besonders hervorzuheben. Betrachtet man etwa die musikalische Gesamtdisposition der Oper wie auch die einzelnen dramatischen Ansatzpunkte der Musik, so fällt auf, daß die eigentlichen Höhepunkte der Handlung von der Musik vernachlässigt werden: Fluchtversuch und auch der überraschende Gnadenakt des Bassa werden im Sprechdialog abgehandelt.

«eine Neue intrigue»

In der Bretznerschen Vorlage stand die Entführungs-Szene als großes Ensemble am Anfang des dritten Aktes. Mozart spürte wohl sofort, daß dies dramaturgisch nicht sehr geschickt war, zumal auch der Schluß des zweiten Aktes dadurch ein wenig in der Luft hing. So wollte er die Entführungs-Szene lieber als Finale am Ende des zweiten Aktes stattfinden lassen und bat Stephanie, seinen Textdichter, für den nun etwas handlungsarmen dritten Akt «eine große Veränderung, ja eine ganz Neue intrigue»[3] * sich einfallen zu lassen, was dieser aber offensichtlich nicht zustande brachte. Dazu Mozart-Biograph Hermann Abert: «An dem Unvermögen Stephanies, für den dritten Akt eine neue Intrige zu ersinnen, ist jene Umarbeitung allem Anscheine nach gescheitert. Die Entführungsszene blieb an ihrer alten Stelle, wurde aber jetzt nicht mehr als Ensemble, sondern, mit Ausnahme der Romanze, als reine Dialogszene behandelt.»[4]

Die Entscheidung Mozarts, im dritten Akt mangels einer neuen Intrige auf ein großes Entführungs-Ensemble (und ebenso auf die musikalische Gestaltung des überraschenden Gnadenaktes des Bassa) zu verzichten, hat schon im letzten Jahrhundert bei diversen Kommentatoren der Oper, so etwa bei Jahn und Bulthaupt, Unverständnis und auch Kritik hervorgerufen – und das Gegenargument, ein Ensemble an ungünstiger Stelle sei immer noch besser als gar keines; und in der Tat leidet der dritte Akt ein wenig an dem Fehlen einer zentralen das Geschehen zusammenfassenden musikalischen Nummer. (Das coupletartige, harmlose Schlußvaudeville ist dafür kein ausreichender Ersatz.) Kann es sein, daß Mozart sich deshalb eine «Neue intrigue» wünschte, weil ihn die rein aktionistische Entführungs-Szene musikalisch nicht interessierte?!

3 Mozarts Brief an seinen Vater vom 26. September 1781.
4 Hermann Abert: W. A. Mozart. Band I, 8. Aufl. Leipzig 1973, S. 770.
* Vgl. *Dokumentation S. 108.*

Mozarts musikalische Intrige

Der Komponist hat schließlich doch seine eigene «intrigue» durchgesetzt, wenn auch an anderer Stelle als zunächst geplant, nämlich am Ende des zweiten Aktes; er hat so zumindest an seiner Stelle in den eindimensionalen, linearen Handlungsverlauf des Bretznerschen Stücks ein kleines Hindernis, eine vorübergehende dramaturgische Störung eingebaut – und zwar mit seinen *musikalischen* Mitteln: Das Quartett Nr. 16 am Schluß des zweiten Aktes beginnt an einer der schönsten Stellen der Handlung, kurz nach dem ersten glücklichen Wiedersehen des seriösen Liebespaars Belmonte–Konstanze, und eben in einem ungestörten Augenblick, in dem die vier Europäer das erste Mal unter sich sind und Gelegenheit haben, ihren Fluchtplan gemeinsam feierlich zu bekunden: «Voll Entzükken, Freud' und Wonne sehn wir unser Leiden End'», lautet der einmütig vorgetragene und empfundene Schlußvers des beseelten ersten Abschnitts in diesem Quartett.

Doch dann, wie ein Blitz aus heiterem Himmel, geschieht etwas, womit niemand, der die Oper bis dahin verfolgt hat, rechnen würde: Die Musik verdunkelt sich, geht unversehens nach g-Moll über, wird von einer bohrenden Drei-Achtel-Bewegung ergriffen, und die Idealgestalt, der «Märchenprinz» Belmonte, entpuppt sich plötzlich als argwöhnischer, an der Treue seiner Braut zweifelnder, ganz normaler Mann. Es ist ihm zwar nicht angenehm, seinen Verdacht, Konstanze könnte es mit dem Bassa getrieben haben, offen auszusprechen, so bringt er nur, zögernd und stotternd, einige Verlegenheitsfloskeln hervor: «Man sagt ... du seist ...» usw.; da aber just im selben Augenblick sein Diener Pedrillo dem Blondchen gegenüber denselben Zweifel äußert, und zwar standesgemäß mit viel deutlicheren Worten, wird nicht nur jedem klar, worauf Belmonte anspielte, sondern auch, daß in bestimmten Situationen alle Männer gleich empfinden.

Dennoch bleibt die Frage, warum Mozart ausgerechnet in dieser harmonischen Situation, in diesem erfüllten Augenblick, in eine Märchenhandlung eine Eifersuchtsszene hat einbauen müssen: sie bewirkt nämlich nicht nur innerhalb der Szene einen dramaturgischen Bruch, sondern sie konterkariert auch das bis dahin geltende ästhetisch-stilistische Grundkonzept der Oper: Ein derart profanes und alltäglich-banales Motiv wie unbegründete Eifersucht, nimmt den Figuren ihren märchenhaften, antinaturalistischen Charakter und dem Ganzen die Illusion einer idealen Begebenheit. Es entbehrt gleichwohl nicht einer gewissen Ironie, wenn man miterleben muß, daß in einer so extremen Situation, wo es wirklich Wichtigeres zu bereden gäbe und man eigentlich auch schon fliehen könnte, anstatt die geplante Flucht umständlich für die Nacht zu verabreden, die Herren der Schöpfung nichts Besseres zu tun haben, als ihren Frauen eine Eifersuchtsszene zu machen.

Musik und Sprache

Das komplizierte Verhältnis von Musik und Sprache in der Oper gehört zu den von der Musikästhetik und der Musiktheorie noch nicht hinreichend geklärten Problemen. In ähnlicher Weise zeugt auch die tägliche Inszenierungspraxis an den Opernhäusern von den Schwierigkeiten der meisten Regisseure mit der «unmöglichen» Kunstform der Oper, insbesondere von der weitverbreiteten Unfähigkeit, die musikalische Struktur als eine vom Sprechtext grundsätzlich unabhängige, eigenständige dramatische Dimension zu begreifen und umzusetzen. So müssen sich bis heute die meisten Opernwerke gefallen lassen, daß die Interpretationen in aller Regel nur an Hand des Textbuches vorgenommen werden, dem man weithin die alleinige *inhaltliche* Kompetenz beimißt, während man der Musik bestenfalls zutraut, eine wie auch immer geartete (atmosphärische oder emotionale) Bestätigung bzw. Verstärkung der im Text begrifflich festgelegten dramatischen Vorgänge und Charakterisierungen leisten zu können.

So ist man auch in der bisherigen Deutungsgeschichte der ‹*Entführung*› selbstverständlich davon ausgegangen, daß Mozarts Musik in erster Linie die ethisch-erzieherischen Intentionen des Textbuches unterstützen würde und weiter nichts (zumal sie ohnehin auf Grund ihrer objektiven Unbestimmtheit nicht in der Lage sei, dem Text auf einer begrifflich-bestimmten Ebene zu widersprechen). Also hält man sich bei dieser Oper seit jeher an die Interpretationen und simplen Charakterisierungen, die das Textbuch den Figuren angedeihen läßt, und projiziert dies dann einfach auf die Musik. Und so ist es seit jeher beschlossene Sache, daß Osmin auch von Mozart als Bösewicht, Belmonte als idealer Liebhaber, Konstanze und Blonde als unerschütterlich treue Bräute komponiert worden sind.

Die These, daß Mozart in seinen Wiener Opern als erster Komponist überhaupt wirkliche, lebendige Menschen aus Fleisch und Blut musikalisch erschaffen und auf die Bühne gestellt habe, wird gemeinhin erst vom ‹*Figaro*› an, seinem ersten politisch-aktuellen und realistischen Sujet, akzeptiert – wiederum hervorgerufen durch das kongeniale Textbuch von Lorenzo da Ponte –, während an der ‹*Entführung*› bis heute das Etikett

14

des «noch nicht ganz gelungenen» Jugendwerks, und «jungfräulicher Empfindung» haftengeblieben ist.[5] Der bedeutende Mozart-Biograph Hermann Abert war einer der ersten, der der romantisch-idealistischen Auffassung des vorigen Jahrhunderts und auch einer nur auf die Intentionen des Textbuches ausgerichteten Interpretation nachdrücklich widersprach. Er tat dies ausgerechnet im Zusammenhang mit der Figur des Osmin, der ja gewöhnlich für einen geilen, grausamen und boshaften Christenfresser gehalten wird, für eine wirklich böse Türkenkarikatur. «Osmin ist weder ein hausbackener Spaßmacher im Sinne des deutschen Singspiels noch eine Karikatur in dem der opera buffa. Mozart kennt überhaupt keine Komik im älteren Sinne mehr. Es war wohl seine größte geistige Tat, daß er die Oper von dem künstlichen Gegensatz verstiegener Heroendarstellung und nicht minder unwahrer komischer Verzerrungen befreite und für Tragik und Komik auf die letzte Quelle, das menschliche Leben selbst zurückging. Er ist der größte Realist des musikalischen Dramas, seine Gestalten stehen ausschließlich auf dem Boden der Wirklichkeit und sind allein auf sie bezogen. Er hat damit die Kenntnis vom Menschen, soweit es das musikalische Drama betrifft, ganz ungeheuer erweitert, indem er Tragik und Komik in ganz eigentümlicher Weise verschmolz und das Niederste dem Höchsten zugesellte. [...] Jetzt, in der ‹Entführung› ... war er imstande, den Charakteren seiner Figuren auf den Grund zu blicken und sie als individuelle, unteilbare Einheiten starker und schwacher, aufwärts strebender und an die Erde sich anklammernder Kräfte zu erkennen. Damit wurde Mozart aber zum Schöpfer eines ganz neuen Weltbildes in der Oper. Diese Gestalten mußten ganz anders fühlen, erleben und handeln als die, die man bisher gewohnt war. Sie wollen weder bestimmte Ideen verkörpern noch Verstand und Witz belustigen, noch, wie ein Lieblingswort der rationalistischen Ästhetik lautete, ‹die Natur nachahmen›. Sie waren vielmehr selbst Natur, d. h. unmittelbares schöpferisches Leben. Daher sind sie auch weder gut noch böse im Sinne gemeiner Moral; sie werden nicht beständig an einem außerhalb der Wirklichkeit stehenden Sittengesetz gemessen, sondern allein an der Wirklichkeit selbst. Mozart ist aber auch darin ein Dramatiker weit moderneren Stils, daß er seine einzelnen Figuren genau aufeinander bezieht. Keine steht für sich da, jede ist aus dem Licht und Schatten der übrigen heraus modelliert. Daher das reich dahinströmende, ewig bewegte Leben dieser Dramen, ihr ausgeprägter

---

5 Vgl. Carl Maria von Webers Einführung in Mozarts ‹Entführung aus dem Serail› in der Dresdner *Abendzeitung* vom 16. Juni 1818. In: C. M. v. Weber, Kunstansichten, Leipzig 1975, S. 209–211.

Wirklichkeitscharakter, der sie heute noch so frisch und wahr erscheinen läßt wie am ersten Tag.»[6]

Entscheidend an diesem glänzenden Plädoyer für das Musiktheater Mozarts ist, daß Abert eine realistische Menschenbehandlung schon in der ‹Entführung› verwirklicht sieht, in einem ganz unrealistischen Stück. Und genau dieser innere Widerspruch unterscheidet diese Oper von den nachfolgenden Meisterwerken Mozarts. Andererseits wird nirgendwo anders in Mozarts großen Wiener Opern die Eigenständigkeit der musikalischen Diktion so deutlich wie hier, da die Musik auf der emotionalen Ebene die idealisierende und typisierende Menschenbehandlung des Textbuches ständig konterkariert.

Bühnenhandlung und musikalische Gegenhandlung oder: Die Entscheidung der Frauen

Mozart hat in der ‹Entführung› also weniger die Bretznersche Fabel vertont, als die Figuren selbst in ihrer besonderen seelischen Befindlichkeit. Nicht auf die einfache Geschichte, sondern auf das komplizierte Innenleben von Menschen, die durch das Schicksal in eine extreme Lebenssituation geworfen werden, richtet sich seine Aufmerksamkeit. Und er liefert in der Partitur nachträglich den glaubhaften und wirklichkeitsnahen seelisch-emotionalen Hintergrund für das relativ einfache Handlungsschema des Textbuches. Dabei interessiert er sich vor allem für die inneren *Konflikte* der fünf singenden und indirekt auch der sechsten nur sprechenden Figur, denn gerade die widerstreitenden Gefühle sind der diskontinuierlichen und dialektischen Struktur seiner Musik besonders zugänglich.

Mozart deutet diesen allen Figuren gemeinsamen Liebeskonflikt musikalisch nicht als einfaches sittlich-moralisches Problem, sondern als komplizierten Widerstreit der Gefühle im Inneren der Beteiligten, und es sind da massive erotische Gegenkräfte wirksam gegen die vom Textbuch einseitig propagierte sittliche Liebe. Mit anderen Worten: Mozarts Musik dringt durch die äußere Fassade von Moral und Unerschütterlichkeit hindurch und gewährt einen wahrhaftigen Einblick in das konfliktreiche Innenleben der Figuren: und es stellt sich heraus, daß da die Gefühle der Frauen ihren europäischen Partnern gar nicht so eindeutig, so festgefügt sind, wie es äußerlich den Anschein hat. Zwei gleichartige, beinahe parallel verlaufende Dreieckskonstellationen werden sichtbar und zeigen so-

6 Abert, a. a. O., S. 779–280.

wohl die Herrin als auch die Zofe in deutlicher Bedrängnis durch den jeweiligen türkischen Liebhaber und im Widerstreit sittlich-tugendhafter und erotisch-vitaler Gefühle. Mozart verlagert also durch die Musik den Hauptakzent der Geschichte vom moralisch-aufklärerischen Ausgang, von der Gnadenentscheidung des Bassa (die unkomponiert bleibt) hin zu der im Stück nirgends direkt ausgesprochenen inneren *Entscheidung der Frauen*: die Entscheidung, schließlich doch bei ihren europäischen Liebhabern zu bleiben. Und da die Frauen diese eigentliche Entscheidung schon vorher, im Verlauf der Handlung, treffen, rückt der spätere Gnadenakt des Bassa in ein anderes Licht: Er erscheint als durchaus naheliegende Reaktion eines Mannes, der einen Korb bekommen hat, und für sich das beste daraus macht: «Wen man durch Wohltaten nicht für sich gewinnen kann, den muß man sich vom Halse schaffen», so des Bassa weise, an den bitter enttäuschten Osmin gerichteten Schlußworte. Der Bassa weiß, daß er Konstanze, auf die er zunächst nicht völlig vergebens hoffte, spätestens nach der Wiederkehr Belmontes verloren hat; denn mit ihm hat sie auch ihr früheres Leben, ihr wohlgeordnetes Dasein wieder eingeholt. Es mag merkwürdig klingen: Aber zumindest für die beiden Frauen bedeutet die Flucht aus des Bassas Gewahrsam, die Entscheidung für die Freiheit zugleich die Rückkehr in das normale, geordnete, vorgezeichnete Leben und die Entscheidung *für* die Konvention, *für* die sozial sanktionierte Liaison, *für* die ihnen zugewiesenen Rolle einer europäischen Ehefrau.

Und dies ist auf alle Fälle gegen die Freiheit des Gefühls, gegen die freie Bewegung erotischer Kräfte gerichtet. Eine Verbindung Konstanze–Bassa wäre ja das Unmögliche, das Undenkbare, die wirkliche Utopie, die alle gesellschaflichen Schranken sprengende Liebesbeziehung, die natürlich nur in einer derartigen exterritorialen Enklave, an einem «anderen Ort» als dem heimischen stattfinden könnte.

Natürlich verhindert die durch die Sprechrolle vorgegebene emotionale Zurückhaltung des Bassa, daß sich die zwischen ihm und Konstanze anbahnenden Gefühle in derselben Weise entfalten können wie etwa zwischen dem singenden Liebespaar Konstanze–Belmonte. Es gibt jedoch stichhaltige dramaturgische Gründe, warum der Bassa nicht singen darf.[7]

---

7 Erstens: Der Bassa verkörpert die übergeordnete moralische Instanz der Handlung; er ist die Allegorie des aufgeklärten, gütigen Herrschers. Sein Innenleben, seine Gefühle sind viel zu sehr geordnet, als daß er unversehens in emotionale Zustände geraten könnte, die seine Empfindungen und Leidenschaften im Sinne der musikalischen Affektenästhetik ausbrechen ließen. Zweitens: Er ist der einzige, der nicht unter seelischem Druck steht, wie alle anderen Beteiligten der Handlung, sondern diesen Druck von oben, diese Gewalt, selber ausübt. Es würde unecht und larmoyant wirken, wenn Mozart ihn seine Liebesqualen genauso ausleben ließe wie die anderen Figuren, da die Verhältnisse letztlich von ihm selbst hergestellt sind. Und

Da aber Mozart, wie schon Hermann Abert nachwies, die einzigartige Gabe besaß, «seine einzelnen Figuren genau aufeinander zu beziehen» und «jede ... aus dem Licht und Schatten der übrigen heraus» zu «modellieren»[8], erfahren wir selbst bei einer «unmusikalischen» Figur wie dem Bassa einiges über seinen Charakter nur über die emotionalen Wirkungen und Reaktionen, die er auf Grund seines Verhaltens und Handelns in den anderen, insbesondere in Konstanze auslöst. So hat bereits Heinrich Bulthaupt vor fast hundert Jahren darauf hingewiesen, das die Martern-Arie Konstanzes (Nr. 11) «völlig wie ein dramatischer Dialog gedacht» sei. Und weiter heißt es bei Bulthaupt: «Schon die lange Orchesterintroduction, die sie eröffnet, verlangt von beiden Personen ein lebhaftes Spiel, die Worte der Arie aber lassen notwendig darauf schließen, daß der Bassa Constanzes Bitten eindringlich zurückweist, so daß sie ein Recht hat auszurufen: ‹Doch dich rührt kein Flehen.› Das Ganze setzt sich also aus Bewegung und Gegenbewegung, Frage und Antwort, Bitte und Versagen zusammen – und doch ist Constanze die einzige, die ihren Gefühlen im Gesang Ausdruck gibt, während der Bassa lediglich auf die Pantomime angewiesen ist.»[9]

Heinrich Eduard Jacob ging da noch einen Schritt weiter. «Da Selim eine Sprechrolle hat», notiert er in seiner 1955 erschienen Mozart-Biographie, «kann er die Heldin nicht ‹in Tönen bedrohen›. Nun muß also Selims ‹Grausamkeit› in der Seele der gequälten Konstanze zu einem Hysterie-Ausbruch werden. Und so wurde diese Arie hysterisch! Wenn Bulthaupt ... behauptet, Konstanze sänge das, was in der Seele des Bassa vorgeht, so ist das nur bedingt richtig. Es ist ein ‹Teilschauplatz der Seele›. In ihrer großen Exaltation bemerkt Konstanze nämlich nicht, wie sehr der Bassa mit sich selber kämpft.»[10]

Man kann aus der emotionalen Aufwallung, der «hysterischen» Überreaktion Konstanzes in der Martern-Arie ebensogut den Schluß ziehen, daß der Bassa durch sein ständiges Drängen in ihrem Herzen doch mehr ausgelöst hat, als sie es sich selbst eingestehen möchte. Vielleicht dient der Ausbruch doch auch dazu, ihre eigenen Gefühle für den Bassa in ihrem Inneren zu unterdrücken.

Um einiges handfester und offener als auf der diskreten Kommunikationsebene der seriösen Paare werden die erotischen Konflikte auf der

---

drittens würde die ohnehin simple Handlung das letzte Quentchen Spannung verlieren, wenn Mozart die gute Seele des Bassa schon vorher musikalisch preisgeben würde – durch einen vorschnellen Blick in sein Innenleben.

8 Abert, a. a. O., S. 780.

9 Heinrich Bulthaupt: Die Dramaturgie der Oper. Bd. I. Leipzig 1887, S. 106.

10 H. E. Jacob: Mozart. Geist – Musik – Schicksal (Tb-Ausg.), 3. Aufl., München 1978, S. 255.

Diener-Ebene ausgetragen. Hier kommt es in der ersten Szene des zweiten Aktes zwischen dem von der Handlung ebenfalls nicht füreinander bestimmten Paar Osmin–Blonde zu einer emotionalen Annäherung, die auch auf seiten der bedrängten Zofe die Grenzen von Sittsamkeit und Tugend deutlich überschreiten läßt. Bereits in ihrer zu Beginn der Szene erklingenden Arie Nr. 8 läßt das Blondchen nämlich deutlich durchblicken, daß sie gar nicht abgeneigt wäre, Osmins Liebesbezeugungen zu erwidern, wenn er sie nur etwas galanter, zärtlicher, europäischer behandeln würde: Und Mozarts Musik unterstützt ganz offensichtlich Blondes neckisches Spiel mit zärtlich-schmeichelnden Tönen. Daß Osmin im darauffolgenden Dialog so borniert türkisch und tölpelhaft ablehnend reagiert und so stur auf seinem vermeintlichen Herrenrecht beharrt, darf durchaus als eine Verlegenheitsgeste gewertet werden; er hat einfach selber nicht damit gerechnet, daß ihm das Blondchen jemals so unverblümt ihre «Bereitschaft» signalisieren würde, und bekommt nun plötzlich Angst vor der eigenen Courage. Jemand, der bei einer so günstigen Gelegenheit so verschämt, so hilflos reagiert, kann jedoch nicht jene gefährliche Bestie, jener geile, bedrohliche Tölpel sein, den die meisten Wort- und Bühneninterpreten des Osmin bis heute hartnäckig in ihm sehen wollen.

Das folgende Zankduett Nr. 9 führt diese Situation konsequent zu Ende und bezeugt nochmals eindringlich das hohe Maß an Offenheit, Vertraulichkeit und Intimität zwischen dem ungleichen Paar. Die beiden zanken sich hier genauso wie ein altes Ehepaar. Eine «duettierende» Herzensvereinigung in der Musik findet zwar nicht statt – dies ginge denn doch zu sehr wider die Intentionen des Textbuches –, aber es herrscht ein derart vertraulich-lockerer Umgangston zwischen ihnen, daß man tatsächlich beinahe zweifeln möchte an Blondchens Treue. Und immerhin verwehrt Mozart dem «richtigen» Paar Blonde–Pedrillo jegliche duettierende Selbstdarstellung.

Also finden bereits in der scheinbar so harmlosen ‹Entführung› jene merkwürdigen erotischen Gegenbewegungen in der Musik statt, die wir aus den späteren Opern Mozarts kennen. Mozart scheint sich dabei stets für die nicht denkbaren, verbotenen, sozial nicht realisierbaren Paarungen besonders zu interessieren, und für jene unberechenbaren, unkontrollierbaren Gefühlsregungen, die «über den Abgrund der Stände hinweg»[11], diesmal sogar die Kluft zwischen Kulturen überwindend, das *erotische Prinzip* walten lassen. Diese «unerlaubten» erotischen Annäherungen stehen stets im Widerspruch zur konkreten Situation, zur sozialen

11 Theodor W. Adorno: Huldigung an Zerlina. In: Moments musicaux, Frankfurt a. M. 1964.

Wirklichkeit der «falschen» Paare, ob sie nun Don Giovanni und Zerlina, Fiordiligi und Ferrando, Guglielmo und Dorabella oder Osmin und Blonde heißen. Das freie Ausleben der Gefühle, so Mozarts bitteres Fazit, das erotische Prinzip hat weder in der feudalen noch in der bürgerlichen Gesellschaft eine Chance; es findet lediglich und nur für wenige heimliche Augenblicke in Mozarts Musik statt.

Insofern verwirklicht Mozart schon in diesem harmlosen Singspiel seine realistische Konzeption des Menschen. Denn nur dort, wo derartige unmittelbar wirkende erotischen Kräfte möglich sind und ausgelebt werden können, kann man von der Existenz wirklicher körperlich-greifbarer und mit einer Seele ausgestatteter Menschen sprechen. Die menschenbildende, antropomorphe Kraft seiner Musik ist in diesem Werk aber schon so stark, daß sie selbst aus so blutleeren Typen wie den Figuren Bretzners noch lebendige Individuen aus Fleisch und Blut formen kann. Um die seelische Glaubwürdigkeit seiner Gestalten zu erreichen, setzt sich Mozart dann auch über die Intentionen des Textbuches hinweg und gibt etwa dem Osmin eine Reihe positiver Eigenschaften hinzu, während er dem zu idealistisch gezeichneten Belmonte eine Portion Eifersucht untermischt. Darüber hinaus gelingt es ihm hier auch, einen kolportagehaften Handlungsablauf glaubwürdiger erscheinen zu lassen, indem in seiner Musik vorführt, wie die Entscheidungen und Handlungen der Figuren zustande kommen, welches Bündel von emotionalen Prozessen jeder noch so simpel anmutenden konkreten Handlung vorausgeht, und daß diese inneren Vorgänge stets konfliktreich ablaufen. Es gibt keinen anderen Komponisten, der den Menschen in seiner Musik so vollständig, in einem so hohen Grade *menschenähnlich* gestaltet hat wie Mozart, so daß wir uns in ihr in unserer psychisch-leibhaftigen Totalität wiedererkennen können. Wobei bei Mozart der Mensch trotz aller inneren Widersprüche noch als ganzheitlich-unentfremdetes Wesen erscheint: denn in seiner Musik ist die Einheit von Empfindung und Ausdruck noch gewahrt.

Attila Csampai

Inhalt der Oper

Erster Aufzug. Platz vor dem Palast des Bassa Selim am Ufer des Meeres

Der junge spanische Adelige Belmonte nähert sich, irgendwo im riesigen Türkenreich, dem Landhaus des mächtigen türkischen Würdenträgers Bassa Selim und hält Ausschau nach seiner Braut Konstanze. Diese ist mit ihrer Zofe Blonde und seinem Diener Pedrillo bei einem Schiffsunglück von ihm getrennt worden und in die Hände von Seeräubern gefallen; von diesen sind sie dann an den Bassa Selim als Sklaven weiterverkauft worden. Belmonte hat nach langem Suchen herausgefunden, daß der Bassa Konstanze und das Dienerpaar auf seinem Landsitz gefangenhält, und ist nun gekommen, um seine Geliebte zu befreien (Arie Nr. 1). Zunächst trifft er aber auf Osmin, den mißtrauischen türkischen Aufseher des Bassa, dem ohnchin alle Fremden suspekt sind, und bringt diesen durch sein forsches Auftreten und durch seine Fragerei sogleich in Rage (Lied und Duett Nr. 2). Dann erscheint Belmontes Diener Pedrillo, ohne seinen Herrn zu bemerken, und liefert dem aufgebrachten Osmin einen weiteren Anlaß, um seinen aufgestauten Zorn gegen das «hergelauf'ne» Christenpack herauszulassen. Die Szene gipfelt in einer Aufzählung sämtlicher Folterqualen, die er den verhaßten Christen am liebsten zufügen würde (Arie Nr. 3). Nachdem Osmin sich entfernt hat, kommt Belmonte aus seinem Versteck, und Herr und Diener feiern ein herzliches Wiedersehen. Jetzt erst erfährt Belmonte den genauen Hergang der Ereignisse und muß auch zur Kenntnis nehmen, daß der Bassa Konstanze liebt und sie zu seiner Frau machen möchte. Da er aber sehr die europäischen Sitten achte, habe er sich ihr bislang nicht mit Gewalt zu nähern versucht, fügt Pedrillo tröstend hinzu. Er selber sei in einer ähnlichen Situation, da der grobe Osmin es auf sein Blondchen abgesehen habe. Die beiden beschließen, daß Pedrillo seinen Herrn bei dem kunstverständigen Bassa als Baumeister einführen solle, damit dieser Konstanze wenig-

stens sehen kann. Belmonte ist hin und her gerissen zwischen Angst und
Wiedersehensfreunde (Arie Nr. 4). Da kündigt ein Jubelchor der Einhei-
mischen die Rückkehr des Bassa an, der gerade mit Konstanze eine
«Lustfahrt» zu Schiffe unternommen hat, um sie ein wenig aufzuheitern
(Chor der Janitscharen Nr. 5 b). Doch Konstanze hat die Trauer über ihre
Trennung von Belmonte noch nicht überwunden (Arie Nr. 6). Da sie Bassas Wunsch, ihn wiederzulieben, nicht erfüllen kann, bittet sie ihn um ein
wenig Zeit. Der Bassa, der keine Gewalt gegen sie anwenden möchte,
gewährt ihr ein weiteres Mal «Bedenkzeit». Nachdem sie gegangen ist,
erscheint Pedrillo mit Belmonte und empfiehlt ihn dem Bassa als neuen
Baumeister, worauf ihn dieser sogleich einstellt. Als die beiden Spanier
dann den Palast betreten wollen, verwehrt ihnen der argwöhnische Osmin den Zutritt, muß sich aber schließlich doch der physischen Überlegenheit der beiden beugen (Terzett Nr. 7).

Zweiter Aufzug. Garten am Palast des Bassa Selim

Obwohl sie Osmin als Sklavin geschenkt worden ist, vermag Konstanzes
kecke Zofe sich den täppischen Dicken geschickt vom Leib zu halten. Sie
gibt ihm zu verstehen, daß die europäischen Mädchen anders, zärtlicher
behandelt werden wollen als die Türkenweiber (Arie Nr. 8). Als Osmin
auf seinem Herrenrecht beharrt, droht sie ihm, ihn über ihre Herrin be-
strafen zu lassen und hat damit Erfolg. Sie behält auch im anschließenden
Zankduett deutlich die Oberhand (Duett Nr. 9). Nachdem sie Osmin
weggescheucht hat, kommt Konstanze in den Garten und beklagt ein weiteres Mal ihr trauriges Schicksal (Nr. 10: Rezitativ und Arie). Blondchen
versucht sie aufzuheitern, doch schon erscheint der Bassa und fordert
Konstanze mit Nachdruck auf, ihn nun endlich zu lieben. Konstanze wi-
derspricht ihm heftig und gibt ihm wütend zu verstehen, daß sie lieber den
Tod und auch die schrecklichsten Martern erleiden wolle, als sich ihm
hinzugeben (Arie Nr. 11). Der Bassa ist erstaunt über soviel Mut und will
es nun mit List versuchen. Nachdem die beiden sich entfernt haben, stürzt
Pedrillo herein und berichtet dem Blondchen freudestrahlend von der
Ankunft Belmontes. Er habe mit seinem Herrn inzwischen auch schon
einen Fluchtplan ausgeheckt, dazu müsse er aber zuerst dem argwöhni-
schen Osmin einen kräftigen «Schlaftrunk» verabreichen. Blonde ist außer sich vor Freude (Arie Nr. 12); Pedrillo indes muß sich vorher noch
selber Mut zusprechen (Arie Nr. 13). Als Osmin endlich auftaucht, spielt
er ihm geschickt eine mit einem Schlafmittel versetzte Flasche Wein zu
und animiert ihn zum Trinken, was sich der alkoholgierige Muselmann

nicht zweimal sagen läßt. Zu zweit stimmen sie ein Preislied auf Bacchus an (Duett Nr. 14). Im trunkenen Zustand erweist sich Osmin als durchaus freundlicher Charakter. Nachdem Pedrillo den schlaftrunkenen Osmin zu Bett gebracht hat, kommen die vier Europäer zum erstenmal ungestört zusammen, und Belmonte und Konstanze feiern ein tränenreiches Wiedersehen (Arie Nr. 15). Danach verabreden die vier, um Mitternacht die Flucht zu wagen. Die Harmonie wird etwas getrübt, als Belmonte zögernd seinen Verdacht äußert, Konstanze könnte ihm untreu gewesen sein; als Pedrillo seinem Blondchen dasselbe vorhält, löst sie durch eine prompte Ohrfeige sehr schnell alle Unklarheiten: Jetzt gibt es für die beiden Männer keinen Zweifel mehr, daß ihre Frauen treu waren (Quartett Nr. 16).

Dritter Aufzug. Platz vor dem Palast des Bassa Selim

Kurz vor Mitternacht warten Belmonte und Pedrillo einigermaßen aufgeregt vor dem Palast des Bassa. Um nicht aufzufallen, singt Belmonte noch eine Arie, in der er ausdrücklich sein Vertrauen gegenüber seiner Geliebten bekundet (Arie Nr. 17). Pünktlich um Mitternacht beginnt dann Pedrillo vor dem Fenster der Frauen ein Ständchen, das verabredete Signal zur Flucht vorzutragen (Romanze Nr. 18). Die eigentliche «Entführung» der beiden Frauen aus ihren Gemächern wird dann aber so umständlich und lautstark vollzogen, daß die Flüchtigen schließlich doch noch entdeckt, von der Palastwache eingefangen und vor den wieder nüchtern gewordenen Osmin geführt werden. Dieser genießt seinen Triumph aus ganzer Seele und kündigt ihnen die baldige Hinrichtung an (Arie Nr. 19). Als der Bassa die Szene betritt und sich über Konstanzes Betrug wundert, gesteht sie ihm, daß Belmonte ihr Geliebter sei, und bittet, für ihn sterben zu dürfen. Als Belmonte daraufhin seinen wirklichen Namen und seine Herkunft nennt, erkennt der Bassa in ihm den Sohn seines ärgsten Todfeindes, der ihm vor vielen Jahren die Braut raubte und ihn um Ehre und Vermögen brachte. Belmonte ist nun auf die schrecklichste Strafe gefaßt. Die beiden Liebenden nehmen schmerzlich Abschied voneinander und bekräftigen noch einmal ihre «unsterbliche» Liebe (Rezitativ und Duett Nr. 20). Der Bassa aber spricht ein überraschendes Urteil: Er gibt beiden Paaren die Freiheit. Osmins Protest nützt nichts. Auch «sein» Blondchen darf mit Pedrillo die Heimreise antreten. Voller Dankbarkeit nehmen die vier diese Entscheidung an und preisen die Huld des Bassa Selim, allein Osmin kann seine bittere Enttäuschung nicht verbergen (Vaudeville Nr. 21a). Dann brechen die vier sofort auf, der Bassa aber bleibt allein zurück inmitten seiner Janitscharen, die ihn hochleben lassen (Chor der Janitscharen Nr. 21b).

Gottlieb Stephanie der Jüngere (1741–1800) – so genannt, um ihn von sei-nem Bruder Christian Gottlob zu unterscheiden – war Schauspieler, Regis-seur und Bühnendichter am Wiener Burgtheater. Er schrieb für Mozart das Textbuch zur ‹Entführung aus dem Serail›, das allerdings auf Christoph Friedrich Bretzner zurückgeht. Obwohl Mozart mit Stephanie nicht sehr zufrieden war, da er sich unter anderem als unfähig erwies, im dritten Akt eine von Mozart gewünschte «ganz Neue intrigue» zu erfinden, arbeiteten die beiden vier Jahre später beim ‹Schauspieldirektor› wieder zusammen.

Johann Gottlieb Stephanie d. J.

Die Entführung aus dem Serail

Ein Singspiel in drei Aufzügen
frei nach Christoph Friedrich Bretzners
Operette ‹Bellmont und Constanze›

Musik von
Wolfgang Amadeus Mozart
KV 384

Uraufführung am 16. Juli 1782
im k. k. Nationalhoftheater in Wien

Textbuch

Reihenfolge der Musiknummern

Ouvertüre

Erster Aufzug

Nr. 1   *Arie.* Hier soll ich dich denn sehen.

Nr. 2   *Lied und Duett.* Wer ein Liebchen hat gefunden.

Nr. 3   *Arie.* Solche hergelauf'ne Laffen.

Nr. 4   *Rezitativ und Arie.* Konstanze, dich wiederzusehen!

Nr. 5a *Marcia.*

Nr. 5b *Chor der Janitscharen.* Singt dem großen Bassa Lieder.

Nr. 6   *Arie.* Ach, ich liebte, war so glücklich!

Nr. 7   *Terzett.* Marsch! Marsch! Marsch! Trollt euch fort!

Zweiter Aufzug

Nr. 8   *Arie.* Durch Zärtlichkeit und Schmeicheln.

Nr. 9   *Duett.* Ich gehe, doch rate ich dir.

Nr. 10 *Rezitativ und Arie.* Welcher Wechsel herrscht in meiner Seele.

Nr. 11 *Arie.* Martern aller Arten.

Nr. 12 *Arie.* Welche Wonne, welche Lust.

Nr. 13 *Arie.* Frisch zum Kampfe! Frisch zum Streite!

Nr. 14 *Duett.* Vivat Bacchus! Bacchus lebe!

Nr. 15 *Arie.* Wenn der Freude Tränen fließen.

Nr. 16 *Quartett.* Ach, Belmonte, ach, mein Leben!

Dritter Aufzug

Nr. 17 *Arie.* Ich baue ganz auf deine Stärke.

Nr. 18 *Romanze.* In Mohrenland gefangen war.

Nr. 19 *Arie.* Ha, wie will ich triumphieren.

Nr. 20 *Rezitativ und Duett.* Welch ein Geschick!

Nr. 21a *Vaudeville.* Nie werd ich deine Huld verkennen.

Nr. 21b *Chor der Janitscharen.* Bassa Selim lebe lange!

Personen

Selim, Bassa	*Sprechrolle*
Konstanze, Geliebte des Belmonte	*Sopran*
Blonde, Mädchen der Konstanze	*Sopran*
Belmonte	*Tenor*
Pedrillo, Bedienter des Belmonte und Aufseher über die Gärten des Bassa	*Tenor*
Osmin, Aufseher über das Landhaus des Bassa	*Baß*
Klaas, ein Schiffer	*Sprechrolle*
Ein Stummer, Wache	
Chor der Janitscharen	

Die Szene ist auf dem Landgut des Bassa.

Orchesterbesetzung

Piccoloflöte, 2 Flöten, 2 Oboen, 2 Klarinetten / 2 Bassetthörner, 2 Fagotte; 2 Hörner, 2 Trompeten; Pauken, Deutsche Trommel, Triangel, Becken, Türkische Trommel;
Streicher; Hammerflügel oder Cembalo

Erster Aufzug

*Platz vor dem Palast des Bassa Selim am Ufer des
Meeres.*

Erster Auftritt
Belmonte allein.

BELMONTE Hier soll ich dich denn sehen,   *Nr. 1:*
Konstanze! dich mein Glück!   *Arie*
Laß, Himmel, es geschehen,
Gib mir die Ruh' zurück!
Ich duldete der Leiden,
O Liebe! allzuviel!
Schenk mir dafür nun Freuden
Und bringe mich ans Ziel.
(er spricht)
Aber wie soll ich in den Palast kommen?   *Monolog*
Wie sie sehen? Wie sprechen?

Zweiter Auftritt
*Belmonte. Osmin mit einer Leiter, welche er an ei-
nen Baum vor der Tür des Palasts lehnt, hinauf-
steigt und Feigen abnimmt.*

OSMIN Wer ein Liebchen hat gefunden,   *Nr. 2: Lied*
Die es treu und redlich meint,   *und Duett*
Lohn' es ihr durch tausend Küsse,
Mach' ihr all das Leben süße,
Sei ihr Tröster, sei ihr Freund.
    Trallalera, trallalera!
BELMONTE *(spricht)*
Vielleicht, daß ich durch diesen Alten etwas   *Dialog*

erfahre. – He, Freund, ist das nicht das Landhaus des Bassa Selim?

OSMIN   *(singt wie zuvor während der Arbeit)*
    Doch sie treu sich zu erhalten,   *Lied*
    Schließ' er Liebchen sorglich ein;
    Denn die losen Dinger haschen
    Jeden Schmetterling und naschen
    Gar zu gern von fremdem Wein.
       Trallalera, trallalera!

BELMONTE   *(spricht)*
    He, Alter, he! Hört Ihr nicht?   *Dialog*
    Ist hier des Bassa Selim Palast?

OSMIN   *(sieht ihn an, dreht sich herum und singt wie zuvor)*
    Sonderlich beim Mondenscheine,   *Lied*
    Freunde, nehmt sie wohl in acht!
    Oft lauscht da ein junges Herrchen,
    Kirrt und lockt das kleine Närrchen,
    Und dann, Treue, gute Nacht!
       Trallalera, trallalera!

BELMONTE   Verwünscht seist du samt deinem Liede!   *Duett*
    Ich bin dein Singen nun schon müde;
    So hör doch nur ein einzig Wort!

OSMIN   Was Henker laßt Ihr Euch gelüsten,
    Euch zu ereifern, Euch zu brüsten?
    Was wollt Ihr? Hurtig! Ich muß fort.

BELMONTE   Ist das des Bassa Selim Haus?

OSMIN   He?

BELMONTE   Ist das des Bassa Selim Haus?

OSMIN   Das ist das Bassa Selim Haus.
    (Er will fort.)

BELMONTE   So wartet doch!

OSMIN   Ich kann nicht weilen.

BELMONTE   Ein Wort!

OSMIN   Geschwind, denn ich muß eilen.

BELMONTE   Seid Ihr in seinen Diensten, Freund?

OSMIN   He?

BELMONTE   Seid Ihr in seinen Diensten, Freund?

OSMIN   He?

BELMONTE   Seid Ihr in seinen Diensten, Freund?

OSMIN   Ich bin in seinen Diensten, Freund.

BELMONTE   Wie kann ich den Pedrill' wohl sprechen,   *Rezitativ*

Der hier in seinen Diensten steht?

OSMIN Den Schurken, der den Hals soll brechen, *Duett*
Seht selber zu, wenn's anders geht.
(will fort)

BELMONTE *(für sich)*
Was für ein alter, grober Bengel!

OSMIN *(ihn betrachtend, für sich)*
Das ist just so ein Galgenschwengel!

BELMONTE *(zu ihm)*
Ihr irrt, es ist ein braver Mann.

OSMIN So brav, daß man ihn spießen kann.

BELMONTE Ihr müßt ihn wahrlich nicht recht kennen.

OSMIN Recht gut! Ich ließ' ihn heut verbrennen.

BELMONTE Er ist fürwahr ein guter Tropf!

OSMIN Auf einen Pfahl gehört sein Kopf!
(Er will fort.)

BELMONTE So bleibet doch!

OSMIN Was wollt Ihr noch?

BELMONTE Ich möchte gerne –

OSMIN *(spöttisch)*
So hübsch von ferne ums Haus rumschleichen
Und Mädchen stehlen? – Fort, Euresgleichen
Braucht man hier nicht.

BELMONTE Ihr seid besessen, sprecht voller Galle
Mir so vermessen ins Angesicht!

OSMIN Nur nicht in Eifer!

BELMONTE Schont Euren Geifer.

OSMIN Ich kenn Euch schon.

BELMONTE Laßt Euer Drohn.

OSMIN Schert Euch zum Teufel! Ihr kriegt, ich schwöre,
Sonst ohne Gnade die Bastonade!
Noch habt Ihr Zeit! Noch habt Ihr Zeit!
(Er stößt ihn fort.)

BELMONTE Es bleibt kein Zweifel, Ihr seid von Sinnen.
Welch ein Betragen auf meine Fragen!
Seid doch gescheit! Seid doch gescheit!

OSMIN Schert Euch zum Teufel! Ihr kriegt, ich schwöre,
Sonst ohne Gnade die Bastonade!
Noch habt Ihr Zeit! Noch habt Ihr Zeit!
(Belmonte ab.)

Dritter Auftritt

Osmin, hernach Pedrillo.

OSMIN *(allein)*

Könnt' ich mir doch noch so einen Schurken *Dialog*
auf die Nase setzen wie den Pedrillo; so einen
Gaudieb, der Tag und Nacht nichts tut, als
nach meinen Weibern rumzuschleichen und
zu schnobern, ob's nichts für seinen Schnabel
setzt. Aber ich laure ihm sicher auf den
Dienst, und wohl bekomm' dir die Prügel-
suppe, wenn ich dich einmal beim Kanthaken
kriege! Hätt' er sich nur beim Bassa nicht so
eingeschmeichelt, er sollte den Strick längst
um den Hals haben.

PEDRILLO *(tritt auf)*

Nun, wie steht's, Osmin? Ist der Bassa noch
nicht zurück?

OSMIN Sieh danach, wenn du's wissen willst.

PEDRILLO Schon wieder Sturm im Kalender? Hast du
dies Gericht Feigen für mich gepflückt?

OSMIN Gift für dich, verwünschter Schmarotzer!

PEDRILLO Was in aller Welt ich dir nur getan haben
muß, daß du beständig mit mir zankst. Laß
uns doch einmal Frieden machen.

OSMIN Friede mit dir? Mit so einem schleichenden,
spitzbübischen Paßauf, der nur spioniert, wie
er mir eins versetzen kann? Erdrosseln
möcht' ich dich!

PEDRILLO Aber sag nur, warum? Warum?

OSMIN Warum? – Weil ich dich nicht leiden kann.

Solche hergelauf'ne Laffen, *Nr. 3:*
Die nur nach den Weibern gaffen, *Arie*
Mag ich vor den Teufel nicht.
Denn ihr ganzes Tun und Lassen
Ist, uns auf den Dienst zu passen;
Doch mich trügt kein solch Gesicht.
Eure Tücken, eure Ränke,
Eure Finten, eure Schwänke
Sind mir ganz bekannt.

Mich zu hintergehen,
Müßt ihr früh aufstehen,
Ich hab auch Verstand.
Drum, beim Barte des Propheten!
Ich studiere Tag und Nacht,
Ruh nicht, bis ich dich seh töten,
Nimm dich, wie du willst, in acht.

PEDRILLO Was bist du für ein grausamer Kerl – und ich *Dialog*
hab dir nichts getan.

OSMIN Du hast ein Galgengesicht, das ist genug.

Erst geköpft, dann gehangen, *Arie*
Dann gespießt auf heiße Stangen,
Dann verbrannt, dann gebunden
Und getaucht, zuletzt geschunden.
(Er geht ins Haus.)

Vierter Auftritt

Pedrillo, hernach Belmonte.

PEDRILLO *(allein)*
Geh, verwünschter Aufpasser, es ist noch *Dialog*
nicht aller Tage Abend. Wer weiß, wer den
andern überlistet; und dir mißtrauischem,
gehässigem Menschenfeinde eine Grube zu
graben, sollte ein wahres Fest für mich sein.

BELMONTE Pedrillo, guter Pedrillo!

PEDRILLO Ach, mein bester Herr! Ist's möglich? Sind
Sie's wirklich? Bravo, Madam Fortuna,
bravo, das heißt doch Wort gehalten! Schon
verzweifelte ich, ob einer meiner Briefe Sie
getroffen hätte.

BELMONTE Sag, guter Pedrillo, lebt meine Konstanze
noch?

PEDRILLO Lebt, und noch hoff' ich, für Sie. Seit dem
schrecklichen Tage, an welchem das Glück
uns einen so häßlichen Streich spielte und unser Schiff von den Seeräubern erobern ließ,
haben wir mancherlei Drangsal erfahren.
Glücklicherweise traf sich's noch, daß der
Bassa Selim uns alle drei kaufte: Ihre Kon-

stanze nämlich, meine Blonde und mich. Er ließ uns sogleich hier auf sein Landhaus bringen. Donna Konstanze ward seine auserwählte Geliebte.

BELMONTE Ah! Was sagst du?

PEDRILLO Nu, nur nicht so hitzig! Sie ist noch nicht in die schlimmsten Hände gefallen. Der Bassa ist ein Renegat und hat noch so viel Delikatesse, keines seiner Weiber zur Liebe zu zwingen. Und soviel ich weiß, spielt er noch immer den unerhörten Liebhaber.

BELMONTE Wär' es möglich? Wär' Konstanze noch treu?

PEDRILLO Sicher noch, lieber Herr! Aber wie's mit meinem Blondchen steht, weiß der Himmel! Das arme Ding schmachtet bei einem alten, häßlichen Kerl, dem sie der Bassa geschenkt hat; und vielleicht – ach, ich darf gar nicht dran denken!

BELMONTE Doch nicht der alte Kerl, der soeben ins Haus ging?

PEDRILLO Eben der.

BELMONTE Und dies ist der Liebling des Bassa?

PEDRILLO Liebling, Spion und Ausbund aller Spitzbuben, der mich mit den Augen vergiften möchte, wenn's möglich wäre.

BELMONTE O guter Pedrillo! Was sagst du?

PEDRILLO Nur nicht gleich verzagt! Unter uns gesagt: ich hab' auch einen Stein im Brette beim Bassa. Durch mein bißchen Geschick in der Gärtnerei hab' ich seine Gunst weggekriegt, und dadurch hab' ich so ziemlich Freiheit, die tausend andere nicht haben würden. Da sonst jede Mannsperson sich entfernen muß, wenn eines seiner Weiber in den Garten kommt, kann ich bleiben; sie reden sogar mit mir, und er sagt nichts darüber. Freilich mault der alte Osmin, besonders, wenn mein Blondchen ihrer Gebieterin folgen muß.

BELMONTE Ist's möglich? Du hast sie gesprochen? – O sag, sag: Liebt sie mich noch?

PEDRILLO Hm, daß Sie daran zweifeln! Ich dächte, Sie

kennten die gute Konstanze mehr als zu gut, hätten Proben genug ihrer Liebe. – Doch damit dürfen wir uns nicht aufhalten. Hier ist bloß die Frage, wie's anzufangen ist, wegzukommen.

BELMONTE Oh, da hab ich für alles gesorgt! Ich hab hier ein Schiff in einiger Entfernung vom Hafen, das uns auf den ersten Wink aufnimmt und –

PEDRILLO Ah, sachte, sachte! Erst müssen wir die Mädels haben, ehe wir zu Schiffe gehen, und das geht nicht so husch, husch, wie Sie meinen!

BELMONTE O lieber, guter Pedrillo, mach nur, daß ich sie sehen, daß ich sie sprechen kann! Das Herz schlägt mir vor Angst und Freude!

PEDRILLO Pfiffig müssen wir das Ding anfangen, und rasch müssen wir's ausführen, damit wir den alten Aufpasser übertölpeln. Bleiben Sie hier in der Nähe. Jetzt wird der Bassa bald von einer Lustfahrt auf dem Wasser zurückkommen. Ich will Sie ihm als einen geschickten Baumeister vorstellen, denn Bauen und Gärtnerei sind seine Steckenpferde. Aber lieber, goldner Herr, halten Sie sich in Schranken: Konstanze ist bei ihm –

BELMONTE Konstanze bei ihm? Was sagst du? Ich soll sie sehen?

PEDRILLO Gemach, gemach, ums Himmels willen, lieber Herr! Sonst stolpern wir. – Ah, ich glaube, dort seh ich sie schon angefahren kommen. Gehn Sie nur, auf die Seite, wenn er kommt; bleiben Sie hier, ich will ihm entgegengehen.

(Er geht ab.)

Fünfter Auftritt

Belmonte allein.

BELMONTE Konstanze, dich wiederzusehen, dich!

O wie ängstlich, o wie feurig
Klopft mein liebevolles Herz!
Und des Wiedersehens Zähre

Nr. 4:
Rezitativ
und Arie

34

Lohnt der Trennung bangen Schmerz.
Schon zittr' ich und wanke,
Schon zag ich und schwanke;
Es hebt sich die schwellende Brust!
Ist das ihr Lispeln?
Es wird mir so bange! –
War das ihr Seufzen?
Es glüht mir die Wange!
Täuscht mich die Liebe?
War es ein Traum?

O wie ängstlich, o wie feurig
Klopft mein liebevolles Herz!
Ist das ihr Lispeln?
War das ihr Seufzen?
Es wird mir so bange,
Es glüht mir die Wange!
O wie ängstlich, o wie feurig
Klopft mein liebevolles Herz!
Schon zittr' ich und wanke!
Schon zag ich und schwanke!
O wie ängstlich, o wie feurig
Klopft mein liebevolles Herz!

PEDRILLO *(kommt hurtig gelaufen)*
Geschwind, geschwind auf die Seite und ver-   *Dialog*
steckt! Der Bassa kommt.
(Belmonte versteckt sich.)

Sechster Auftritt

Der Bassa Selim und Konstanze kommen in einem   *Nr. 5 a:*
Lustschiffe angefahren, vor welchem ein anderes   *Marcia*
Schiff mit Janitscharen-Musik voraus landet. Die
Janitscharen stellen sich am Ufer in Ordnung auf,
stimmen folgenden Chor an und entfernen sich.

CHOR Singt dem großen Bassa Lieder, töne, feuri-   *Nr. 5 b:*
ger Gesang;   *Chor der*
Und vom Ufer halle wider unsrer Lieder   *Jani-*
Jubelklang!   *tscharen*
VIER SOLI Weht ihm entgegen, kühlende Winde,
Ebne dich sanfter, wallende Flut!

35

> Singt ihm entgegen, fliegende Chöre,
> Singt ihm der Liebe Freuden ins Herz!
> CHOR Singt dem großen Bassa Lieder, töne, feuriger Gesang;
> Und vom Ufer halle wider unsrer Lieder Jubelklang!
> *(Die Janitscharen ab.)*

Siebenter Auftritt

Selim, Konstanze.

SELIM Immer noch traurig, geliebte Konstanze? Immer in Tränen? Sieh, dieser schöne Abend, diese reizende Gegend, diese bezaubernde Musik, meine zärtliche Liebe für dich. Sag, kann nichts von allem dich endlich beruhigen, endlich dein Herz rühren? Sieh, ich könnte befehlen, könnte grausam mit dir verfahren, dich zwingen.   *Dialog*
(Konstanze seufzt.)
Aber nein, Konstanze, dir selbst will ich dein Herz zu danken haben – dir selbst –

KONSTANZE Großmütiger Mann, o daß ich es könnte! Daß ich's erwidern könnte – aber –

SELIM Sag, Konstanze, sag, was hält dich zurück?

KONSTANZE Du wirst mich hassen.

SELIM Nein, ich schwöre dir's. Du weißt, wie sehr ich dich liebe, wieviel Freiheit ich dir vor allen meinen Weibern gestatte, dich wie meine Einzige schätze.

KONSTANZE O so verzeih!

> Ach, ich liebte, war so glücklich,   *Nr. 6:*
> Kannte nicht der Liebe Schmerz;   *Arie*
> Schwur ihm Treue, dem Geliebten,
> Gab dahin mein ganzes Herz!
> Doch wie schnell schwand meine Freude.
> Trennung war mein banges Los;
> Und nun schwimmt mein Aug' in Tränen,
> Kummer ruht in meinem Schoß.

36

(Während des Gesanges geht der Bassa unwillig hin und her.)

Ach, ich sagt' es wohl, du würdest mich has- *Dialog*
sen. Aber verzeih, verzeih dem liebekranken
Mädchen! – Du bist ja so großmütig, so gut. –
Ich will dir dienen, deine Sklavin sein bis ans
Ende meines Lebens, nur verlange nicht
mein Herz von mir, das auf ewig versagt ist. –

SELIM Ha, Undankbare! Was wagst du zu bitten?

KONSTANZE Töte mich, Selim, töte mich! Nur zwinge mich
nicht, meineidig zu werden. Noch zuletzt, wie
mich der Seeräuber aus den Armen meines
Geliebten riß, schwur ich aufs feierlichste –

SELIM Halt ein, nicht ein Wort! Reize meinen Zorn
nicht noch mehr. Bedenke, daß du in meiner
Gewalt bist.

KONSTANZE Ich bin es, aber du wirst dich ihrer nicht bedienen; ich kenne dein gutes, dein mitleid-
volles Herz. Hätte ich's sonst wagen können,
dir das meinige zu entdecken?

SELIM Wag es nicht, meine Güte zu mißbrauchen!

KONSTANZE Nur Aufschub gönne mir, Herr, nur Zeit,
meinen Schmerz zu vergessen! –

SELIM Wie oft schon gewährte ich dir diese Bitte –

KONSTANZE Nur noch diesmal!

SELIM Es sei! Zum letzten Male! Geh, Konstanze,
geh! Besinne dich eines bessern und morgen –

KONSTANZE *(im Abgehn)*
Unglückliches Mädchen! O Belmonte, Belmonte!

Achter Auftritt

Selim, dann Pedrillo, Belmonte.

SELIM Ihr Schmerz, ihre Tränen, ihre Standhaftigkeit bezaubern mein Herz immer mehr, machen mir ihre Liebe nur noch wünschenswer-
ter. Ha! wer wollte gegen ein solches Herz
Gewalt brauchen? Nein, Konstanze, nein,
auch Selim hat ein Herz, auch Selim kennt
Liebe!

PEDRILLO   Herr, verzeih, daß ich es wage, dich in deinen Betrachtungen zu stören.

SELIM   Was willst du, Pedrillo?

PEDRILLO   Dieser junge Mann, der sich in Italien mit vielem Fleiß auf die Baukunst gelegt hat, hat von deiner Macht, von deinem Reichtum gehört und kommt her, dir als Baumeister seine Dienste anzubieten.

BELMONTE   Herr, könnte ich so glücklich sein, durch meine geringen Fähigkeiten deinen Beifall zu verdienen!

SELIM   Hm! Du gefällst mir. Ich will sehen, was du kannst.
(zum Pedrillo)
Sorge für seinen Unterhalt. Morgen werde ich dich wieder rufen lassen.
(geht ab)

Neunter Auftritt

Belmonte, Pedrillo.

PEDRILLO   Ha, Triumph, Triumph! Herr, der erste Schritt wär' getan.

BELMONTE   Ach, laß mich zu mir selbst kommen! Ich habe sie gesehen, hab das gute, treue, beste Mädchen gesehen! – O Konstanze, Konstanze! Was könnt' ich für dich tun, was für dich wagen?

PEDRILLO   Ha, gemach, gemach, bester Herr! Stimmen Sie den Ton ein bißchen herab; Verstellung wird uns weit bessere Dienste leisten. Wir sind nicht in unserm Vaterlande. Hier fragen sie den Henker danach, ob's einen Kopf mehr oder weniger in der Welt gibt. Bastonade und Strick um den Hals sind hier wie ein Morgenbrot.

BELMONTE   Ach, Pedrillo, wenn du die Liebe kenntest! –

PEDRILLO   Hm! Als wenn's mit unsereinem gar nichts wäre! Ich habe so gut meine zärtlichen Stunden als andere Leute. Und denken Sie denn, daß mir's nicht auch im Bauche grimmt, wenn ich mein Blondchen von so einem alten Spitzbuben, wie der Osmin ist, bewacht sehen muß?

BELMONTE O wenn es möglich wäre, sie zu sprechen –

PEDRILLO Wir wollen sehen, was zu tun ist. Kommen Sie nur mit mir in den Garten: aber um alles in der Welt: vorsichtig und fein. Denn hier ist alles Aug' und Ohr.

(Sie wollen in den Palast. Osmin kommt ihnen in der Tür entgegen und hält sie zurück.)

Zehnter Auftritt

Die Vorigen, Osmin.

OSMIN Wohin?

PEDRILLO Hinein!

OSMIN *(zu Belmonte)*
Was will das Gesicht? – Zurück mit dir, zurück!

PEDRILLO Ha, gemach, Meister Grobian, gemach! Er ist in des Bassa Diensten.

OSMIN In des Henkers Diensten mag er sein! Er soll nicht herein!

PEDRILLO Er soll aber herein!

OSMIN Kommt mir nur einen Schritt über die Schwelle –

BELMONTE Unverschämter! Hast du nicht mehr Achtung für einen Mann meines Standes?

OSMIN Ei, ihr mögt mir vom Stande sein! – Fort, fort, oder ich will euch Beine machen.

PEDRILLO Alter Dummkopf! Es ist ja der Baumeister, den der Bassa angenommen hat.

OSMIN Meinethalben sei er Stockmeister, nur komm' er mir hier nicht zu nahe. Ich müßte nicht sehen, daß es so ein Kumpan deines Gelichters ist und daß das so eine abgeredete Karte ist, uns zu überlisten. Der Bassa ist weich wie Butter, mit dem könnt ihr machen, was ihr wollt; aber ich habe eine feine Nase. Gaunerei ist's um den ganzen Kram mit euch fremdem Gesindel; und ihr abgefeimten Betrüger habt

39

lange euer Plänchen angelegt, eure Pfiffe auszuführen. Aber wart't ein bißchen! Osmin schläft nicht. Wär' ich Bassa, ihr wärt längst gespießt. – Ja, schneid't nur Gesichter, lacht nur höhnisch in den Bart hinein!

PEDRILLO Ereifere dich nicht so, Alter, es hilft dir doch nichts. Sieh, soeben werden wir hineinspazieren.

OSMIN Ha, das will ich sehen!
(stellt sich vor die Türe)

PEDRILLO Mach keine Umstände. –

BELMONTE Weg, Niederträchtiger!

OSMIN Marsch! Marsch! Marsch! Trollt euch fort! *Nr. 7:*
Sonst soll die Bastonade *Terzett*
Euch gleich zu Diensten stehn!

BELMONTE, PEDRILLO

Ei, ei! Das wär' ja schade,
Mit uns so umzugehn!

OSMIN Kommt mir nicht näher.

BELMONTE, PEDRILLO

Weg von der Türe.

OSMIN Sonst schlag ich drein.

BELMONTE, PEDRILLO

Wir gehn hinein!
(Sie drängen ihn von der Türe weg.)

OSMIN Sonst schlag ich drein!

BELMONTE, PEDRILLO

Wir gehn hinein.

OSMIN Marsch fort! Ich schlage drein!

BELMONTE, PEDRILLO

Platz, fort! Wir gehn hinein!
Marsch! Marsch! Marsch! Trollt euch fort!
Sonst soll die Bastonade
Euch gleich zu diensten stehn!
Marsch fort! Ich schlage drein!

BELMONTE, PEDRILLO

Wir gehn hinein! ei, das wär' schade,
Mit uns so umzugehn!
Platz, fort! Wir gehn hinein!
Wir gehn hinein! Platz, fort!
(Sie stoßen ihn weg und gehen hinein.)

Zweiter Aufzug

*Garten am Palast des Bassa Selim. An der Seite Os-
mins Wohnung.*

Erster Auftritt
Osmin, Blonde.

BLONDE O des Zankens, Befehlens und Murrens wird   *Dialog*
auch kein Ende! Einmal für allemal; das
steht mir nicht an! Denkst du alter Murrkopf
etwa, eine türkische Sklavin vor dir zu haben, die bei deinen Befehlen zittert? Oh, da
irrst du dich sehr! Mit europäischen Mädchen springt man nicht so herum; denen begegnet man ganz anders.

Durch Zärtlichkeit und Schmeicheln,   *Nr. 8:*
Gefälligkeit und Scherzen   *Arie*
Erobert man die Herzen
Der guten Mädchen leicht.
Doch mürrisches Befehlen
Und Poltern, Zanken, Plagen
Macht, daß in wenig Tagen
So Lieb' als Treu' entweicht.

OSMIN Ei, seht doch mal, was das Mädchen vor-   *Dialog*
schreiben kann! Zärtlichkeit! Schmeicheln!
Es ist mir wie pure Zärtlichkeit! Wer, Teufel,
hat dir das Zeug in den Kopf gesetzt? Hier
sind wir in der Türkei, und da geht's aus einem andern Tone. Ich dein Herr, du meine
Sklavin; ich befehle, du mußt gehorchen!

BLONDE Deine Sklavin? Ich deine Sklavin? Ha, ein
Mädchen eine Sklavin! Noch einmal sag mir
das, noch einmal!

OSMIN *(für sich)*
Ich möchte toll werden, was das Mädchen für ein starrköpfiges Ding ist.
(laut)
Du hast doch wohl nicht vergessen, daß dich der Bassa mir zur Sklavin geschenkt hat?

BLONDE Bassa hin, Bassa her! Mädchen sind keine Ware zum Verschenken! Ich bin eine Engländerin, zur Freiheit geboren, und trotze jedem, der mich zu etwas zwingen will!

OSMIN *(beiseite)*
Gift und Dolch über das Mädchen! – Beim Mahomet, sie macht mich rasend. Und doch lieb' ich die Spitzbübin, trotz ihres tollen Kopfs!
(laut)
Ich befehle dir augenblicklich, mich zu lieben.

BLONDE Hahaha! Komm mir nur ein wenig näher, ich will dir fühlbare Beweise davon geben.

OSMIN Tolles Ding! Weißt du, daß du mein bist und ich dich dafür züchtigen kann?

BLONDE Wag's nicht, mich anzurühren, wenn dir deine Augen lieb sind.

OSMIN Wie? Du unterstehst dich –

BLONDE Da ist was zu unterstehen? Du bist der Unverschämte, der sich zu viel Freiheit herausnimmt. So ein altes, häßliches Gesicht untersteht sich, einem Mädchen wie ich, jung, schön, zur Freude geboren, wie einer Magd zu befehlen! Wahrhaftig, das stünde mir an! Uns gehört das Regiment! Ihr seid unsere Sklaven und glücklich, wenn ihr Verstand genug habt, euch die Ketten zu erleichtern.

OSMIN Bei meinem Bart, sie ist toll! Hier in der Türkei?

BLONDE Türkei hin, Türkei her! Weib ist Weib, es sei, wo es wolle! Sind eure Weiber solche Närrinnen, sich von euch unterjochen zu lassen, desto schlimmer für sie. In Europa verstehen sie das Ding besser. Laß mich nur einmal Fuß

42

hier gefaßt haben, sie sollen bald anders werden.

OSMIN Beim Allah! Die wär' imstande, uns allen die Weiber rebellisch zu machen, aber –

BLONDE Aufs Bitten müßt ihr euch legen, wenn ihr etwas von uns erhalten wollt; besonders Liebhaber deines Gelichters.

OSMIN Freilich, wenn ich Pedrillo wär', so ein Drahtpüppchen wie er, da wär' ich vermutlich willkommen, denn euer Mienenspiel hab ich lange weg.

BLONDE Erraten, guter Alter, erraten! Das kannst du dir wohl einbilden, daß mir der niedliche Pedrillo lieber ist als dein Blasbalggesicht. Also wenn du klug wärst –

OSMIN Sollt' ich dir die Freiheit geben, zu tun und zu machen, was du wolltest? He?

BLONDE Besser würdest du immer dabei fahren: denn so wirst du sicher betrogen.

OSMIN Gift und Dolch! Nun reißt mir die Geduld! Den Augenblick hinein ins Haus! Und wenn du's wagst –

BLONDE Mach mich nicht lachen.

OSMIN Ins Haus, sag ich!

BLONDE Nicht von der Stelle!

OSMIN Mach nicht, daß ich Gewalt brauche.

BLONDE Gewalt werd ich mit Gewalt vertreiben. Meine Gebieterin hat mich hier in den Garten bestellt; sie ist die Geliebte des Bassa, sein Augapfel, sein alles, und es kostet mir ein Wort, so hast du fünfzig auf den Fußsohlen. Also geh!

OSMIN *(für sich)*
Das ist ein Satan. Ich muß nachgeben, so wahr ich ein Muselmann bin; sonst könnte ihre Drohung eintreffen.

Ich gehe, doch rate ich dir, *Nr. 9:*
Den Schurken Pedrillo zu meiden. *Duett*

BLONDE O pack dich, befiehl nur nicht mir,
Du weißt ja, ich kann es nicht leiden.

43

OSMIN   Versprich mir –

BLONDE   Was fällt dir da ein!

OSMIN   Zum Henker –

BLONDE   Fort, laß mich allein!

OSMIN   Wahrhaftig kein'n Schritt von der Stelle,
        Bis du zu gehorchen mir schwörst.

BLONDE   Nicht so viel, du armer Geselle,
        Und wenn du der Großmogul wärst.

OSMIN   O Engländer! Seid ihr nicht Toren?
        Ihr laßt euren Weibern den Willen!

BLONDE   Ein Herz, so in Freiheit geboren.
        Läßt niemals sich sklavisch behandeln,
        Bleibt, wennschon die Freiheit verloren,
        Noch stolz auf sie, lachet der Welt!

OSMIN   Wie ist man geplagt und geschoren,
        Wenn solch eine Zucht man erhält!
        O Engländer! Seid ihr nicht Toren?
        Wie ist man geplagt und geschoren,
        Wenn solch eine Zucht man erhält!

BLONDE   Nun troll dich!

OSMIN   So sprichst du mit mir?

BLONDE   Nicht anders.

OSMIN   Nun bleib ich erst hier!

BLONDE   Ein andermal, jetzt mußt du gehen.

OSMIN   Wer hat solche Frechheit gesehen!

BLONDE   *(stellt sich, als wollte sie ihm die Augen auskratzen)*
        Es ist um die Augen geschehen,
        Wofern du noch länger verweilst.

OSMIN   *(furchtsam zurückweichend)*
        Nur ruhig, ich will ja gern gehen,
        Bevor du gar Schläge erteilst.
        (Er geht ab.)

Zweiter Auftritt
Blonde, Konstanze.

BLONDE   Wie traurig Konstanze daherkommt! Frei-   *Dialog*
        lich tut's weh, den Geliebten zu verlieren und
        Sklavin zu sein. Es geht mir wohl auch nicht
        viel besser, aber ich habe doch noch das Ver-

gnügen, meinen Pedrillo manchmal zu sehen, ob's gleich auch mager und verstohlen
genug geschehen muß, doch wer kann wider
den Strom schwimmen!

KONSTANZE   *(ohne Blonde zu bemerken)*

Welcher Wechsel herrscht in meiner Seele   *Nr. 10:*
Seit dem Tag, da uns das Schicksal trennte!   *Rezitativ*
O Belmont! Hin sind die Freuden,   *und Arie*
Die ich sonst an deiner Seite kannte!
Banger Sehnsucht Leiden
Wohnen nun dafür in der beklemmten Brust.

Traurigkeit ward mir zum Lose,   *Arie*
Weil ich dir entrissen bin.
Gleich der wurmzernagten Rose,
Gleich dem Gras im Wintermoose
Welkt mein banges Leben hin.
Selbst der Luft darf ich nicht sagen
Meiner Seele bittern Schmerz,
Denn, unwillig ihn zu tragen,
Haucht sie alle meine Klagen
Wieder in mein armes Herz.

BLONDE   Ach, mein bestes Fräulein, noch immer so   *Dialog*
traurig?

KONSTANZE   Kannst du fragen, die du meinen Kummer
weißt? Wieder ein Tag vergangen, und noch
keine Nachricht, noch keine Hoffnung! Und
morgen – ach Gott! Ich darf nicht daran denken.

BLONDE   Heitern Sie sich wenigstens ein bißchen auf.
Sehn Sie, wie schön der Abend ist, wie blühend uns alles entgegenlacht, wie freudig uns
die Vögel zu ihrem Gesang einladen! Ver-
bannen Sie die Grillen und fassen Sie Mut!

KONSTANZE   Wie glücklich du bist, Mädchen, bei deinem
Schicksal so gelassen zu sein. Oh, daß ich es
auch könnte!

BLONDE   Das steht nur bei Ihnen. Hoffen Sie –

KONSTANZE   Wo nicht der mindeste Schein von Hoffnung
mehr zu erblicken ist?

BLONDE   Hören Sie nur: ich verzage mein Lebtage

nicht, es mag eine Sache noch so schlimm
aussehen. Denn wer sich immer das
Schlimmste vorstellt, ist auch wahrhaftig am
schlimmsten dran.

KONSTANZE Und wer sich immer mit Hoffnung schmei-
chelt und zuletzt betrogen sieht, hat alsdann
nichts mehr übrig als die Verzweiflung.

BLONDE Jedes nach seiner Weise. Ich glaube bei der
meinigen am besten zu fahren. Wie bald
kann Ihr Belmonte mit Lösegeld erscheinen
oder uns listigerweise entführen? Wären wir
die ersten Frauenzimmer, die den türkischen
Vielfraßen entkämen? – Dort seh ich den
Bassa.

KONSTANZE Laß uns ihm aus den Augen gehn.

BLONDE Zu spät. Er hat Sie schon gesehen. Ich darf
aber getrost aus dem Wege trollen, er
schaffte mich ohnehin fort.

(im Weggehen)
Courage! Wir kommen gewiß noch in unsere
Heimat.

Dritter Auftritt

Konstanze, Selim.

SELIM Nun, Konstanze, denkst du meinem Begehren nach? Der Tag ist bald verstrichen. Morgen mußt du mich lieben, oder –

KONSTANZE Muß? Welch albernes Begehren! Als ob man
die Liebe befehlen könnte, wie eine Tracht
Schläge! – – Aber freilich, wie ihr Türken zu
Werke geht, läßt sich's auch allenfalls befehlen. – Aber ihr seid wirklich zu beklagen. Ihr
kerkert die Gegenstände eurer Begierden
ein und seid zufrieden, eure Lüste zu büßen.

SELIM Und glaubst du etwa, unsre Weiber wären
weniger glücklich als ihr in euren Ländern?

KONSTANZE Da sie nichts Besseres kennen!

SELIM Auf diese Art wäre wohl keine Hoffnung,
daß du je anders denken wirst?

KONSTANZE Herr, ich muß dir frei gestehn – denn was soll ich dich länger hinterhalten, mich mit leerer Hoffnung schmeicheln, daß du dich durch mein Bitten erweichen ließest. – Ich werde stets so denken wie itzt: dich verehren, aber – lieben? Nie.

SELIM Und du zitterst nicht vor der Gewalt, die ich über dich habe?

KONSTANZE Nicht im geringsten. Sterben ist alles, was ich zu erwarten habe, und je eher dies geschieht, je lieber wird es mir sein.

SELIM Elende! Nein! Nicht sterben, aber Martern von allen Arten –

KONSTANZE Auch die will ich ertragen; du erschreckst mich nicht, ich erwarte alles.

Martern aller Arten   *Nr. 11:*
Mögen meiner warten,   *Arie*
Ich verlache Qual und Pein.
Nichts soll mich erschüttern.
Nur dann würd' ich zittern,
Wenn ich untreu könnte sein.
Laß dich bewegen, verschone mich!
Des Himmels Segen belohne dich! – –

Doch du bist entschlossen.
Willig, unverdrossen
Wähl ich jede Pein und Not.
Ordne nur, gebiete,
Lärme, tobe, wüte!
Zuletzt befreit mich doch der Tod.
(Sie geht ab.)

Vierter Auftritt
Selim allein.

SELIM Ist das ein Traum? Wo hat sie auf einmal den   *Monolog*
Mut her, sich so gegen mich zu betragen? Hat
sie vielleicht Hoffnung, mir zu entkommen?
Ha, das will ich verwehren!
(will fort)

Doch das ist's nicht, dann würde sie sich eher
verstellen, mich einzuschläfern suchen. – –
Ja, es ist Verzweiflung! Mit Härte richt ich
nichts aus – mit Bitten auch nicht –, also, was
Drohen und Bitten nicht vermögen, soll die
List zuwege bringen.
(Er geht ab.)

Fünfter Auftritt
Blonde allein.

BLONDE   Kein Bassa, keine Konstanze mehr da? Sind   *Monolog*
sie miteinander eins geworden? – – Schwer-
lich, das gute Kind hängt zu sehr an ihrem
Belmont! Ich bedaure sie von Grund meines
Herzens. Sie ist zu empfindsam für ihre
Lage. Freilich, hätt' ich meinen Pedrillo
nicht an der Seite, wer weiß, wie mir's ginge!
Doch würd' ich nicht zärteln wie sie. Die
Männer verdienen's wahrlich nicht, daß man
ihrethalben sich zu Tode grämt. Vielleicht
würd' ich muselmännisch denken.

Sechster Auftritt
Blonde, Pedrillo.

PEDRILLO   Bst, bst! Blondchen! Ist der Weg rein?   *Dialog*
BLONDE   Komm nur, komm! Der Bassa ist wieder zurück. Und meinem Alten habe ich eben den
Kopf ein bißchen gewaschen. Was hast du
denn?
PEDRILLO   O Neuigkeiten, Neuigkeiten, die dich entzücken werden.
BLONDE   Nun? Hurtig heraus damit!
PEDRILLO   Erst, liebes Herzensblondchen, laß dir vor
allen Dingen einen recht herzlichen Kuß
geben. Du weißt ja, wie gestohlnes Gut
schmeckt.
BLONDE   Pfui, pfui! Wenn das deine Neuigkeiten alle
sind –

PEDRILLO Närrchen, mach darum keinen Lärm, der alte spitzbübische Osmin lauert uns sicher auf den Dienst.

BLONDE Nun? Und die Neuigkeiten? –

PEDRILLO Sind, daß das Ende unsrer Sklaverei vor der Tür ist.
(Er sieht sich sorgfältig um.)
Belmonte, Konstanzes Gebieter, ist gekommen, und ich hab ihn unter dem Namen eines Baumeisters hier im Palast eingeführt.

BLONDE Ah, was sagst du? Belmonte da?

PEDRILLO Mit Leib und Seele!

BLONDE Ha, das muß Konstanze wissen!
(Sie will fort.)

PEDRILLO Hör nur, Blondchen, hör nur erst. Er hat ein Schiff hier in der Nähe in Bereitschaft, und wir haben beschlossen, euch diese Nacht zu entführen.

BLONDE O allerliebst, allerliebst! Herzenspedrillo! Das verdient einen Kuß! Geschwind, geschwind zu Konstanzen!
(will fort)

PEDRILLO Halt nur, halt, und laß erst mit dir reden. Um Mitternacht kommt Belmonte mit einer Leiter zu Konstanzens Fenster, ich zu dem deinigen, und dann geht's, heidi davon!

BLONDE O vortrefflich! Aber Osmin?

PEDRILLO Hier ist ein Schlaftrunk für den alten Schlaukopf, den misch ihm fein manierlich ins Getränke, verstehst du? Ich habe dort auch schon ein Fläschchen angefüllt. Geht's hier nicht, wird's dort wohl gehen.

BLONDE Sorg nicht für mich! Aber kann Konstanze ihren Geliebten nicht sprechen?

PEDRILLO Sobald es vollends finster ist, kommt er hier in den Garten. Nun geh und bereite Konstanzen vor; ich will hier Belmonten erwarten. Leb wohl, Herzchen, leb wohl!

BLONDE Leb wohl, guter Pedrillo! Ach, was werd ich für Freude anrichten!

Welche Wonne, welche Lust   *Nr. 12:*
Herrscht nunmehr in meiner Brust!   *Arie*
Ohne Aufschub will ich springen
Und ihr gleich die Nachricht bringen;
Und mit Lachen und mit Scherzen
Ihrem schwachen, kranken Herzen
Freud' und Jubel prophezeien.
(geht fort)

Siebenter Auftritt
Pedrillo allein.

PEDRILLO   Ah, daß es schon vorbei wäre, daß wir schon   *Monolog*
auf offner See wären, unsre Mädels im Arm
und dies verwünschte Land im Rücken hätten! Doch sei's gewagt; entweder itzt oder
niemals! Wer zagt, verliert!

Frisch zum Kampfe! Frisch zum Streite!   *Nr. 13:*
Nur ein feiger Tropf verzagt.   *Arie*
Sollt' ich zittern, sollt' ich zagen?
Nicht mein Leben mutig wagen? –
Nein, ach nein, es sei gewagt!
Nur ein feiger Tropf verzagt!
Frisch zum Kampfe! Frisch zum Streite!

Achter Auftritt
Pedrillo, Osmin.

OSMIN   Ha! Geht's hier so lustig zu? Es muß dir ver-   *Dialog*
teufelt wohl gehen.
PEDRILLO   Ei, wer wird so ein Kopfhänger sein; es
kommt beim Henker dabei nichts heraus!
Das haben die Pedrillos von jeher in ihrer Familie gehabt. Fröhlichkeit und Wein versüßt
die härteste Sklaverei. Freilich könnt ihr armen Schlucker das nicht begreifen, daß es so
ein herrlich Ding um ein Gläschen guten, alten Lustigmacher ist. Wahrhaftig, da hat

euer Vater Mahomet einen verzweifelten Bock geschossen, daß er euch den Wein verboten hat. Wenn das verwünschte Gesetz nicht wäre, du müßtest ein Gläschen mit mir trinken, du möchtest wollen oder nicht.
(für sich)
Vielleicht beißt er an: Er trinkt ihn gar zu gerne.

OSMIN   Wein mit dir? Ja, Gift –

PEDRILLO   Immer Gift und Dolch und Gift! Laß doch den alten Groll einmal fahren und sei vernünftig. Sieh einmal, ein Paar Flaschen Zypernwein! – Ah!
(Er zeigt ihm zwo Flaschen, wovon die eine größer als die andere ist.)
Die sollen mir trefflich schmecken!

OSMIN   *(für sich)*
Wenn ich trauen dürfte?

PEDRILLO   Das ist ein Wein! Das ist ein Wein!
(Er setzt sich nach türkischer Art auf die Erde und trinkt aus der kleinen Flasche.)

OSMIN   Kost' einmal die große Flasche auch.

PEDRILLO   Denkst wohl gar, ich habe Gift hineingetan? Ha, laß dir keine grauen Haare wachsen. Es verlohnte sich der Mühe, daß ich deinetwegen zum Teufel führe. Da sieh, ob ich trinke.
(Er trinkt ein wenig aus der großen Flasche.)
Nun, hast du noch Bedenken? – Da nimm!
(Er gibt ihm die große Flasche.)
Oder willst du die kleine?

OSMIN   Nein, laß nur, laß nur! Aber wenn du mich verrätst –
(sieht sich sorgfältig um)

PEDRILLO   Als wenn wir einander nicht weiter brauchten. Immer frisch! Mahomet liegt längst auf'm Ohr und hat nötiger zu tun, als sich um deine Flasche Wein zu kümmern.

Vivat Bacchus! Bacchus lebe!   *Nr. 14:*
Bacchus war ein braver Mann!   *Duett*

OSMIN   Ob ich's wage? Ob ich trinke?
Ob's wohl Allah sehen kann?

PEDRILLO Was hilft das Zaudern? Hinunter, hinunter!
Nicht lange, nicht lange gefragt!

OSMIN Nun wär's geschehen, nun wär's hinunter!
Das heiß ich, das heiß ich gewagt!

BEIDE Es leben die Mädchen, die Blonden, die
Braunen! Sie leben hoch!

PEDRILLO Das schmeckt trefflich!

OSMIN Das schmeckt herrlich!

BEIDE Ah, das heiß ich Göttertrank!

OSMIN Vivat Bacchus! Bacchus lebe!
Bacchus, der den Wein erfand!

BEIDE Vivat Bacchus, Bacchus lebe,
Bacchus, der den Wein er fand!
Es leben die Mädchen, die Blonden, die
Braunen! Sie leben hoch!
Vivat Bacchus! Vivat, der den Wein erfand!

PEDRILLO Wahrhaftig, das muß ich gestehen, es geht *Dialog*
doch nichts über den Wein! Wein ist mir lie-
ber als Geld und Mädchen. Bin ich verdrieß-
lich, mürrisch, launisch: hurtig nehm ich
meine Zuflucht zur Flasche, und kaum seh
ich den ersten Boden: weg ist all mein Ver-
druß! Meine Flasche macht mir kein schiefes
Gesicht wie mein Mädchen, wenn ihr der
Kopf nicht auf dem rechten Fleck steht. Und
schwätzt mir von Süßigkeit der Liebe, des
Ehestands, was ihr wollt: Wein auf der
Zunge geht über alles!

OSMIN *(fängt bereits an, die Wirkung des Weins und des
Schlaftrunks zu spüren und wird bis zum Ende des
Auftritts immer schläfriger und träger, doch darf's
der Sänger nicht übertreiben und muß nur immer
halb träumend und schlaftrunken bleiben)*
Das ist wahr – Wein – Wein – ist ein schönes
Getränk, und unser großer Prophet mag
mir's nicht übelnehmen – Gift und Dolch! Es
ist doch eine hübsche Sache um den Wein! –
Nicht – Bruder Pedrillo?

PEDRILLO Richtig, Bruder Osmin, richtig!

OSMIN Man wird gleich so – munter –
(er nickt zuweilen)

so vergnügt – so aufgeräumt! – Hast du nichts mehr, Bruder?

(Er langt auf eine lächerliche Art nach der zwoten Flasche, die Pedrillo ihm reicht.)

PEDRILLO Hör du, Alter! Trink mir nicht zu viel, es kommt einem in den Kopf.

OSMIN Trag doch keine – Sorge, ich bin so – so – nüchtern wie möglich. Aber das ist wahr –
(er fängt an, hin und her zu wanken)
es schmeckt – vortrefflich! –

PEDRILLO *(für sich)*
Es wirkt, Alter, es wirkt!

OSMIN Aber verraten mußt du mich nicht – Brüderchen – verraten – denn – wenn's Mahomet – nein, nein – der Bassa wüßte – denn siehst du – liebes Blondchen – ja oder nein!

PEDRILLO *(für sich)*
Nun wird's Zeit, ihn fortzuschaffen!
(laut)
Nun komm, Alter, komm! Wir wollen schlafen gehn!

OSMIN Schlafen? – Schämst du dich nicht? – Gift und Dolch! Wer wird denn so schläfrig sein – es ist ja kaum Morgen –

PEDRILLO Ho ho, die Sonne ist schon hinunter! Komm, komm, daß uns der Bassa nicht überrascht!

OSMIN *(im Abführen)*
Ja, ja – eine Flasche – guter – Bassa – geht über – alles! – Gute Nacht! – Brüderchen – gute Nacht.

(Pedrillo führt ihn hinein, kommt aber gleich wieder zurück.)

Neunter Auftritt
Pedrillo, hernach Belmonte, Konstanze, Blonde.

PEDRILLO *(macht Osmin nach)*
Gute Nacht – Brüderchen – gute Nacht! Hahahaha, alter Eisenfresser, erwischt man dich so? Gift und Dolch! Du hast deine La-

53

dung! Nur fürcht ich, ist's noch zu zeitig am Tage. Bis Mitternacht sind noch drei Stunden, und da könnt' er leicht wieder ausgeschlafen haben. – Ach, kommen Sie, kommen Sie, liebster Herr! Unser Argus ist blind, ich hab ihn tüchtig zugedeckt.

BELMONTE O daß wir glücklich wären! Aber sag: ist Konstanze noch nicht hier?

PEDRILLO Eben kommt sie da den Gang herauf. Reden Sie alles mit ihr ab, aber fassen Sie sich kurz, denn der Verräter schläft nicht immer.

(Während der Unterredung des Belmonte mit Konstanzen unterhält er sich leise mit Blonde, der er durch Phantomime den ganzen Auftritt mit dem Osmin vormacht und jenen nachahmt; zuletzt unterrichtet er sie ebenfalls, daß er um Mitternacht mit einer Leiter unter ihr Fenster kommen wolle, um sie zu entführen.)

KONSTANZE O mein Belmonte! } *(einander im Arme)*
BELMONTE O Konstanze!

KONSTANZE Ist's möglich? Nach so vielen Tagen der Angst, nach so viel ausgestandenen Leiden, dich wieder in meinen Armen –

BELMONTE O dieser Augenblick versüßt allen Kummer, macht mich all meinen Schmerz vergessen.

KONSTANZE Hier will ich an deinem Busen liegen und weinen! Ach, jetzt fühl ich's, die Freude hat auch ihre Tränen!

BELMONTE Wenn der Freude Tränen fließen,   *Nr. 15:*
Lächelt Liebe dem Geliebten hold.   *Arie*
Von den Wangen sie zu küssen,
Ist der Liebe schönster, größter Sold.
Ach, Konstanze, dich zu sehen,
Dich voll Wonne, voll Entzücken
An mein treues Herz zu drücken,
Lohnt fürwahr nicht Krösus' Pracht!
Daß wir uns niemals wiederfinden!
So dürfen wir nicht erst empfinden,
Welchen Schmerz die Trennung macht!

Ich hab hier ein Schiff in Bereitschaft. Um   *Dialog*

Mitternacht, wenn alles schläft, komm ich an dein Fenster, und dann sei die Liebe unser Schutzengel!

KONSTANZE Mit tausend Freuden! Was wollt' ich nicht mit dir wagen? Ich erwarte dich –

PEDRILLO Also, liebes Blondchen, paß ja hübsch auf, hörst du's?

BLONDE Sorge für mich nicht. Das wär' das erste Abenteuer, das ein Mädchen verschlafen hätte.

PEDRILLO Du wirst's schon merken, wenn du so was Gesungenes hörst, wie's so meine Art des Abends immer ist; dann paß auf und dann mit einem Sprung ins Schiff! Nur hübsch Mut gefaßt und nicht verzagt. Wer alles zu verlieren hat, muß alles wagen!

KONSTANZE Wenn es aber nur glücklich abläuft!

BELMONTE Wir wollen's hoffen; die Liebe wird unsere Begleiterin sein.

KONSTANZE Ach, Belmonte, ach, mein Leben!   *Nr. 16:*

BELMONTE Ach, Konstanze, ach, mein Leben!   *Quartett*

KONSTANZE Ist es möglich? Welch Entzücken!
Dich an meine Brust zu drücken
Nach so vieler Tage Leid.

BELMONTE Welche Wonne, dich zu finden!
Nun muß aller Kummer schwinden,
Oh, wie ist mein Herz erfreut!

KONSTANZE Sieh, die Freudentränen fließen.

BELMONTE Holde, laß hinweg sie küssen!

KONSTANZE Daß es doch die letzte sei!

BELMONTE Ja, noch heute wirst du frei!

PEDRILLO Also, Blondchen, hast's verstanden?
Alles ist zur Flucht vorhanden,
Um Schlag Zwölfe sind wir da.

BLONDE Unbesorgt, es wird nichts fehlen,
Die Minuten werd ich zählen,
Wär' der Augenblick schon da!

ALLE VIER Endlich scheint die Hoffnungssonne
Hell durchs trübe Firmament!
Voll Entzücken, Freud' und Wonne
Sehn wir unsrer Leiden End'!

BELMONTE Doch ach, bei aller Lust

55

	Empfindet meine Brust
	Noch manch geheime Sorgen!
KONSTANZE	Was ist es, Liebster, sprich!
	Geschwind, erkläre dich,
	O halt mir nichts verborgen!
BELMONTE	Man sagt – man sagt, du seist –
KONSTANZE	Nun weiter?

(Belmonte und Konstanze sehen einander still-schweigend furchtsam an.)

PEDRILLO *(zeigt, daß er wagt, gehenkt zu werden)*
Doch Blondchen, ach, die Leiter!
Bist du wohl so viel wert?

BLONDE Hans Narr! Schnappt's bei dir über?
Ei, hättest du nur lieber
Die Frage umgekehrt.

PEDRILLO Doch Herr Osmin –

BLONDE Laß hören!

KONSTANZE Willst du dich nicht erklären?

BELMONTE Man sagt –

PEDRILLO Doch Herr Osmin –

BELMONTE Du seist –

PEDRILLO Doch Herr Osmin –

KONSTANZE Nun weiter!

BLONDE Laß hören!

KONSTANZE Willst du dich nicht erklären?

BELMONTE Ich will. Doch zürne nicht,
Wenn ich nach dem Gerücht,
So ich gehört, es wage,
Dich zitternd, bebend frage,
Ob du den Bassa liebst?

KONSTANZE O wie du mich betrübst!
(Sie weint.)

PEDRILLO Hat nicht Osmin etwan,
Wie man fast glauben kann,
Sein Recht als Herr probiert,
Und bei dir exerziert?
Dann wär's ein schlechter Kauf!

BLONDE *(gibt dem Pedrillo eine Ohrfeige)*
Da, nimm die Antwort drauf!

PEDRILLO *(hält sich das Wang)*
Nun bin ich aufgeklärt!

BELMONTE *(kniend)*
Konstanze, ach, vergib!

BLONDE *(geht zornig von Pedrillo)*
Du bist mich gar nicht wert.

KONSTANZE *(seufzend)*
Ob ich dir treu verblieb?

BLONDE *(zu Konstanze)*
Der Schlingel fragt noch an,
Ob ich ihm treu geblieben?

KONSTANZE *(zu Blonde)*
Belmonte sagte man,
Ich soll den Bassa lieben!

PEDRILLO *(hält sich das Wang)*
Daß Blonde ehrlich sei,
Schwör ich bei allen Teufeln.

BELMONTE *(zu Pedrillo)*
Konstanze ist mir treu,
Daran ist nicht zu zweifeln.

KONSTANZE, BLONDE

Wenn unsrer Ehre wegen
Die Männer Argwohn hegen,
Verdächtig auf uns sehn,
Das ist nicht auszustehn!

BELMONTE, PEDRILLO

Sobald sich Weiber kränken,
Wenn wir sie untreu denken,
Dann sind sie wahrhaft treu,
Von allem Vorwurf frei!

PEDRILLO Liebstes Blondchen, ach, verzeihe!
Sieh, ich bau auf deine Treue
Mehr jetzt als auf meinen Kopf!

BLONDE Nein, das kann ich dir nicht schenken,
Mich mit so was zu verdenken,
Mit dem alten, dummen Tropf!

BELMONTE Ach, Konstanze, ach, mein Leben!
Könntest du mir doch vergeben,
Daß ich diese Frage tat?

KONSTANZE Belmont, wie? Du könntest glauben,
Daß man dir dies Herz könnt' rauben,
Das nur dir geschlagen hat?

BELMONTE Ach, verzeihe!

57

PEDRILLO Ach, verzeihe!

BELMONTE Ich bereue!

PEDRILLO Ich bereue!

KONSTANZE, BLONDE

Ich verzeihe deiner Reue.

ALLE VIER Wohl, es sei nun abgetan!

Es lebe die Liebe!

Nur sie sei uns teuer,

Nichts fache das Feuer

Der Eifersucht an.

Dritter Aufzug

Platz vor dem Palaste des Bassa Selim. Auf einer Seite der Palast des Bassa; gegenüber die Wohnung des Osmin; hinten Aussicht auf das Meer. Es ist Mitternacht.

Erster Auftritt
Pedrillo, Klaas, der eine Leiter bringt.

PEDRILLO Hier, lieber Klaas, hier leg sie indes nur nieder und hole die zwote vom Schiff. Aber nur hübsch leise, daß nicht viel Lärm gemacht wird; es geht hier auf Tod und Leben. *Dialog*

KLAAS Laß mich nur machen, ich versteh das Ding auch ein bißchen. Wenn wir sie nur erst an Bord haben!

PEDRILLO Ach, lieber Klaas, wenn wir mit unsrer Beute glücklich nach Spanien kommen – ich glaube, Don Belmonte läßt dich in Gold einfassen.

KLAAS Das möchte wohl ein bißchen zu warm aufs Fell gehen, doch das wird sich schon geben. Ich hole die Leiter.
(Er geht ab.)

PEDRILLO Ach, wenn ich sagen sollte, daß mir's Herz nicht klopfte, so sagt' ich eine schreckliche Lüge. Die verzweifelten Türken verstehn nicht den mindesten Spaß, und ob der Bassa gleich ein Renegat ist, so ist er, wenn's aufs Kopfab ankommt, doch ein völliger Türke.
(Klaas bringt die zwote Leiter.)
So, guter Klaas, und nun lichte die Anker und spann alle Segel auf, denn eh' eine halbe Stund' vergeht, hast du deine völlige Ladung.

KLAAS Bring sie nur hurtig und dann laß mich sorgen.
(Er geht ab.)

Zweiter Auftritt
Belmonte, Pedrillo.

PEDRILLO Ach! – Ich muß Atem holen! Es zieht mir's Herz so eng zusammen, als wenn ich's größte Schelmenstück vorhätte! – Ach, wo mein Herr auch bleibt!

BELMONTE *(ruft leise)*
Pedrillo! Pedrillo!

PEDRILLO Wie gerufen!

BELMONTE Ist alles fertig gemacht?

PEDRILLO Alles. Jetzt will ich ein wenig um den Palast herumspionieren, wie's aussieht. Singen Sie indessen eins. Ich hab das so alle Abende getan, und wenn Sie da auch jemand gewahr wird oder Ihnen begegnet – denn alle Stunden macht hier eine Janitscharenwache die Runde – so hat's nichts zu bedeuten, sie sind das von mir schon gewohnt; es ist fast besser, als wenn man Sie so still hier fände.

BELMONTE Laß mich nur machen und komm bald wieder.
(Pedrillo geht ab.)

Dritter Auftritt
Belmonte allein.

BELMONTE O Konstanze, Konstanze! Wie schlägt mir das Herz! Je näher der Augenblick kommt, desto ängstlicher zagt meine Seele! Ich fürchte und wünsche, bebe und hoffe. O Liebe, sei du meine Leiterin!

Ich baue ganz auf deine Stärke,   *Nr. 17:*
Vertrau, o Liebe, deiner Macht!   *Arie*
Denn, ach, was wurden nicht für Werke

Schon oft durch dich zustand gebracht.
Was aller Welt unmöglich scheint,
Wird durch die Liebe doch vereint.

Vierter Auftritt
Belmonte und Pedrillo.

PEDRILLO Alles liegt auf dem Ohr; es ist alles so ruhig, *Dialog*
so stille als den Tag nach der Sintflut.

BELMONTE Nun, so laß uns sie befreien. Wo ist die Leiter?

PEDRILLO Nicht so hitzig. Ich muß erst das Signal
geben.

BELMONTE Was hindert dich denn, es zu tun? Mach fort!

PEDRILLO *(sieht nach der Uhr)*
Eben recht, Schlag zwölfe. Gehen Sie dort an
die Ecke und geben Sie wohl acht, daß wir
nicht überrascht werden.

BELMONTE Zaudre nur nicht!
(Er geht ab.)

PEDRILLO *(indem er seine Mandoline hervorholt)*
Es ist doch um die Herzhaftigkeit eine erz-
läppische Sache. Wer keine hat, schafft sich
mit aller Mühe keine an! Was mein Herz
schlägt! Mein Papa muß ein Erzpoltron gewesen sein.
(Er fängt an zu spielen.)
Nun, so sei es denn gewagt!
(Er singt und begleitet sich.)

Im Mohrenland gefangen war   *Nr. 18:*
Ein Mädel hübsch und fein;   *Romanze*
Sah rot und weiß, war schwarz von Haar,
Seufzt' Tag und Nacht und weinte gar,
Wollt' gern erlöset sein.

Da kam aus fremdem Land daher
Ein junger Rittersmann,
Den jammerte das Mädchen sehr.
«Jach», rief er, «wag ich Kopf und Ehr',
Wenn ich sie retten kann.»

Noch geht alles gut. Es rührt sich nichts. *Dialog*

BELMONTE *(kommt hervor)*
Mach ein Ende, Pedrillo.

PEDRILLO An mir liegt es nicht, daß sie sich noch nicht zeigen. Entweder schlafen sie fester als jemals, oder der Bassa ist bei der Hand. Wir wollen's weiter versuchen. Bleiben Sie nur auf Ihrem Posten.
(Belmonte geht wieder fort.)

«Ich komm zu dir in finstrer Nacht, *Romanze*
Laß, Liebchen, husch mich ein!
Ich fürchte weder Schloß noch Wacht,
Holla! Horch auf! Um Mitternacht
Sollst du erlöset sein.»

Gesagt, getan; Glock' zwölfe stand
Der tapfre Ritter da;
Sanft reicht' sie ihm die weiche Hand,
Früh man die leere Zelle fand;
Fort war sie, hopsasa!
(Pedrillo hustet einige Male. Konstanze öffnet das Fenster.)
Sie macht auf, Herr, sie macht auf. *Dialog*

BELMONTE Ich komme, ich komme!

KONSTANZE *(oben am Fenster)*
Belmonte!

BELMONTE Konstanze, hier bin ich! Hurtig die Leiter.
(Pedrillo stellt die Leiter an Konstanzes Fenster. Belmonte steigt hinein. Pedrillo hält die Leiter.)

PEDRILLO Was das für ein abscheuliches Spektakel macht.
(hält sich die Hand aufs Herz)
Es wird immer ärger, weil es nun Ernst wird. Wenn sie mich hier erwischten, wie schön würden sie mit mir abtrollen, zum Kopfabschlagen, zum Spießen oder zum Hängen. Je nu! Der Anfang ist einmal gemacht, itzt ist's nicht mehr aufzuhalten; es geht nun schon einmal aufs Leben oder auf den Tod los.

BELMONTE *(kommt mit Konstanzen unten zur Türe heraus)* Nun, holder Engel, nun hab ich dich wieder, ganz wieder. Nichts soll uns mehr trennen.

KONSTANZE Wie ängstlich schlägt mein Herz! Kaum bin ich imstande, mich aufrechtzuhalten: wenn wir nur glücklich entkommen.

PEDRILLO Nur fort, nicht geplaudert! Sonst könnt' es freilich schiefgehen, wenn wir da lange Rat halten und seufzen.

(Er drängt Belmonten und Konstanzen fort.)

Nur frisch nach dem Strande zu! Ich komme gleich nach.

(Belmonte und Konstanze ab.)

Nun, Cupido, du mächtiger Herzensdieb, halte mir die Leiter und hülle mich samt meiner Gerätschaft in einen dicken Nebel ein!

(Er hat unter der Zeit die Leiter an Blondchens Fenster gelegt und ist hinaufgestiegen.)

Blondchen! Blondchen! Mach auf, ums Himmels willen, zaudre nicht! Es ist um Hals und Kragen zu tun.

(Es wird das Fenster geöffnet, er steigt hinein.)

Fünfter Auftritt

Osmin und ein schwarzer Stummer öffnen die Tür von Osmins Hause, wo Pedrillo hineingestiegen ist. Osmin, noch halb schlaftrunken, hat eine Laterne.

(Der Stumme gibt Osmin durch Zeichen zu verstehen, daß es nicht richtig sei, daß er Laute gehört habe usw.)

OSMIN Lärmen hörtest du? Was kann's denn geben? Vielleicht Schwärmer? Geh, spioniere, bringe mit Antwort.

(Der Stumme lauscht ein wenig herum; endlich bemerkt er die Leiter an Osmins Fenster, erschrickt und zeigt sie Osmin, der wie im Taumel mit der Laterne in der Hand an seine Haustür gelehnt steht und nickt.)

Gift und Dolch, was ist das? Wer kann ins

Haus steigen? Das sind Diebe oder Mörder.

(Er tummelt sich herum, weil er aber noch halb schlaftrunken ist, stößt er sich hier und da etc.)

Hurtig, hole die Wache! Ich will unterdessen lauern.

(Der Stumme ab. Osmin setzt sich auf die Leiter mit der Laterne in der Hand und nickt ein. Pedrillo kommt rückwärts wieder zum Fenster hinausgestiegen und will die Leiter herunter.)

BLONDE   *(am Fenster, wird Osmin gewahr, und ruft Pedrillo zu)*

O Himmel, Pedrillo! Wir sind verloren.

PEDRILLO   *(sieht sich um, sowie er Osmin gewahr wird, stutzt er, besieht ihn und steigt wieder zum Fenster hinein)*

Ah! Welcher Teufel hat sich wider uns verschworen!

OSMIN   *(auf der Leiter, dem Pedrillo nach, ruft)*

Blondchen! Blondchen!

PEDRILLO   *(im Hineinsteigen zu Blonde)*

Zurück, nur zurück!

OSMIN   *(steigt wieder zurück)*

Wart, Spitzbube, du sollst mir nicht entkommen. Hilfe! Hilfe! Wache! Hurtig, hier gibt's Räuber! Herbei, herbei!

(Pedrillo kommt mit Blonde unten zur Tür heraus, sieht schüchtern nach der Leiter und schleicht sich mit Blonden darunter weg.)

PEDRILLO, BLONDE   *(im Abgehn)*

O Himmel, steh uns bei, sonst sind wir verloren.

OSMIN   Zu Hilfe! Zu Hilfe! Geschwind!

(Er will nach.)

(Wachen mit Fackeln halten Osmin auf.)

WACHE   Halt, halt! Wohin?

OSMIN   Dorthin.

WACHE   Wer bist du?

OSMIN   Nur nicht lange gefragt, sonst entkommen die Spitzbuben. Seht ihr denn nicht? Hier ist noch die Leiter.

WACHE   Das sehn wir. Kannst nicht du sie angelegt haben?

OSMIN Gift und Dolch! Kennt ihr mich denn nicht? Ich bin Oberaufseher der Gärten beim Bassa. Wenn ihr noch lange fragt, so hilft euer Kommen nichts.
(Ein Teil der Wache bringt Pedrillo und Blonde zurück.)
Ach endlich! Gift und Dolch, seh ich recht? Ihr beide? Warte, spitzbübischer Pedrillo, dein Kopf soll am längsten festgestanden sein.

PEDRILLO Brüderchen, Brüderchen, wirst doch Spaß verstehn? Ich wollt' dir dein Weibchen nur ein wenig spazierenführen, weil du heute dazu nicht aufgelegt bist. Du weißt schon
(heimlich zu Osmin)
wegen des Zypernweins.

OSMIN Schurke, glaubtest du mich zu betäuben? Hier verstehe ich keinen Spaß! Dein Kopf muß herunter, so wahr ich ein Muselmann bin.
(Ein anderer Teil der Wache, auch mit Fackeln, bringt Belmonte und Konstanze.)

BELMONTE *(widersetzt sich)*
Schändliche, laßt mich!

WACHE Sachte, junger Herr, sachte! Uns entkommt man nicht so geschwinde.

OSMIN Sieh da, die Gesellschaft wird immer stärker. Hat der Herr Baumeister auch spazierengehen wollen? O ihr Spitzbuben! Hatte ich heute nicht recht,
(zu Belmonte)
daß ich dich nicht ins Haus lassen wollte? Nun wird der Bassa sehen, was für sauberes Gelichter er um sich hat.

BELMONTE Das beiseite! Laßt hören, ob mit Euch ein vernünftig Wort zu sprechen ist. Hier ist ein Beutel mit Zechinen, er ist Euer, und noch zweimal so viel; laßt mich los.

KONSTANZE Laßt Euch bewegen!

OSMIN Ich glaube, Ihr seid besessen? Euer Geld brauchen wir nicht, das bekommen wir ohnehin! Eure Köpfe wollen wir.

(zur Wache)
Schleppt sie fort, zum Bassa!

KONSTANZE $\left.\begin{cases}\end{cases}\right.$ Laßt Euch bewegen!
BELMONTE $\left.\begin{cases}\end{cases}\right.$ Habt doch Erbarmen!

OSMIN Um nichts in der Welt! Ich habe mir längst so
einen Augenblick gewünscht. Fort, fort!
*(Die Wache führt Belmonten und Konstanzen fort,
samt Pedrillo und Blonden.)*

Ha, wie will ich triumphieren,   *Nr. 19:*
Wenn sie euch zum Richtplatz führen   *Arie*
Und die Hälse schnüren zu!
Hüpfen will ich, lachen, springen
Und ein Freudenliedchen singen,
Denn nun hab ich vor euch Ruh'.

O, wie will ich triumphieren,
Wenn sie euch zum Richtplatz führen
Und die Hälse schnüren zu!
Schleicht nur säuberlich und leise,
Ihr verdammten Haremsmäuse,
Unser Ohr entdeckt euch schon.
Und eh' ihr uns könnt entspringen,
Seht ihr euch in unsern Schlingen
Und erhaschet euren Lohn.

Ha, wie will ich triumphieren,
Wenn sie euch zum Richtplatz führen
Und die Hälse schnüren zu!
(Er geht ab.)

Verwandlung
Zimmer des Bassa.

Sechster Auftritt

Selim mit Gefolge, hernach Osmin, Belmonte,
Konstanze und Wache.

SELIM   *(zu einem Offiziere)*
Geht, unterrichtet Euch, was der Lärm im   *Dialog*
Palast bedeutet; er hat uns im Schlaf aufge-
schreckt; und laßt mir Osmin kommen.
(Der Offizier will abgehen, in dem Moment kommt
– Osmin, zwar hastig, doch noch ein wenig schläf-
rig.)

OSMIN   Herr, verzeih, daß ich es so früh wage, deine
Ruhe zu stören!

SELIM   Was gibt's, Osmin, was gibt's? Was bedeutet
der Aufruhr?

OSMIN   Herr, es ist die schändlichste Verräterei in
deinem Palast –

SELIM   Verräterei?

OSMIN   Die niederträchtigen Christensklaven entführen uns – die Weiber. Der große Baumeister, den du gestern auf Zureden des Verrä-
ters Pedrillo aufnahmst, hat deine schöne
Konstanze entführt.

SELIM   Konstanze? Entführt? Ah! Setzt ihnen nach!

OSMIN   O 's ist schon dafür gesorgt! Meiner Wach-
samkeit hast du es zu danken, daß ich sie
wieder beim Schopf gekriegt habe. Auch
mir selbst hatte der spitzbübische Pedrillo
eine gleiche Ehre zugedacht, und er hatte
mein Blondchen schon beim Kopfe, um mit
ihr – in alle Welt zu reisen. Aber Gift und
Dolch, er soll mir's entgelten! Sieh, da bringen sie sie!
(Belmonte und Konstanze werden von der Wache
hereingeführt.)

SELIM   Ah, Verräter! Ist's möglich? – Ha, du heuch-
lerische Sirene! War das der Aufschub, den du
begehrtest? Mißbrauchtest du so die Nachsicht, die ich dir gab, um mich zu hintergehen?

KONSTANZE   Ich bin strafbar in deinen Augen, Herr, es ist
wahr! Aber es ist mein Geliebter, mein einzi-

ger Geliebter, dem lange schon dieses Herz gehört. O nur für ihn, nur um seinetwillen fleh' ich Aufschub. O laß mich sterben! Gern, gern will ich den Tod erdulden! Aber schone nur sein Leben –

SELIM   Und du wagst's, Unverschämte, für ihn zu bitten?

KONSTANZE   Noch mehr: für ihn zu sterben!

BELMONTE   Ha, Bassa! Noch nie erniedrigte ich mich zu bitten, noch nie hat dieses Knie sich vor einem Menschen gebeugt: aber sieh, hier lieg ich zu deinen Füßen und flehe dein Mitleid an. Ich bin von einer großen spanischen Familie, man wird alles für mich zahlen. Laß dich bewegen, bestimme ein Lösegeld für mich und Konstanze, so hoch du willst. Mein Name ist Lostados.

SELIM   *(staunend)*
Was hör ich! Der Kommandant von Oran, ist er dir bekannt?

BELMONTE   Es ist mein Vater.

SELIM   Dein Vater? Welcher glückliche Tag! Den Sohn meines ärgsten Feindes in meiner Macht zu haben! Kann was Angenehmers sein? Wisse, Elender! Dein Vater, dieser Barbar, ist schuld, daß ich mein Vaterland verlassen mußte. Sein unbiegsamer Geiz entriß mir eine Geliebte, die ich höher als mein Leben schätzte. Er brachte mich um Ehrenstellen, Vermögen, um alles. Kurz, er zernichtete mein ganzes Glück. Und dieses Mannes einzigen Sohn habe ich nun in meiner Gewalt! Sage, er an meiner Stelle, was würde er tun?

BELMONTE   *(ganz niedergedrückt)*
Mein Schicksal würde zu beklagen sein.

SELIM   Das soll es auch sein. Wie er mit mir verfahren ist, will ich mit dir verfahren. Folge mir, Osmin, ich will dir Befehle zu ihren Martern geben.
(zu der Wache)

Bewacht sie hier.
(Er geht mit Gefolge und Osmin ab.)

Siebenter Auftritt
Belmonte und Konstanze.

BELMONTE	Welch ein Geschick! O Qual der Seele!	*Nr. 20:*
	Hat sich denn alles wider mich verschworen?	*Rezitativ*
	Ach, Konstanze, durch mich bist du verlo-	*und Duett*
	ren!	
	Welch eine Pein!	
KONSTANZE	Laß, ach, Geliebter, laß dich das nicht quälen.	
	Was ist der Tod? Ein Übergang zur Ruh'!	
	Und dann, an deiner Seite	
	Ist er Vorgeschmack zur Seligkeit.	
BELMONTE	Engelsseele! Welch holde Güte!	
	Du flößest Trost in mein erschüttert Herz,	
	Du linderst mir den Todesschmerz,	
	Und ach, ich reiße dich ins Grab!	
	Meinetwegen sollst du sterben!	*Duett*
	Ach, Konstanze, kann ich's wagen,	
	Noch die Augen aufzuschlagen?	
	Ich bereite dir den Tod!	
KONSTANZE	Belmont! Du stirbst meinetwegen,	
	Ich nur zog dich ins Verderben,	
	Und ich sollt' nicht mit dir sterben?	
	Wonne ist mir dies Gebot!	
BEIDE	Edle Seele, dir zu leben	
	War mein Wunsch und all mein Streben;	
	Ohne dich ist mir's nur Pein,	
	Länger auf der Welt zu sein.	
BELMONTE	Meinetwegen sollst du sterben!	
KONSTANZE	Belmont! Du stirbst meinetwegen!	
BELMONTE	Ach, Konstanze, kann ich's wagen,	
	Noch die Augen aufzuschlagen?	
KONSTANZE	Ich nur zog dich ins Verderben,	
	Und ich sollt' nicht mit dir sterben!	
BELMONTE	Ich bereite dir den Tod!	
KONSTANZE	Wonne ist mir dies Gebot!	

69

BEIDE   Edle Seele! Dir zu leben
Ist mein Wunsch und all mein Streben;
Ohne dich ist mir's nur Pein,
Länger auf der Welt zu sein!

KONSTANZE   Ich will alles gerne leiden.

BELMONTE   Ruhig sterb ich und mit Freuden –

BEIDE   Da ich dir zur Seite bin.

BELMONTE   Um dich, Geliebte!

KONSTANZE   Um dich, Geliebter!

BEIDE   Geb ich gern mein Leben hin!
O welche Seligkeit!

$$\text{Mit} \begin{cases} \text{dem Geliebten} \\ \text{der Geliebten} \end{cases} \text{sterben}$$

Ist seliges Entzücken!
Mit wonnevollen Blicken
Verläßt man da die Welt.

Achter Auftritt

*Pedrillo und Blonde werden von einem andern Teil
der Wache hereingeführt; und die Vorigen.*

PEDRILLO   Ach, Herr, wir sind hin! An Rettung ist nicht *Dialog*
mehr zu denken. Man macht schon alle Zu-
bereitungen, um uns aus der Welt zu schaffen. Es ist erschrecklich, was sie mit uns anfangen wollen! Ich, wie ich im Vorbeigehen
gehört habe, soll in Öl gesotten und dann gespießt werden. Das ist ein sauber Trakta-
ment! Ach, Blondchen, Blondchen! Was
werden sie wohl mit dir anfangen?

BLONDE   Das gilt mir nun ganz gleich. Da es einmal
gestorben sein muß, ist mir alles recht.

PEDRILLO   Welche Standhaftigkeit! Ich bin doch von gutem altchristlichem Geschlecht aus Spanien,
aber so gleichgültig kann ich beim Tode nicht
sein! – Weiß der Teufel ... Gott sei bei mir!
Wie kann mir auch itzt der Teufel auf die
Zunge kommen?

Letzter Auftritt

Die Vorigen. Bassa Selim, Osmin (voll Freuden) und Gefolge.

SELIM Nun, Sklave! Elender Sklave! Zitterst du? Erwartest du dein Urteil?

BELMONTE Ja, Bassa, mit so vieler Kaltblütigkeit, als Hitze du es aussprechen kannst. Kühle deine Rache an mir, tilge das Unrecht, so mein Vater dir angetan! Ich erwarte alles und tadle dich nicht.

SELIM Es muß also wohl deinem Geschlechte eigen sein, Ungerechtigkeiten zu begehen, weil du das für so ausgemacht annimmst? Du betrügst dich. Ich habe deinen Vater viel zu sehr verabscheut, als daß ich je in seine Fußstapfen treten könnte. Nimm deine Freiheit, nimm Konstanzen, segle in dein Vaterland, sage deinem Vater, daß du in meiner Gewalt warst, daß ich dich freigelassen, um ihm sagen zu können, es wäre ein weit größer Vergnügen, eine erlittene Ungerechtigkeit durch Wohltaten zu vergelten, als Laster mit Lastern tilgen.

BELMONTE Herr! ... Du setzest mich in Erstaunen ...

SELIM *(ihn verächtlich ansehend)*
Das glaub ich. Zieh damit hin, und werde du wenigstens menschlicher als dein Vater, so ist meine Handlung belohnt.

KONSTANZE Herr, vergib! Ich schätzte bisher ... deine edle Seele, aber nun bewundere ich –

SELIM Still! Ich wünsche für die Falschheit, die Sie an mir begingen, daß Sie es nie zu bereuen möchten, mein Herz ausgeschlagen zu haben.
(Er ist im Begriff abzutreten.)

PEDRILLO *(tritt ihm in den Weg und fällt ihm zu Füßen)*
Herr, dürfen wir beiden Unglücklichen es auch wagen, um Gnade zu flehen? Ich war von Jugend auf ein treuer Diener meines Herrn.

71

OSMIN   Herr, beim Allah! Laß dich ja nicht von dem
verwünschten Schmarotzer hintergehen!
Keine Gnade! Er hat schon hundertmal den
Tod verdient.

SELIM   Er mag ihn also in seinem Vaterlande suchen.
(zur Wache)
Man begleite alle viere an das Schiff.
(Er gibt Belmonte ein Papier.)
Hier ist euer Paßport.

OSMIN   Wie! Meine Blonde soll er auch mitnehmen?

SELIM   *(scherzhaft)*
Alter, sind dir deine Augen nicht lieb? Ich
sorge besser für dich, als du denkst.

OSMIN   Gift und Dolch! Ich möchte bersten.

SELIM   Beruhige dich! Wen man durch Wohltun nicht
für sich gewinnen kann, den muß man sich
vom Halse schaffen!

BELMONTE   Nie werd ich deine Huld verkennen;   *Nr. 21 a:*
Mein Dank bleibt ewig dir geweiht.   *Vaudeville*
An jedem Ort, zu jeder Zeit
Werd ich dich groß und edel nennen.
Wer so viel Huld vergessen kann,
Den seh' man mit Verachtung an.

KONSTANZE, BELMONTE, PEDRILLO, BLONDE, OSMIN
Wer so viel Huld vergessen kann,
Den seh' man mit Verachtung an.

KONSTANZE   Nie werd ich im Genuß der Liebe
Vergessen, was der Dank gebeut,
Mein Herz, der Liebe nur geweiht,
Hegt auch dem Dank geweihte Triebe.
Wer so viel Huld vergessen kann,
Den seh' man mit Verachtung an.

KONSTANZE, BELMONTE, PEDRILLO, BLONDE, OSMIN
Wer so viel Huld vergessen kann,
Den seh' man mit Verachtung an.

PEDRILLO   Wenn ich es je vergessen könnte,
Wie nah ich dem Erdrosseln war,
Und all der anderen Gefahr:
Ich lief', als ob der Kopf mir brennte.
Wer so viel Huld vergessen kann,
Den seh' man mit Verachtung an.

KONSTANZE, BELMONTE, PEDRILLO, BLONDE, OSMIN
>Wer so viel Huld vergessen kann,
>Den seh' man mit Verachtung an.

BLONDE Herr Bassa, ich sag recht mit Freuden
>Viel Dank für Kost und Lagerstroh;
>Doch bin ich recht von Herzen froh,
>Daß man mich läßt von dannen scheiden.
>*(auf Osmin zeigend)*
>Denn seh' er nur das Tier dort an,
>Ob man so was ertragen kann.

OSMIN Verbrennen sollte man die Hunde,
>Die uns so schändlich hintergehn.
>Es ist nicht länger auszusteh'n,
>Mir starrt die Zunge fast im Munde,
>Um ihren Lohn zu ordnen an:
>Erst geköpft, dann gehangen,
>Dann gespießt auf heiße Stangen,
>Dann verbrannt, dann gebunden
>Und getaucht; zuletzt geschunden.
>*(läuft wütend ab)*

KONSTANZE, BELMONTE, BLONDE, PEDRILLO
>Nichts ist so häßlich als die Rache.
>Hingegen menschlich gütig sein
>Und ohne Eigennutz verzeihn,
>Ist nur der großen Seelen Sache!

KONSTANZE Wer dieses nicht erkennen kann,
>Den seh' man mit Verachtung an.

KONSTANZE, BELMONTE, BLONDE, PEDRILLO
>Wer dieses nicht erkennen kann,
>Den seh' man mit Verachtung an.

CHOR DER JANITSCHAREN
>Bassa Selim lebe lange!
>Ehre sei sein Eigentum!
>Seine holde Scheitel prange
>Voll von Jubel, voll von Ruhm.
>Bassa Selim lebe lange!
>Ehre sei sein Eigentum!

Nr. 21b:
Chor der
Jani-
tscharen

Mozart im Jahre 1777
als Ritter vom Goldenen Sporn.

Dokumentation

I. Entstehung und erste Aufführungen der ‹Entführung aus dem Serail›

Gerhard Croll*

Auftrag, Buch, Besetzung und Komposition von Mozarts ‹Entführung aus dem Serail›

Am 23. März 1776 hatte Kaiser Joseph II. in einem Handbillett dem Fürsten Johann Josef Khevenhüller mitgeteilt, daß «das Theater nächst der Burg hinfort das deutsche Nationaltheater heißen soll». Damit hatte das Burgtheater aufgehört, ein exklusives Adelstheater zu sein. Mit dem kaiserlichen Auftrag vom 17. Dezember 1777 an Johann Heinrich Friedrich Müller, die Einstudierung eines deutschen Singspiels zu beginnen, war der Weg frei – für Müller als Spielleiter und Ignaz Umlauf als Komponisten –, die ‹Bergknappen› in Szene zu setzen. Das geschah im Januar 1778.[1]

In Mannheim wußte man über das kaiserliche Vorhaben besser Bescheid als in Salzburg.

«Ich weiß | ganz gewis | das der kaiser in sinn hat in Wien eine teutsche opera aufzurichten, und daß er einen jungen kapelnmeister, der die teutsche sprache versteht, genie hat, und im stande ist etwas neues auf die welt zu bringen, mit allen ernste sucht; [...] ich glaube, das wäre so eine

---

1 Otto Michtner: Das alte Burgtheater als Opernbühne von der Einführung des deutschen Singspiels (1778) bis zum Tod Kaiser Leopolds II. (1792) = Theatergeschichte Österreichs, Band III: Wien, Heft 1. Wien 1970, S. 25 ff; Franz Dirnberger: «200 Jahre Burgtheater». Auf der Suche nach einem Jubiläum. In: Mitteilungen des Österreichischen Staatsarchivs 29 (1976), S. 169–214.

* *Gerhard Croll (geb. 1917), deutsch-österreichischer Musikwissenschaftler und seit 1966 Leiter des Musikwissenschaftlichen Instituts der Universität Salzburg, gibt im Vorwort der von ihm selbst betreuten neuen Partiturausgabe der ‹Entführung aus dem Serail› (im Rahmen der Neuen Mozart-Ausgabe, Kassel usw. 1981) eine konzise Zusammenfassung der Entstehungsgeschichte der Oper, die wir hier gekürzt wiedergeben.*

75

gute sache für mich; aber gut bezahlt, das versteht sich. wenn mir der kaiser Tausend gulden giebt, so schreibe ich ihm eine teutsche opera.»

Leopold Mozart möge gleich – so Mozart in dem zitierten Brief aus Mannheim vom 10./11. Januar 1778 – «an alle erdenckliche gute freunde zu wien» schreiben, «daß ich im stande bin, dem kaiser ehre zu machen. wenn er anderst nicht will, so soll er mich mit einer opera Probiren – – was er hernach machen will, das ist mir einerley»[2]. Leopold Mozart reagierte sofort und wandte sich an Franz von Heufeld, um zu versuchen, seinen Sohn in Wien «anzubringen». Heufelds freundschaftliche Antwort (vom 23. Januar 1778) enthält als Quintessenz dessen, was für seinen «lieben Wolfgang» am besten zu tun sei, den Rat: «Will dero Sohn sich die Mühe nehmen zu irgend einer guten deutschen komischen Oper die Musick zu setzen, solche einschicken, sein Werk dem allerhöchsten Wohlgefallen anheimstellen und dann die Entschließung abwarten, so kann es ihm gerathen, wenn das Werk beyfall findet, anzukommen. In diesem Falle aber wäre es wohl nöthig selbst gegenwärtig zu seyn.»

Der hier vorgezeichnete Weg sollte über ‹*Zaide*›[3] hin zur ‹*Entführung aus dem Serail*› führen. Im Schnittpunkt dieses Geschehens steht Gottlieb Stephanie d. J.[4], den Mozart Mitte April 1781 «wegen dem schachtner seiner operette» ansprach, und der ihm «ein Neues stück» in Aussicht gestellt hatte, ein «gutes Stück», das er ihm – «wenn ich nicht mehr hier bin» – nach Salzburg schicken wolle (Brief vom 18. April 1781). Dieses Umweges bedurfte es dann nicht mehr. Mozart blieb in Wien. Einen Monat später – am 19. Mai – glaubte er, «mit der opera [sei] es auch schon richtig». Weiterhin erwartete er sich einen von Stephanie selbst geschriebenen Operntext. Noch am 16. Juni heißt es in einem Brief an den Vater: «[...] ich glaube, und ich wünsche es auch, daß er selbst für mich eine oper

2 Mozart. Briefe und Aufzeichnungen. Gesamtausgabe, gesammelt (und erläutert) von Wilhelm A. Bauer und Otto E. Deutsch (4 Textbände = Bauer/Deutsch I–IV, Kassel etc. 1962/63), auf Grund deren Vorarbeiten erläutert von Joseph Heinz Eibl (2 Kommentarbände = Eibl V und VI, Kassel etc. 1971), Register, zusammengestellt von Joseph Heinz Eibl (= Eibl VII, Kassel etc. 1975); Bauer/Deutsch II, Nr. 402. – Bei Verweisen auf ganze Briefe und bei wörtlichen Zitaten aus Bauer/Deutsch im laufenden Text dieses Vorwortes wird in der Regel lediglich das Briefdatum als Nachweis verwendet.

3 Vgl. Friedrich-Heinrich Neumann: Kritischer Bericht zu NMA II/5/10: Zaide (Das Serail), besonders S. 13 und S. 22 bis 24; ders.: Zur Vorgeschichte der Zaide. In: Mozart-Jahrbuch 1962/63. Salzburg 1964, S. 216ff; Walter Senn: Mozarts «Zaide» und der Verfasser der vermutlichen Textvorlage. In: Festschrift Alfred Orel (hg. v. Hellmut Federhofer), Wien–Wiesbaden 1960, S. 173ff.

4 Zu (Johann) Gottlieb Stephanie (1741–1800), genannt «der Jüngere», um ihn von seinem Stiefbruder Christian (Gottlieb) Gottlob Stephanie d. Ä. zu unterscheiden, vgl. Eibl V, S. 335, zu 289/54, sowie NMA II/5/15: Der Schauspieldirektor (Gerhard Croll), S. VII.

schreiben wird.» Inzwischen hatte Mozart selbst beim Grafen Rosenberg «2 mal visite» gemacht, ihm seinen ‹Idomeneo› zu Gehör gebracht, um sich für einen Opernauftrag zu empfehlen, und war nun (im Brief vom 26. Mai 1781) überzeugt, «da stephani mein guter freund ist, so geht alles». Es war dann kein eigenes und auch kein ganz «Neues stück», das Stephanie, nun in kaiserlichem Auftrag handelnd, Mozart am 30. Juli 1781 in sein «hüpsches Zimmer» bei der «alten Mad:^{me} Weber» im zweiten Stock des Hauses «Zum Auge Gottes» (Am Peter) brachte: «Bellmont und Constanze, oder: Die Entführung aus dem Serail». Eine Operette in drey Akten von C. F. Bretzner [. . .] Leipzig [. . .] 1781.»[5]

Die ‹Entführung›, deren Entstehung sich über zehn Monate hinzog, erscheint vor uns, mit dem Blick auf die ersten anderthalb Jahre Mozarts in Wien, wie eingespannt zwischen zwei lebensentscheidende Daten und Ereignisse: Auf der einen Seite der Bruch mit dem Erzbischof, die Befreiung vom Salzburger Hofdienst (9. und 10. Mai 1781); auf der anderen die Hochzeit mit Constanze Weber (4. August 1782) und, wenn nicht ein «Bruch», so doch ein Zerwürfnis mit dem Vater und, nach monatelanger Auseinandersetzung, die Loslösung von ihm.[6] Schließlich – und das muß hier andeutend für den größeren biographischen Zusammenhang genügen – fällt in die letzte Phase der Arbeit an der ‹Entführung› die für den Komponisten Mozart so wichtige Begegnung mit Händel und Bach bei Gottfried van Swieten.

Zu keinem Werk Mozarts – sieht man von ‹Idomeneo› ab – sind so viele eigene Aussagen überliefert wie zur ‹Entführung›. Anders als dort fehlen hier allerdings die Antwortbriefe Leopolds. Damals, bei ‹Idomeneo›, reiste Vater Mozart zuletzt selbst – mit Nannerl – an den Aufführungsort, um zusammen mit dem Sohn am großen Erfolg des Werkes teilzuhaben. Mitten im Erfolg der ersten Aufführungen der ‹Entführung› hingegen mußte Mozart die bitterste Enttäuschung erleben durch das «so gleichgültige, kalte schreiben», mit dem der Vater auf die ihm übersandte Partitur des Werkes reagierte.[7] Der Stolz Leopold Mozarts über den an Wolfgang ergangenen allerhöchsten Auftrag, «eine operette [. . .] zu Komponieren», sein Vertrauen in Fleiß und Fähigkeiten des Sohnes[8], alle väterlichen Ge-

---

5 Benutztes Exemplar: Wien, Österreichische Nationalbibliothek, Musiksammlung, Signatur: 641.433–AM Bd. VI/1.

6 Vgl. das einschlägige Kapitel «Die Trennung» bei Florian Langegger: Mozart, Vater und Sohn. Zürich 1978, S. 103ff.

7 Brief vom 31. Juli 1782 (Bauer/Deutsch III, Nr. 681), in dem Wolfgang diese Worte aus Leopold Mozarts verschollenem Brief vom 26. Juli (Bauer/Deutsch III, Nr. 679) zitiert.

8 Leopold Mozart an Breitkopf & Sohn, Leipzig: 10. August 1781 (Bauer/Deutsch III, Nr. 617).

Franz Xaver Wolf Graf Rosenberg-Orsini (1723–96), seit 1776 «General-Spektakel-Direktor», Oberstkämmerer und Konferenzminister Kaiser Josephs II., erteilte im Frühjahr 1781 dem Hofdichter Gottlieb Stephanie d. J. den Auftrag, Mozart «ein gutes Oper buch zu schreiben zu geben». Stephanie entschied sich für Bretzners Singspiel ‹Bellmont und Constanze, oder Die Entführung aus dem Serail›, das bereits vorher in Berlin uraufgeführt worden war.

fühle schienen sich unter dem Eindruck von Wolfgangs Verbindung mit dem Hause Weber in demonstrative Gleichgültigkeit gegenüber einem Werk gewandelt zu haben, das ihm den Namen «Konstanze» entgegenhielt. Schon auf Wolfgangs Schilderungen der anfangs rasch fortschreitenden Arbeit an seiner «Oper», auf die «idèe vom Ersten Ackt», den «kleinen Praegusto von der opera» und die ausführliche «beschreibung von [seiner] opera Musick» (dies alles wurde zwischen dem 19. und 26. September 1781 nach Salzburg spediert) hat Leopold Mozart zögernd und offensichtlich vor allem mit Einwänden und Kritik gegenüber dem Text reagiert.

Auftrag, «Buch» und Besetzung

Der «General-Spektakel-Direktor» Franz Xaver Graf (seit 1790 Fürst) Rosenberg-Orsini, Oberstkämmerer Kaiser Josephs II., hatte im Frühjahr 1781 den Auftrag erteilt, Mozart «ein gutes Oper buch [...] zu schreiben zu geben»[9]. An wen dieser (kaiserliche) Auftrag erging, wird aus Mozarts Mitteilungen nach Salzburg nicht ganz deutlich. Er nennt sowohl Friedrich Ludwig Schröder, «den vornehmen Acteur»[10], als auch Stephanie d. J.[11]. Schröder legte schon bald einen Operntext in vier Akten vor – vermutlich eine eigene Dichtung, jedenfalls nicht Bretzners ‹Entführung› –, fand aber keinen rechten Anklang. Von Stephanie d. J. erwartete sich Mozart (wie wir schon sahen) einen eigenen «neuen» Text. So mag das Überbringen eines fremden und, wie auf der Titelseite zu lesen stand, vom Herrn Kapellmeister André in Berlin bereits in Musik gesetzten Textes für Mozart zunächst eine Enttäuschung gewesen sein, denn er mußte sich von dem in Wien erfolg- und einflußreichen Autor Stephanie d. J. – «er versteht das theater, und seine komoedien gefallen immer» – mehr versprechen.

Als Singspieldichter war Bretzner Mozart gewiß nicht ganz unbekannt. Bretzners komische Oper in zwei Akten ‹Adrast und Isidore› (Musik von František Mìca) war die erste Premiere der Spielzeit 1781/82, mit der als griechische Sklavin Isidore in einem auch türkisch akzentuierten bunten Völkergemisch dominierenden Primadonna Cavalieri. Stephanie, der wohl auch diesen Bretzner-Text beschafft hatte, hat noch in derselben Spielzeit Bretzners Singspiel ‹Das Irrlicht, oder Endlich fand er sie› bear-

---

9 Brief Wolfgangs an den Vater vom 9. Juni 1781 (Bauer/Deutsch III, Nr. 604).
10 Brief Wolfgangs an den Vater vom 16. Juni 1781 (Bauer/Deutsch III, Nr. 606). – Mozarts respektvolle Bemerkung (Bauer/Deutsch III, Nr. 604) gilt dem ersten Lear-Darsteller in Wien.
11 Brief Wolfgangs an den Vater vom 1. August 1781 (Bauer/Deutsch III, Nr. 615).

beitet und – mit Musik von Umlauf – am 17. Januar 1782 – ein halbes Jahr früher (!) als die ‹*Entführung*› – herausgebracht. Deren Text – mit dem «türkischen Sujet» – las Mozart jetzt (am 30. Juli 1781) zum erstenmal, und gewiß kannten weder er noch Stephanie die auf dem Drucktitel erwähnte Musik von Johann André. Beiden aber war der Grundriß der Handlung wohlvertraut, besonders nachhaltig durch das (uns im folgenden noch wiederholt begegnende) Singspiel ‹*Die unvermutete Zusammenkunft, oder Die Pilgrime von Mekka*›, das vier Tage zuvor zum drittenmal in dieser Spielzeit (und seit Mozart in Wien lebte) aufgeführt worden war und zu dem Stephanie die deutsche Übersetzung geliefert hatte.

Zurückzuführen sind Stoff und Handlung auf das Märchen von ‹*Flos und Blancflos* / *Blume und Weißblume*›, das sich in der mittelalterlichen französischen und deutschen Dichtung findet und in der italienischen Literatur bei Boccaccio aufscheint: in dessen ‹*Filocolo*› als Geschichte von Florio und Biancofiore, in der Novella seconda des fünften Tages im ‹*Decameron*› als Erzählung des Schicksals von «Gostanza» und «Martuccio Gomìto»[12]. Bretzner, «der einen umfassenden Spürsinn in der Auswahl seiner beliebten Stoffe besaß», mag «auch jenes Märchen im morgenländischen Gewande gekannt haben»[13]. Als unmittelbares Vorbild für Bretzner machte Walter Preibisch[14] ‹*La schiava liberata*› geltend (Text von Gaetano Martinelli), in Dresden aufgeführt 1777 (Musik von Joseph Schuster), und wies daneben, insbesondere als Vorlage für die im Kreise der Spanier als «Engländerin» fremde Blonde, auf Isaac Bickerstaffes Komödie ‹*The Sultan or a Peep into the Seraglio*› hin, in der der Ober-Eunuch «Osmyn» eine englische Sklavin «Roxalana» tyrannisiert, die sich aber als «englisches Mädchen» zur Wehr setzt und schließlich den Sultan heiratet.[15]

Mozart, der das Wiener Theatergeschehen seit Beginn der Spielzeit 1781/82 an Ort und Stelle beobachten konnte und vieles miterlebte[16],

12 Während der Name «Gostanza» – sinnvoller Ausdruck der dauerhaften Liebe des jungen Mädchens – sich bei Bretzner wiederfindet, weist der des jungen Mannes auf «Gomatz» in ‹*Zaide*›.

13 Bernhard Paumgartner: Mozart. Berlin 1927, S. 269 (dazu S. 474), 7. Aufl. 1973, S. 286 (dazu S. 499).

14 Quellenstudien zu Mozarts «Entführung aus dem Serail», phil. Diss. Halle–Wittenberg 1908, Halle a. S. 1908 (1. Teil), und in: Sammelbände der Internationalen Musikgesellschaft X (1908–1909), S. 430–476.

15 Vgl. dazu auch Eric Blom: «The Seraglio» Again. In: The Observer, 1. Juni 1958, S. 18.

16 Aus Mozarts Briefen nach Salzburg erfährt man dazu nur gelegentlich etwas, zum Beispiel über den Besuch «in der opera» am 10. Mai 1781, einen Tag nach der letzten Audienz beim Salzburger Erzbischof: Mozart berichtet, daß er die Vorstellung (es war die dritte der neuen Oper ‹*Der Rauchfangkehrer*› von Salieri) wegen Unwohlseins verlassen mußte. Daß er oft auch Proben besuchte, berichtet er am 24. Oktober 1781 im Zusammenhang mit der Aufführung von Glucks ‹*Iphigenie auf Tauris*›: «[...] in den Proben war ich fast in allen.»

mußte bewußt gewesen sein, daß die Wahl dieses Buches und Stoffes unausweichlich eine Konfrontation mit Glucks Singspiel ‹Die unvermutete Zusammenkunft, oder Die Pilgrime von Mekka› bedeuten würde.[17] Ob das von Nutzen oder einem Erfolg des eigenen Werkes eher abträglich sein könnte, ließ sich nicht ohne weiteres abschätzen. Für beide, Stephanie und Mozart, mag bei der Entscheidung für das Bretznersche Textbuch zweierlei mitgesprochen haben: Man konnte an das lebhafte Interesse der Wiener an Türkenstoffen und damit zugleich an den anhaltenden Erfolg der ‹Pilgrime› anknüpfen, und man mag sich angeregt und herausgefordert gefühlt haben von einem beinahe zwanzig Jahre alten Stück, das nichts von seiner Bühnenwirksamkeit eingebüßt zu haben schien. Die ersten Konsequenzen aus solchen oder ähnlichen Überlegungen hatte Stephanie bereits gezogen. Denn für die Besetzungsliste, die Wolfgang in seinem ersten «Entführungs-Brief» vom 1. August 1781 – geschrieben zwei Tage nachdem er Bretzners Text von Stephanie erhalten hatte – präsentierte, war letztlich Stephanie zuständig und verantwortlich (in Klammern hinzugefügt sind jeweils die vorgesehenen Rollen):

«Mad:selle Cavalieri [Konstanze], Mad:selle teyber [Blonde], M:r fischer [Osmin], M:r Adamberger [Belmonte], M:r Dauer [Pedrillo] und M:r Walter [Selim Bassa], werden dabey singen.»

Es war dies, sieht man von dem gleich zu diskutierenden letzten Namen ab, die beste Besetzung, die Stephanie anzubieten hatte, aus einem Ensemble, das auf diesem Gebiet seinesgleichen suchte. Drei der von Mozart genannten Namen finden sich auch in der erwähnten Erfolgsinszenierung von Glucks türkischem Singspiel, alle drei in den entsprechenden Rollen: Therese Teyber und die Herren Fischer und Walther. Die Erwähnung des Letztgenannten – in der ‹Entführung› war ihm ohne Zweifel die Rolle des Selim Bassa zugedacht – hat die Mozart-Forschung besonders beschäftigt.[18] Joseph Walther war Tenor und spielte «erste und zweite Liebhaber»[19]. Man hat die Tatsache, daß der Kaiser noch während der Spielzeit 1781/82 Walthers Entlassung anordnete, dafür verantwortlich

17 Neue deutsche Zeitung von ‹La rencontre imprévue› (Wien 1763/64), erste Aufführung am 26. Juli 1780; innerhalb von vier Monaten hatten zehn Aufführungen stattgefunden, die neue Spielzeit 1781/82 war mit eben diesem Stück eröffnet worden. Zu Glucks Opéra comique vgl.: Christoph Willibald Gluck, Sämtliche Werke, Abt. IV, Band 7 (Harald Heckmann), Kassel etc. 1964.

18 Vgl. Karl Maria Pisarowitz: Mozarts Urbassa. In: Mitteilungen der Internationalen Stiftung Mozarteum 13 (1965), Heft 3/4, S. 15 ff; dazu Eibl VI, S. 77, zu 615–625, und S. 402, zu 1140–1149, sowie (richtigstellend) Eibl VII, S. 599, Nachtrag zu 1140–1149.

19 Allgemeiner Theater-Almanach 1782, S. 124; vgl. Rudolf Payer von Thurn: Joseph II. als Theaterdirektor. Wien–Leipzig 1920, S. 26; zu Walthers Engagement in Wien (1. Februar 1780 bis Ostern 1782) vgl. Michtner, a. a. O., S. 79 f.

gemacht, daß Stephanie und Mozart die Rolle des Bassa als Sprechrolle gestalteten. Richtiger muß man sagen: als Sprechrolle beließen. Denn dies war sie auch bei Bretzner gewesen, an dessen Buch man sich im Ganzen (wie noch darzulegen ist) weitgehend hielt. Wir möchten vermuten, daß die Nennung des Namens «Walter» in Mozarts Brief für die Rolle des Bassa auch – vielleicht sogar vor allem – in einem anderen Zusammenhang zu sehen ist. In Glucks ‹*Pilgrime von Mekka*› verkörperte Walther als «Sultan von Ägypten» die dem Bassa in der ‹*Entführung*› entsprechende Rolle. Daß Stephanie ihn jetzt Mozart gegenüber genannt hatte, kann, so glauben wir, mehr mechanisch per analogiam, um die Besetzung zu vervollständigen, geschehen sein, und man braucht nicht das kaiserliche Entlassungsdekret zu bemühen, um Stephanies und Mozarts Festhalten an der bei Bretzner vorgegebenen Sprechrolle zu motivieren. Auch wäre mit Josef Matthias Souter ein anderer geeigneter Tenor zur Hand gewesen. Mozart dürfte die Wirkung des Bassa als Sprechrolle in dem ihm vorgelegten Singspieltext richtig eingeschätzt und eine (dritte!) Tenorpartie kaum ernstlich in Erwägung gezogen haben. So wurde der Schauspieler Dominik Joseph Jautz (1732–1806) der erste Darsteller des Selim Bassa. Er gehörte zu den langjährigen Mitgliedern des Ensembles. In der Wiener Erstaufführung des ‹*Hamlet*›, bearbeitet von Franz (von) Heufeld, spielte er den Horatio («Gustav»). Jautz hatte schon oft in Sprechrollen von Singspielen mitgewirkt und dabei mit fast allen Sängern der ‹*Entführung*› auf der Bühne gestanden, zuletzt (im Februar 1781) als «ein alter Türke» im ‹*Sklavenhändler von Smyrna*› (Text von Christian Friedrich Schwan, Musik von Franz Andreas Holly) zusammen mit Dauer/Pedrillo und Fischer/Osmin.

Caterina Cavalieri (1760–1801), deren «geläufige Gurgel» durch Mozarts Bemerkung über sie sprichwörtlich geworden ist, hatte seit ihrem Debüt in Wien (als Sandrina in ‹*La finta giardiniera*› mit der Musik von Anfossi am 19. Juni 1775 im Kärntnertortheater[20]) laufend große Erfolge zu verzeichnen. Wie das *Wiener Diarium* vom 25. Februar 1778 als aufsehenerregendes Ereignis vermerkt, mußte die Cavalieri «am Schluß des Spiels [es war die letzte Aufführung der ‹*Bergknappen*› dieser Spielzeit] auf

---

20 Über ihr erstes Auftreten berichtet Fürst Khevenhüller, daß sie, «eine hiesige Schullmeisters-Dochter, die sich den italienischen Nahmen: la Cavallieri zugeleget und übrigens eine sehr starcke Voce di petto besitzet, [sich] mit vorgefundener vill und billiger Approbation produciret hat». Vgl.: Aus der Zeit Maria Theresias. Tagebuch des Fürsten Johann Josef Khevenhüller-Metsch, Band VIII, hg. v. Maria Breunlich-Pawlik und Hans Wagner, Wien 1972 (= Veröffentlichungen der Kommission für neuere Geschichte Österreichs, Band 56), S. 75. Dazu Gerhard Croll: Zwei zeitgenössische Berichte aus Wien aus der Zeit von Maria Theresia bis zu Kaiser Franz. In: Österreichische Musikzeitschrift 30 (1975), S. 374f; Alexander Weinmann: Eine Italienerin aus Währing. In: Wiener Figaro 48 (1981), S. 22.

der Bühne erscheinen und von dem Publikum den öffentlichen Beifall empfangen» und hatte sich ihrerseits mit einem Danksagungskompliment revanchiert. Die Reihe ihrer Wiener Mozart-Rollen kennzeichnet Möglichkeiten und Entwicklung einer Stimme, die 1781/82 auf einem virtuosen und voluminösen Höhepunkt die Folge der Nummern 10 und 11 in der ‹Entführung› inspiriert und bewältigt hat: Konstanze (16. Juli 1782), Demoiselle Silberklang (7. Januar 1786), Donna Elvira (7. Mai 1788), Contessa (29. August 1789). Vorgesehen hatte Mozart die Cavalieri als Bettina in ‹Lo sposo deluso›, und er komponierte für sie die Arie «Fra l'oscure ombre funeste» in ‹Davidde penitente› KV 469/No. 8 sowie die Einlage-Szene KV 540ᶜ zum Wiener ‹Don Giovanni›.

Therese Teyber (Teuber) (1760–1830), mit der Cavalieri gleichaltrig, hatte als Kind Mozart im Herbst 1767 in Wien kennengelernt. Sie war Schülerin von Vittoria Tesi gewesen und war vor ihrem Wiener Engagement als Koloratur-Soubrette, jugendliche Liebhaberin und Naive im Frühjahr 1778 (mit monatlich 33 fl., 20 Kr.) am Esterhazyschen Hof engagiert.[21] Ihrem Wiener Debüt – als Fiametta (neben der Cavalieri) im Singspiel ‹Frühling und Liebe› (Text von Johann Friedrich Schmidt, Musik von Maximilian Ulbrich) – folgten Rollen wie die der Fatime in Grétrys ‹Zemire und Azor› (1779/80, neben Aloisia Weber); als Balkis in Glucks ‹Die Pilgrime von Mekka› verkörperte sie (seit 26. Juli 1780) eine der Blonde sehr nahestehende Rolle.

Johann Ignaz Ludwig Fischer (1745–1825), Schüler von Anton Raaff, debütierte in Wien (am 13. Juni 1780) als Don Gonzales in Goethes Singspiel ‹Claudine von Villa Bella›, das – mit der Musik von Ignaz von Beecke «ein vollkommener Mißerfolg und nach der zweiten Vorstellung abgesetzt wurde»[22]; Fischer erregte aber als «vortrefflicher Bassist, welcher die tiefsten Töne mit einer Fülle, Leichtigkeit und Annehmlichkeit singt, die man sonst nur bei guten Tenoristen antrifft», sofort großes Aufsehen und wurde bereits als «der erste Bassist Deutschlands» gefeiert.[23] Mozart dürfte vor allem von seinen Türken-Rollen in Glucks ‹Pilgrimen› (Calender) und (als Kaleb) im ‹Sklavenhändler von Smyrna›, dann aber auch durch Fischer als Skythenkönig Thoas in Glucks «deutscher Iphigenie» (Herbst 1781)[24] beeindruckt worden sein. Für Fischer als Osmin nutzte

---

21 Michtner, a. a. O., S. 41 f passim.

22 Ebd., S. 83.

23 Zu den Urteilen über Fischer als Sänger und Darsteller vgl. die Zitate in NMA II/7: Arien · Band 3 (Stefan Kunze), S. XVII f, und bei Michtner, a. a. O., S. 446 und S. 82 passim.

24 Fischers Thoas-Darstellung brachte Mozart auf den Gedanken, bei seinem frühen Plan einer Umarbeitung des ‹Idomeneo› (Wien 1781) «die Rolle des Idomenè [...] für den fischer im Baß» umzuschreiben. Vgl. den Brief vom 12. September 1781 an den Vater

Johann Ignaz Ludwig Fischer (1745–1825), der erste Osmin, nach einer Lithographie von Baron von Lütgendorff.

Mozart beides: die «vortreffliche Bassstimme» und die Tatsache, daß «er das hiesige Publikum ganz für sich hat»[25]. Das später an Fischers Vortrag – insbesondere bei Sarastros «In diesen heil'gen Hallen» – getadelte «ungemessene Verzieren» hat der Sänger bei der ihm auf den Leib geschriebenen Partie des Osmin (und in Gegenwart des Komponisten) gewiß nicht praktiziert.[26]

Johann Valentin Adamberger (1743–1804), Schüler von Giovanni Valesi (Johann Evangelist Wallishauser) und Debütant am Teatro S. Benedetto in Venedig, war Mozart als Sänger des Gran Sacerdote di Nettuno im Münchner ‹Idomeneo› wohlbekannt.[27] So konnte Mozart gleich bei der ersten für Belmonte komponierten Arie (No. 4) im Brief vom 26. September 1781 sagen, diese sei «ganz für die stimme des Adamberger geschrieben». In Wien war Adamberger – neben Fischer, Therese Teyber und Joseph Walther – in Anfossis Opera buffa ‹L'incognita perseguitata› (deutsch als ‹Die verfolgte Unbekannte›, 21. August 1780) zum erstenmal aufgetreten. Adamberger verband die höchste Kunst des Belcanto mit «Seele und Gefühl» (Sonnenfels) und gutem Textvortrag (Gebler).[28] Als Schauspieler war er zumindest im Singspiel Fischer unterlegen: «Fischer joua bien. Adamberger est une statue», urteilte Zinzendorf nach der vierten Aufführung der ‹Entführung›[29].

Josef Ernst Dauer (1746–1812), ein auch im Schauspiel eingesetzter Spieltenor, hatte sein Wiener Debüt in einer Hauptrolle in Monsignys – von Stephanie d. J. übersetztem – Singspiel ‹Der Deserteur› (am 28. November 1779).[30] Er gehörte bald zu den Lieblingen des Wiener Publikums im deutschen Repertoire, war aber auch am Erfolg von Paisiellos Opera buffa ‹I filosofi immaginari› (deutsch von Stephanie d. J., Premiere am 22. Mai 1781) beteiligt.

(Bauer/Deutsch III, Nr. 624), NMA II/5/11: Idomeneo (Daniel Heartz), Teilband 1, S. XXI, und unten den Abschnitt «Die Entstehung der Komposition».

25 Der Salzburger Erzbischof Colloredo war allerdings der Meinung, Fischer «singe zu tief für einen Bassisten», worauf Mozart mokant beteuerte, «er würde mit nächsten höher singen». Vgl. Bauer/Deutsch III, Nr. 629 (26. September 1781).

26 Vgl. dazu unten den Abschnitt «Zur Aufführungspraxis / 4. Verzierungen und Appoggiaturen».

27 Vgl. NMA II/5/11 (Daniel Heartz), Teilband 1, S. XXI.

28 Vgl. die Urteile über Adamberger in NMA II/5/3 (Stefan Kunze), S. XVII, und bei Michtner, a. a. O., S. 445 und S. 56 passim (besonders S. 88–90).

29 Zinzendorf-Tagebuch, 30. Juli 1782; vgl. Michtner, a. a. O., S. 380, Anmerkung 32.

30 Vgl. Michtner, a. a. O., S. 63 passim. Zur Charakterisierung des Darstellers Dauer vgl. die: Gallerie von Teutschen Schauspielern und Schauspielerinnen nebst Johann Friedrich Schinks Zusätzen und Berichtigungen. Hg. v. Richard Maria Werner (= Schriften der Gesellschaft für Theatergeschichte, Band 13), Berlin 1910, S. 36 und 197.

Die Entstehung der Komposition

Am 29. Mai 1782, genau zehn Monate nach Arbeitsbeginn, berichtet Mozart nach Salzburg, er werde «morgen [...] der gräfin Thun [...] den 3:[ten] Ackt voreiten», und er habe nun «nichts als verdrüssliche arbeiten, nehmlich – zu Corrigiren. – künftigem Montag [3. Juni] werden wir die Erste Probe machen. – Ich freue mich recht auf diese oper, das muß ich ihnen gestehen.» Bei keinem anderen der ‹*Entführung*› vergleichbaren Bühnenwerk liegt eine so große Zeitspanne zwischen Anfang und Ende der Arbeit; man spürt aus Mozarts Worten neben der Vorfreude auch die Erleichterung über den Abschluß der Oper. Es waren äußere und innere Gründe, welche die anfangs unter starkem Zeitdruck stehende und deshalb rasch vorangetriebene Arbeit ins Stocken kommen und sich dann so lange hinziehen ließen. Zunächst die von Mozart für die Fertigstellung bzw. das «Vorreiten» der drei Aufzüge mitgeteilten Daten:

30. Juli 1781: Beginn der Arbeit (Brief vom 1. August 1781).

22. August 1781: «der erste Ackt von der opera ist nun fertig.»

7. Mai 1782: Mozart hat der Gräfin Thun den «2:[t] Ackt vorgeritten» (Brief vom 8. Mai 1782).

30. Mai 1782: Mozart spielt der Gräfin Thun «den 3:[ten] Ackt» vor (Brief vom 29. Mai 1782).

Zugleich mit Auftrag und «Buch» hatte Stephanie Mozart den für die Aufführung vorgesehenen Termin übermittelt: «im halben 7:[ber] soll es schon aufgeführt werden [...] der Groß=fürst von Rußland wird hieher kommen; und da bat mich Stephani ich sollte, wenn es möglich wäre, in dieser kurzen zeit die opera schreiben.» Die Aussicht, daß der Kaiser und dessen Gäste aus Rußland – Großfürst Paul Petrowitsch, der spätere Zar Paul I., mit seiner Gemahlin – der Premiere beiwohnen würden «und überhaubts – alle andere absichten» erheiterten Mozarts Geist so sehr, wie er schreibt, daß er «mit der grösten Begierde» zu seinem Schreibtisch «eile, und mit gröster freude dabey sitzen bleibe» (Brief vom 1. August 1781).

Als erste Nummern wurden (laut Brief vom 6. Oktober 1781) «die aria ex A vom adamberger [No. 4, «O wie ängstlich, o wie feurig klopft mein liebevolles Herz!» mit Rezitativ «Konstanze! dich wiederzusehen!»], die von der Cavallieri ex B [No. 6, «Ach ich liebte, war so glücklich!»], und das Terzett [No. 7, «Marsch, marsch, marsch! trollt euch fort!»] in einem Tage Componirt – und in anderthalb tägen geschrieben», das heißt am 1. August, nach drei Tagen also, lag etwa die Hälfte des ersten Aufzugs vor. Am 8. August mittags meldete Mozart nach Salzburg, er sei «den augenblick eben mit dem Janitscharen=chor fertig geworden [...] der Adamber-

Johann Valentin Adamberger (1743–1804) und Caterina Cavalieri (1760–1801), die in der Uraufführung der ‹Entführung› die Partien des Belmonte und der Konstanze sangen. Die Cavalieri war seit 1778 für die Deutsche und Italienische Oper in Wien engagiert, Adamberger seit 1780 als Tenor für die Deutsche Oper.
Beide wirkten später in der Uraufführung des ‹Schauspieldirektors› mit, die Cavalieri sang 1788 in der Wiener Erstaufführung des ‹Don Giovanni› die Partie der Donna Elvira.

ger, die Cavallieri und der fischer» seien «mit ihren arien ungemein zufrieden»; ebenso angetan war die Gräfin Thun, der er tags zuvor die schon vorliegenden Teile vorgeführt hatte. Nach zehn Tagen waren also – in chronologischer Folge der Entstehung aufgezählt – die Nummern 4, 6, 7, 2 und 5b fertig. Das bedeutet: Mozart hatte alle in Bretzners erstem Aufzug vorhandenen Gesangstexte komponiert, und vermutlich war auch die Ouvertüre von Mozart schon in Angriff genommen worden, denn bereits im ersten «Entführungs-Brief» steht zu lesen, er wolle «die sinfonie [...]

mit türckischer Musick machen». Der hier zum Ausdruck kommende schöpferische Impuls und Mozarts (weiter unten im Zusammenhang zitierte) erste ausführlichere Beschreibung der Ouvertüre lassen darauf schließen, daß Mozart anfangs nur den ersten Presto-Teil (bis Takt 118) als Vorspiel konzipiert hatte, und es ist gut vorstellbar, daß dies bereits im ersten großen Aufschwung der kompositorischen Arbeit geschehen war.[31] Hätte Mozart die Arbeit in diesem kaum vorstellbaren Tempo vorangetrieben, so hätte die erste Aufführung der ‹Entführung› tatsächlich Mitte September 1781 stattfinden können.

Doch war in Wien inzwischen bekannt geworden – Mozart berichtet darüber erstmals am 29. August –, daß «der großfürst von Rußland [...] erst im Novembre» kommen würde. Mozart war darüber «recht froh», weil er nun seine «opera mit mehr überlegung schreiben» konnte; «vor aller heiligen lasse ich sie nicht auf=führen. – denn da ist die beste zeit – da kömmt alles von Lande herein.» Spekulierte Mozart hier noch auf eine Aufführung zu Ehren des russischen Besuches, so wurde ihm bald klar, daß dafür inzwischen andere Anordnungen getroffen worden waren: Bereits am 31. Juli[32] hatte Kaiser Joseph II. aus Versailles an den Grafen Rosenberg geschrieben, dieser möge für den – auf November verschobenen – Besuch aus Rußland die besten Komödien und Opern zur Aufführung vorbereiten, an erster Stelle Glucks ‹Iphigenie auf Tauris› (in deutscher Fassung)[33], daneben ‹Alceste› (italienisch). In der ersten Septemberhälfte hielt man bereits «proben über Proben im theater», an denen Mozart regen Anteil nahm. Die Rekrutierung einer Ballett-Truppe (unter dem aus München berufenen Antoine Crux) und die Probeneindrücke brachten Mozart auf den Gedanken, seinen Münchner ‹Idomeneo› ebenfalls ins Deutsche übersetzen zu lassen und umzuarbeiten – er mochte dabei an einen «Wettstreit mit Gluck gedacht haben»[34]. Er mußte aber einsehen, daß Johann Baptist Alxinger (der Übersetzer der ‹Iphigenie›) und die Bernasconi, Adamberger und Fischer überlastet waren und «eine 3:te opera [...] ohnehin zu viel» sein würde.

31 Vgl. dazu weiter unten das Briefzitat vom 26. September 1781. – Zweifellos setzt die endgültige Gestalt der Ouvertüre das Vorhandensein von Belmontes «kleiner Ariette» (No. 1) voraus, die ihrerseits – neben No. 3 – als letzte der Gesangsnummern des ersten Aufzugs entstanden ist; vgl. das folgende.

32 Das bei Michtner, a. a. O., S. 106 und S. 376, Anmerkung 18, angegebene Datum «31. August 1781» beruht auf einem Irrtum (freundliche Mitteilung von Prof. Dr. Joseph Heinz Eibl, Eichenau/Obb.).

33 Die französische Fassung hatte Marie Antoinette auf das Programm einer Assemblée für ihren Bruder in Schloß Trianon gesetzt.

34 NMA II/5/11 (Daniel Heartz), Teilband 1, S. XXIf, besonders S. XXII; vgl. auch oben Anmerkung 24.

*Joseph II., Deutscher Kaiser (1741–90), ältester Sohn Maria Theresias,
seit 1765 deutscher Kaiser, nach 1780 auch König von Ungarn und Böhmen
und Erzherzog von Österreich, war der wichtigste Förderer Mozarts in
Wien und erteilte ihm den Auftrag für vier seiner späten Wiener Opern: für
‹Die Entführung aus dem Serail›, ‹Der Schauspieldirektor›, ‹Le Nozze di
Figaro› und ‹Così fan tutte›. Sein früher Tod trug sicher dazu bei, daß
Mozarts Einfluß bei den adeligen Kreisen in seinen beiden letzten Lebens-
jahren so stark abnahm. Joseph II. war der Idealfall eines aufgeklärten
Monarchen, und man vermutet, daß Mozart ihm in der Gestalt des «edlen
Türken» Bassa Selim ein Denkmal gesetzt hat.*

Blatt 1 des Partiturautographs der ‹Entführung aus dem Serail› mit dem Beginn der Ouvertüre.

Von der ‹*Entführung*› ist in diesem Zusammenhang nicht die Rede; von ihr hören wir erst wieder im Brief vom 26. September 1781, der fast ganz diesem Werk gewidmet ist.*

Kurz vorher hatte Mozart seinem Vater mit einer gewichtigen Noten-Sendung «eine idèe vom Ersten Ackt» zu geben versucht. Separat übersandte er – wahrscheinlich mit einer teilweisen Abschrift des Textes – als «einen kleinen Praegusto von der opera» das Verzeichnis der Personen und Darsteller[35]; dort ist jetzt als Bassa Selim «H: Jautz» genannt, «Ein acteur», der «nichts zu singen» hat.

35 Vgl. Bauer/Deutsch III, Nr. 626 und 627 sowie das autographe Fragment des Textes, dazu unten den Abschnitt «Quellen» und den Kritischen Bericht. Aus der oben zitierten Beschreibung des ersten Aufzugs in Mozarts Brief vom 26. September 1781 geht hervor, daß sich unter den (leider verschollenen) Noten der «idèe»-Sendung Anfang und Ende von No. 3 («Solche hergelauf'ne Laffen» und «Erst geköpft, dann gehangen») und «14 Täckt» der Ouvertüre (zweifellos die Takte 1–14 des Presto) befanden.

* *An dieser Stelle zitiert Croll den Brief vom 26. September 1781, der in der vorliegenden Dokumentation auf S. 106 ff. abgedruckt ist.*

Seit dem Abschluß des ersten Aufzugs (22. August 1781) bis zum 26. September waren vom zweiten Aufzug nur «eine aria [wahrscheinlich No. 8] [...] und das Saufduett | : per li Sig:ri vieneri : | » [No. 14] fertig geworden. Das Arbeitstempo hatte sich verlangsamt, nun trat beinahe Stillstand ein. Neben den geschilderten äußeren Gründen sind dafür auch innere verantwortlich zu machen: Der Komponist griff stärker in die Gestaltung des Textes ein.

Im ersten Aufzug war Bretzners Dichtung weitgehend unangetastet geblieben. Nur den Text der «kleinen Ariette» (No. 1) hatte Stephanie auf Wunsch Mozarts aus Bretzners erstem Belmonte-Monolog gewonnen, und Osmins «neue» Arie (No. 3) war von Mozart selbst «dem H: Stephani ganz angegeben» worden. Nun aber, im zweiten Aufzug, schaltet sich Mozart nachdrücklicher ein. Fasziniert von Bretzners textlicher Gestaltung des eigentlichen Entführungsgeschehens im dritten Aufzug – Mozart nennt das Ganze «ein charmantes quintett oder vielmehr final» –, will er die Entführungsszene «lieber zum schluß des 2:t Ackts haben» und verlangt statt dessen von Stephanie «eine ganz Neue intrigue», um mit ihr den seiner eigentlichen Handlung beraubten dritten Aufzug auffüllen zu können. Die nächsten Wochen und Monate zeigen, daß auch ein so erfahrener Bühnenpraktiker wie Stephanie diese Forderung nicht erfüllen konnte. Mozart, der die Entführungsszene in der Manier eines Opera buffa-Finales zu komponieren begann[36], verlor, wie es im Brief vom 6. Oktober heißt, «bald die gedult, daß ich nichts weiter an der opera schreiben kann. – ich schreibe freylich unterdessen andere sachen – Jedoch – die Paßion ist einmal da – und zu was ich sonsten 14 Täge bräuchte würde nun 4 täge brauchen.»[37] Einen ganzen Monat später, am 3. November, hatte Stephanie «endlich [...] etwas fertig», aber erst am 17. November 1781 berichtet Mozart dem Vater, er habe nun «endlich wieder etwas für» seine «opera zu arbeiten bekommen». Bis zum 30. Januar 1782 erfahren wir nichts mehr, und auch dann heißt es nur: «die oper schläft nicht, sondern – ist wegen den grossen gluckischen opern und wegen viellen sehr Nothwendigen veränderungen in der Poesie zurück geblieben». Die an diese Entschuldigungen geknüpfte Erwartung, die Oper werde aber «gleich nach ostern gegeben werden», sollte sich wieder nicht erfüllen.

Die «notwendigen Veränderungen in der Poesie» betrafen zunächst den zweiten Aufzug. Bei Bretzner findet keine Begegnung zwischen dem Bassa und Konstanze statt, und auch die Solo-Szene des Bassa fehlt. Von

---

36 KV 389 (KV⁶: 384 A): vgl. Anhang II/2, S. 436–411, und Gerhard Croll: Die Entführung in Mozarts «Entführung». In: Salzburger Festspiele 1981. Offizielles Programm, S. 73–79.

37 Damals entstand die Serenade in Es KV 375 (a 6); vgl. NMA VII/17: Divertimenti und Serenaden für Blasinstrumente · Band 2 (Daniel N. Leeson und Neal Zaslaw), S. IX f.

den neun Gesangsnummern bei Stephanie (und Mozart) stammen nur vier von Bretzner (No. 8, 10, 13 und 14). Ganz neu gedichtet wurden die Martern-Arie (No. 11), Blondes Arie «Welche Wonne, welche Lust» (No. 12) und das zwischen Blondes Monolog und Konstanzes «Traurigkeit»-Arie (No. 10) vermittelnde Rezitativ. Hingegen sind die Texte der Nummern 9, 15 und 16 zumindest teilweise aus Bretzners Dialogen hervorgegangen.

Noch weiter von Bretzners «Buch» entfernte man sich beim dritten Aufzug. Als wörtliche Übernahme erweist sich von den fünf Gesangsstücken Stephanies und Mozarts nur die (auch bei Bretzner so bezeichnete) «Romance» (No. 18). Anregungen durch Bretzner sind festzustellen für das Duett von Konstanze und Belmonte (No. 20). Das Rezitativ ist auch hier – wie bei No. 10 – neu hinzugekommen. Textlich weitgehend auf Bretzner zurückzuführen ist die bei Stephanie und Mozart so bedeutsam herausgestellte Solo-Szene Osmins «O, wie will ich triumphieren, wenn sie euch zum Richtplatz führen» (No. 19). Man vergleiche deren Text mit folgenden Zeilen aus dem Ensemble am Schluß der Entführungsszene bei Bretzner:

OSMIN   O wie will ich triumphieren!
PEDRILLO   Ich will gern kapitulieren.
Ach, man wird mich strangulieren!
OSMIN UND WACHE   Hier hilft kein expostulieren,
Wirst gar niedlich figurieren.

Durchgreifend umgestaltet und verändert wurde der Schluß. Da ist zunächst die Lösung des Knotens. Der Bassa, der bei Bretzner in Belmonte den eigenen Sohn erkennt, verzeiht nun – im Geist Lessings – dem Sohn seines Erzfeindes und trägt ihm auf zu verkünden: «es wäre ein weit größer Vergnügen, eine erlittene Ungerechtigkeit durch Wohltaten zu vergelten, als Laster mit Laster zu tilgen».

Vaudeville (No. 21 a) und Chor der Janitscharen (No. 21 b) sind ebenfalls neu und treten an die Stelle jenes Schluß-Chors von Bretzner, den Mozart bei Arbeitsbeginn offensichtlich noch beibehalten und «mit türkischer Musick machen» wollte:

Oft wölkt stürmisch sich der Himmel,
Nacht und grausendes Getümmel
zeigt sich schrecklich unserm Blick.
Doch ein Strahl der milden Sonne
kehrt den Jammer schnell in Wonne,
bringt die Freuden bald zurück.

Der Beginn von Rezitativ und Arie Nr. 10 der Konstanze im Autograph der Partitur: «Welcher Wechsel herrscht in meiner Seele . . .»

Werden hier Bretzners Schwächen und Grenzen zwar besonders deutlich, so muß doch, nach genauem Vergleich und mit dem Blick auf die Entstehung von Mozarts Partitur, die inspirierende Kraft des Bretznerschen «Buches» hoch eingeschätzt werden.

Proben und erste Aufführungen in Wien

Für die Spielzeit 1782/83 hatte sich Stephanie, nunmehr «als alleiniger Leiter der Opernaufführungen vom Kaiser bestellt»[38], ein halbes Dutzend deutsche und zwei italienische Opern vorgenommen. Den Anfang machten ein deutsches Singspiel und ein italienisches Dramma giocoso. ‹Der blaue Schmetterling oder Sieg der Natur über die Schwärmerei› von Maximilian Ulbrich (Premiere am 2. April 1782) wurde schon nach drei Vorstellungen wieder abgesetzt; auch Antonio Maria Gaspare Sacchinis

38 Michtner, a. a. O., S. 118.

‹*La contadina in corte*› war – als erste italienisch aufgeführte Opera buffa seit 1778 – wegen Besetzungsmängeln wenig Erfolg beschieden. Daneben liefen Erfolgsstücke früherer Spielzeiten weiter, wie ‹*Die Bergknappen*›, ‹*Zemire und Azor*› und ‹*Die unvermutete Zusammenkunft, oder Die Pilgrime von Mekka*›.

Am Montag, dem 3. Juni 1782, begannen die Proben zur ‹*Entführung*›. Sie mußten wegen einer Grippe-Epidemie vom 8. bis 14. Juni unterbrochen werden und zogen sich schließlich bis zur Generalprobe über sechs Wochen hin. Theater und Orchester waren Mozart schon vor Beginn der Proben, die Stephanie leitete, wohlvertraut. «Inwendig ist es schön, aber nicht groß», heißt es in einer zeitgenössischen Beschreibung des Burgtheaters.[39] Die Dimensionen der Bühne geben dem Recht: Die Maße betrugen 9,20 Meter in der Breite, fünfzehn Meter in der Tiefe (zuzüglich acht Meter Hinterbühne). Die wie ein Schalltrichter wirkende Bühne und die Holzkonstruktion des Innenraums ergaben eine ausgezeichnete Akustik, vor allem für die Sänger, die sich schon aus beleuchtungstechnischen Gründen meist vorne auf der Bühne aufhielten. «Das Orchester besteht aus vierzig Stimmen, die gut beherrscht und eingewöhnt sind.» Diese Angaben aus dem Jahre 1777[40] gelten annähernd auch für die achtziger Jahre. Substituten nicht eingerechnet, umfaßte die Stammbesetzung des Orchesters je sechs Violinen, vier Violen, je drei Violoncelli und Kontrabässe, je zwei Flöten, Oboen, Klarinetten und Fagotte sowie je zwei Hörner und Trompeten und ein Schlagzeug. Einen Sonderstatus genossen sechs Holzbläser und zwei Hornisten, die seit Ostern 1782 vom Kaiser für die «blasende Musik» gesondert unter Vertrag genommen worden waren[41], eine Tatsache, die auch Mozart bald – noch während der ersten Aufführungen der ‹*Entführung*› für sich zu nutzen versuchte.

Trotz einer starken «Cabale» fand die Premiere am Dienstag, dem 16. Juli 1782[42] eine «gute aufnahme», wie Mozart in dem am 20. Juli, einen Tag nach der zweiten Aufführung geschriebenen Brief an seinen Vater berichtet:

39 Johann Bernoulli: Sammlung kurzer Reisebeschreibungen und anderer zur Erweiterung der Länder- und Menschenkenntnis dienender Nachrichten, Band XIII, Berlin 1784, S. 48. Vgl. auch Herta Singer: Die Akustik des alten Burgtheaters. In: Maske und Kothurn IV (Wien 1958), Heft 2 und 3, S. (220)–229.
40 Wilhelm Ludwig Wekherlin: Denkwürdigkeiten von Wien. Wien 1777.
41 Die Anordnung Josephs II. vom 24. April 1782 brachte den «bekannten 8 Individuen» als Mitglieder der kaiserlichen «Harmonie» jährlich 50 fl. mehr als ihre Bezahlung am Theater. Vgl. Payer von Thurn, a. a. O., S. 31.
42 Der Anschlagzettel des Burgtheaters in: Mozart. Die Dokumente seines Lebens (= Dokumente), gesammelt und erläutert von Otto Erich Deutsch (NMA X/34), Kassel etc. 1961, S. 178.

Kostümentwürfe für die Uraufführung der ‹Entführung aus dem Serail›, die am 16. Juli 1782 im Wiener Burgtheater stattfand.

«Ich hoffe Sie werden meinen letzten brief[43] worinn ich ihnen die gute aufnahme meiner oper Berichtet habe, richtig erhalten haben. – gestern ist Sie zum 2:ten Male gegeben worden; – könnten sie wohl vermuthen daß gestern noch eine Stärkere Cabale war als am ersten abend? – der ganze Erste ackt ist verzischet worden. – aber das laute Bravo rufen unter den arien konnten sie doch nicht verhindern. – meine hofnung war also das schluß=terzet – da machte aber das unglück den fischer fehlen – durch das fehlte auch der Dauer | : Pedrillo : | – und Adamberger allein konnte auch nicht alles ersetzen – mithin gieng der ganze Effect davon verloren, und wurde für diesmal nicht repetirt. – ich war so in Wuth daß ich mich nicht kannte, wie auch Adamberger – und sagte gleich – daß ich die opera nicht geben lasse ohne vorher eine kleine Probe | : für die Sänger : | zu machen. – im 2:t ackt wurden die beyde Duetts [No. 9 und No. 14] wie das Erstemal, und dazu das Rondeau vom Belmont *wenn der freude thränen fliessen* wiederhollet. – das theater war noch fast voller als das erste mal. – den tag vorher konnte man keine gesperte Sitze mehr haben weder auf dem Noble parterre noch im 3:ten Stock; und auch keine loge mehr. die Opera hat in den 2 tägen 1200 fl: getragen. –»

Mozarts Bemerkungen über die «Cabale» und das «Verzischen» eines ganzen Aufzugs bei den ersten beiden Aufführungen lassen auf angezettelte Intrigen schließen; sie wurden offenbar bald eingestellt. Anfangs mag aber auch das Ungewohnt-Neue an Mozarts Singspiel Mißfallen im Publikum ausgelöst haben. Bereits die dritte Aufführung – am St. Anna-Tag (26. Juli) «allen Nannerln zu Ehren» – fand nach Mozarts Bericht vom 27. Juli 1782 «allen applauso [...] und das theater war wider ohngeacht der erschröcklichen hitze gestrozt voll. – künftigen freytag [2. August] soll sie wieder seyn – ich habe aber dawider protestirt – denn ich will sie nicht so auspeitschen lassen. – die leute kann ich sagen sind recht Närrisch auf diese oper. – es thut einem doch wohl wenn man solchen beyfall erhällt.» Trotz seines Protestes fand die nächste Aufführung sogar schon am 30. Juli und die fünfte – wie vorgesehen – unmittelbar vor Mozarts Hochzeit am 4. August statt[44], die sechste (am 6. August) «auf begehren des glucks»: «gluck hat mir vielle Complimente darüber gemacht. Morgen speise ich bey ihm.» Nicht ohne Stolz berichtet Mozart dies am 7. August nach Salzburg. Erst nach der elften Aufführung, die am 8. Oktober und nun endlich in Anwesenheit des russischen Großfürstenpaares statt-

43 Mozarts Premierenbericht an den Vater, noch am (oder gleich nach dem) 16. Juli geschrieben, ist verschollen (Bauer/Deutsch III, Nr. 676).
44 Zum Datum der fünften Aufführung – am 2. oder 3. August – vgl. Dokumente. Addenda und Corrigenda, zusammengestellt von Joseph Heinz Eibl (NMA X/31/1), Kassel etc. 1978, S. 39.

fand[45], trat eine längere Pause ein. Bis zum Ende der Spielzeit 1782/83 erlebte die ‹Entführung› insgesamt fünfzehn Aufführungen.[46] Ins Burgtheater, aus dem das deutsche Singspiel mit Beginn der Spielzeit 1783/84 verbannt und durch die italienische Oper verdrängt wurde, kam Mozarts Singspiel erst wieder am 10. Mai 1786 zurück, neun Tage nach der Premiere von ‹Le nozze di Figaro›. Inzwischen war die ‹Entführung› im Kärntnertortheater und «auch außerhalb Wiens der größte Bühnenerfolg Mozarts zu seinen Lebzeiten» geworden.[47]

Im Hoftheater-Rechnungsbuch 1782/83 ist das in üblicher Höhe an Mozart gezahlte Honorar wie folgt ausgewiesen: «Dem Mozart Wolfgang für Componirung der Music zur Oper Die Entführung aus dem Serail. 100. Kais. Ducaten oder ut No 166. 426 [fl] 40 [kr].» Stephanie erhielt «für Überarbeitung des Singspiels Die Entführung aus dem Serail 100.– [fl].»[48]

Aus der großen Zahl der an verschiedenen Orten geäußerten oder veröffentlichten Urteile über die ‹Entführung›[49] seien hier zwei zitiert. So verschieden sie nach Herkunft und Gewicht sind, so haben sie doch etwas gemeinsam, was den Eindruck und die Wirkung auf die Zeitgenossen in einem wesentlichen Punkt betrifft und diesen hervortreten läßt. Graf Zinzendorf charakterisierte nach dem Besuch der Vorstellung am 30. Juli 1782 die ‹Entführung› als «opera dont la musique est pillée de differentes autres»[50] ... als «Oper, deren Musik aus verschiedenen anderen Opern genommen wurde». Dieses Urteil – wahrscheinlich hatte es in Zinzendorfs Wiener Kreis die Runde gemacht – deutet, nimmt man es nicht nur als Plagiatsvorwurf, auf etwas wesentlich Neues. Die ‹Entführung› war mehr als «nur» ein Singspiel. Elemente verschiedener, nach Meinung der

45 Es war dessen zweiter Wiener Aufenthalt (vom 4. bis 19. Oktober 1782).
46 Das sind mehr als doppelt so viele, wie die erwähnten älteren Erfolgsstücke in dieser Spielzeit aufzuweisen haben: ‹Die Bergknappen› (6), ‹Zemire und Azor› (7), ‹Die unvermutete Zusammenkunft, oder Die Pilgrime von Mekka› (7).
47 Dokumente (NMA X/34), S. 179. Zu den dort genannten Aufführungsdaten vgl. die Angaben bei Michtner, a. a. O., S. 470 ff sowie Franz Hadamowsky: Die Wiener Hoftheater (Staatstheater) 1776–1966, Teil 1. 1776–1810. Wien 1966 (= Museion. Veröffentlichungen der Österreichischen Nationalbibliothek, Neue Folge, 1. Reihe, Band 4), S. 36 f. Die weite Verbreitung in den ersten drei Jahren nach der Wiener Premiere sei mit einer Reihe von Aufführungsorten wenigstens angedeutet: Prag, Warschau, Bonn (1783); Mainz, Mannheim, Köln, Weimar (1784); Salzburg, Preßburg, Rostock, Riga (1785).
48 Österreichisches Staatsarchiv Wien, Abteilung Haus-, Hof- und Staatsarchiv, Signatur: Hoftheater S.R. 19; vgl. Dokumente (NMA X/34), S. 179.
49 Dokumente (NMA X/34), S. 180 ff; dazu: Addenda und Corrigenda (NMA X/31/1), S. 39 ff.
50 Dokumente (NMA X/34), S. 180.

Zeitgenossen zu trennenden Gattungen des musikalischen Theaters, hatte Mozart zusammengeschmolzen.[51] Dies meint im Grunde auch Goethe, dessen oft zitierte Äußerung über die ‹Entführung›[52], aus dem Zusammenhang gelöst, mißverständlich wird. Goethe, der die ‹Entführung› im Herbst 1785 in Weimar genau kennengelernt hatte, beschäftigte sich im Dezember 1787 in Rom mit der Ästhetik des deutschen Singspiels. Die Gründe für den Mißerfolg seines eigenen Singspiels ‹Scherz, List und Rache› – komponiert von Philipp Johann Kayser – meint er im Vergleich mit dem Erfolg von Mozarts ‹Entführung› in der Beschränkung auf wenige und klein besetzte Ensemble-Nummern und im völligen Verzicht auf Chöre zu erkennen: «Alles unser Bemühen daher, uns im Einfachen und Beschränkten abzuschließen, ging verloren, als Mozart auftrat. Die Entführung aus dem Serail schlug alles nieder, und es ist auf dem Theater von unserm so sorgsam gearbeiteten Stück niemals die Rede gewesen.» Wird hier nicht hinter Resignation und Enttäuschung über den eigenen Mißerfolg Goethes Bewunderung für das Genie Mozart spürbar, dem es gelungen war, mit der Musik seiner ‹Entführung› die Gattung «Singspiel» auf eine höhere Ebene zu stellen?

51 Beispielhaft genannt seien hier für die «Opera seria» (Tragédie lyrique) Glucks ‹Iphigenie auf Tauris› (insbesondere die Skythenchöre im ersten und die Arie mit Chor am Schluß des zweiten Aktes), für die Opéra comique Glucks ‹Rencontre imprévue› (deutsch als ‹Die unvermutete Zusammenkunft, oder die Pilgrime von Mekka›).
52 Goethes Werke. Hamburger Ausgabe (hg. v. Erich Trunz), Band XI (= Autobiographische Schriften 3 mit Nachwort und Anmerkungen von Herbert von Einem), Hamburg, 7. Aufl. 1967, S. 435 ff, besonders S. 437.

Mozart hat in den zehn Monaten (von August 1781 bis Ende Mai 1782), als er in Wien an der ‹Entführung› arbeitete, seinem in Salzburg lebenden Vater Leopold in einer Reihe von Briefen regelmäßig über den Fortgang der Komposition berichtet. «Daß der Nachwelt die Briefe Mozarts zur ‹Entführung› erhalten blieben, gehört zu den in der Geschichte seltenen Glücksfällen, in denen der Weltgeist (um mit Hegel zu sprechen) den verhüllenden Schleier für einen Augenblick lüftete», schrieb Stefan Kunze in seinem ‹Entführungs›-Essay (vgl. S. 190 f), und in der Tat hat hier Mozart so ausführlich wie später niemals mehr alle im Verlauf der Komposition auftretenden konkreten Probleme wie auch eine Fülle von Anmerkungen zu opernästhetischen, dramaturgischen und das Libretto betreffenden Fragen dem kompetenten musikalischen Sachverstand seines Vaters anvertraut. Dieses knappe Dutzend Briefe sind der Schlüssel zu Mozarts eigener Opernkonzeption, vermitteln aber zugleich ein intimes Bild seiner damaligen Lebensverhältnisse und seines seelischen Zustands. Wir geben sie hier darum auch ungekürzt wieder.

Mozarts Briefe an seinen Vater zur ‹Entführung›

Vienne ce 1 d'aout.

Mon trés cher Pére! *1781:*

die Sonate auf 4 hände habe ich gleich abgehollt, denn die fr: v: schmidl ist gerade dem aug=gottes gegen über. – wenn die Mad:^me Duscheck schon etwa in Salzburg seyn sollte, so bitte ich ihr mein freundschaftlichstes Compliment zu vermelden, nebst der frage ob etwa nicht noch bevor sie Prag verlassen ein Herr zu ihr gekommen seye, welcher ihr von mir einen brief überbracht hat. – wo nicht, so werde an denselben gleich schreiben, daß er ihn nach Salzburg schickt. – dieser ist der Roßi von München; er hat mich gebeten ihm mit einen Empfehlungsschreiben beyzustehen – er hat von hieraus etwelche gute schreiben mit nach Prag genommen. – wenn mein schreiben nur bloß seine Empfehlung beträfe, so wollte ich es wohl seiner disposition überlassen, so aber habe ich die Mad:^me Duscheck auch darinn gebeten, mir in meiner Suscription für 6 Sonaten verhülflich zu seyn. – dem Roßi habe ich um so mehr diese gefälligkeit gethan, weil er mir die Poesie zur Cantate verfertiget, welche ich im advent für mein Benefice geben will. –

Nun hat mir vorgestern der Junge Stephani ein Buch zu schreiben gegeben. ich muß bekennen, daß, so schlecht er meinetwegen gegen andere leute seyn kann, das ich nicht weis, so ein sehr guter freund ist er von mir. – das Buch ist ganz gut. das Sujet ist türkisch und heist; *Bellmont* und *konstanze.* oder *die verführung aus dem Serail.* – die Sinfonie, den Chor im ersten ackt, und den schluß Chor werde ich mit türckischer Musick machen. Mad.:*selle* Cavalieri, Mad.:*selle* teyber, M.:*r* fischer, M.:*r* Adamberger, M.:*r* Dauer und M.:*r* Walter, werden dabey singen. – mich freuet es so, das Buch zu schreiben, daß schon die erste aria von der Cavalieri*, und die vom adamberger** und das terzett welches den Ersten Ackt schliesst***, fertig sind. die zeit ist kurz, das ist wahr; denn im halben 7:ber soll es schon aufgeführt werden; – allein – die umstände, die zu der zeit da es aufgeführt wird, dabey verknüpfet sind, und überhaubts – alle andere absichten – erheitern meinen Geist dergestalten, daß ich mit der grösten Begierde zu meinem schriebtisch eile, und mit gröster freude dabey sitzen bleibe.

der Groß = fürst von Russland wird hieher kommen; und da bat mich Stephani ich sollte, wenn es möglich wäre, in dieser kurzen zeit die opera schreiben, denn, der kayser und graf Rosenberg werden izt bald kommen, und da wird gleich gefragt werden, ob nichts neues in Bereitschaft seye? – da wird er dann mit vergnügen sagen können, daß der umlauf mit seiner opera |: die er schon lange hat :| fertig werden wird, und daß ich extra eine dafür schreibe – und er wird mir gewis einen verdienst daraus machen, daß ich sie, aus dieser ursache, in dieser kurzen zeit zuschreiben, übernommen habe. – es weis es noch niemand als der adamberger und fischer, denn der Stephani bat uns nichts zu sagen, weil der graf Rosenberg noch nicht da ist, und es leicht tausend schwätzereyen abgeben kann – der Stephani will halt eben nicht dafür angesehen seyn, als wenn er mein gar zu guter freund seye, sondern daß er vielmehr dies alles thue, weil es der graf Rosenberg so haben will, welcher ihm auch wirklich bey seiner abreise befohlen hat, mir um ein Buch zu sehen. –

Nun weiß ich ihnen nichts mehr zu schreiben – denn Neues weiß ich gar nichts; Mein zimmer wo ich hinziehe ist schon in Bereitschaft; – izt gehe ich ein Clavier zu entlehnen, denn, bevor das nicht in zimmer steht, kann ich nicht darinn wohnen, dermalen weil ich eben zu schreiben habe, und keine Minute zu versäumen ist. – viele Commoditeten werden mir doch abgehen in meinem neuen logement, – besonders wegen dem Essen – wann ich recht nothwendig zu schreiben hatte, so wartete man mit dem Essen so lange ich wollte, und ich konnte *unangezogen* fortschreiben, und

* *Arie Nr. 6: «Ach ich liebte, war so glücklich».*
** *Arie Nr. 4: «Konstanze! Konstanze!»*
*** *Terzett Nr. 7: «Marsch! marsch! marsch!»*

Leopold Mozart (1719–87) im Jahre 1765.

dann nur zur andern thüre zum Essen hinein gehen. so wohl abends als Mittags. – izt, wenn ich nicht geld ausgeben will und mir nicht das Essen in mein zimmer bringen lassen will, verliere ich wenigstens eine Stunde mit dem anziehen |: welches sonst nachmittag meine arbeit war :| und muß ausgehen. – abends besonders. – sie wissen daß ich mich gemeiniglich hungrig schreibe. – die guten freunde wo ich soupiren könnte, essen schon um 8 uhr oder längstens halbe 9 uhr. – da sind wir vor 10 uhr nicht zum tisch gegangen – Nun adieu, ich muß schliessen, denn ich muß mir um ein klavier umsehen. – leben sie wohl, ich küsse ihnen 1000mal die hände und meine liebe schwester umarme ich von ganzen herzen und bin Ewig dero

gehorsamster Sohn
Wolf: Amadè: Mozart

P: S: Mein Compliment an
ganz Salzburg.

Mon trés cher Pére!　　　　　　　　*Vienne* ce 8 d'août *1781*
Ich muß geschwind schreiben, weil ich den augenblick eben mit dem Ja-nitscharen=chor fertig geworden, und es nun schon 12 uhr vorbey ist, und ich versprochen habe Puncto 2 uhr mit den Auerhammerischen und der Cavallieri nach Mingendorf bey Laxenburg zu fahren, alwo nun das Lager ist. –
der Adamberger, die Cavallieri und der fischer sind mit ihren arien* ungemein zufrieden. – Gestern habe ich bey der Gräfin thun gespeist, und Morgen werde ich wieder bey ihr speisen. – ich habe ihr was fertig ist hören lassen. – sie sagte mir auf die lezt, daß sie sich getraue mir mit ihren leben gut zu stehen, daß das, was ich bis dato geschrieben, gewiß gefallen wird. – ich gehe in diesen Punckt *auf keines Menschens lob oder tadel* – bevor so leute nicht alles *im ganzen* – gehört und gesehen haben; sondern folge schlechterdings *meinen eigenen Empfindungen* – sie mögen aber nur daraus sehen, wie sehr sie damit muß zufrieden gewesen seyn, um so etwas zu sagen. –
weil ich eben nichts zu schreiben habe was von Wichtigkeit wäre, so will ich ihnen nur eine abscheuliche Geschichte mit=theilen – vieleicht ist sie ihnen schon bekannt; man heist sie hier die tyroller geschichte. – mich interessirt sie um so mehr, weil ich denjenigen den sie unglücklicherweise getroffen, sehr gut von München aus kenne, und er auch izt täglich zu uns kümmt. – das ist H: v: *Wiedmer* ein Edelmann. dieser, ich weis nicht aus unglück oder Natürlichen triebe zum theater, hat vor etwelchen Monaten angefangen eine truppe zu errichten, mit welcher er nach Ins=pruck ist. –

---

* *Es handelt sich um die Arie Nr. 4 des Belmonte, Nr. 6 der Konstanze und Nr. 3 des Osmin.*

an einem Sontage Mittags um 12 uhr geht dieser gute Mann ganz ruhig auf der strasse, und da gehen etwelche Cavalliers so hinterihm; einer aber darunter mit Nammen Baron Buffa, schimpft immer auf den Impreßario, nemlich; der Cuion soll seiner tänzerin eher gehen lernen, bevor er sie auf das theater giebt – und mit allerhand nach Nämme – H: v: Wiedmer natürlicher weise sieht sich nachdemm er lange zugehört, endlich um. da fragt ihn der Buffa; was er ihn ansieht? – dieser antwortet ganz gut. – Ey, sie sehen mich Ja auch an; *die Strasse ist frey, man kann sich Ja umsehen wie man will.* – und geht wieder seiner weege fort. – der Baron buffa fährt aber immer fort zu schimpfen; endlich wird es dem Ehrlichen Mann zu stark; und frägt ihn wem gilt den das? – dir hunds=fut mit einer tüchtigen Ohrfeige war die antwort; H: v: Wiedmer gab sie ihm aber gleich zurück, mit noch andern annehmlihkeiten. – keins hatte einen degen bey sich; sonst würde er es ihm gewis nicht mit gleichen erwiedert haben. – dieser geht ganz ruhig nach haus, um sich seine haare ein wenig in die ordnung bringen zu lassen, | denn Baron buffa kriegte ihn auch beym haare :| und wollte die sache beym Præsidenten |: graf Wolkenstein :| vorbringen. – da war aber schon sein ganzes hauß voll Wache, und man brachte ihn auf die hauptwache; – er mochte sagen was er wolle, es nützte nichts, er sollte seine 25 auf den hintern haben. endlich sagte er; ich bin ein Edelman, ich lasse mich nicht unschuldiger weise schlagen, ich will eher Soldat werden, um mich selbst revangiren zu können. – denn in Inspruck muß der dumme tyroller brauch seyn, daß kein mensch einen Cavalier schlagen darf, wenn er auch noch so viel recht dazu hätte. – auf dieses brachte man ihm ins zuchthaus, und dort musste er nicht 25, sondern 50 aushalten. – ehe er sich auf die bank geleget, so sagte er öfentlich. ich bin unschuldig. und ich appelliere izt öfentlich an den kayser. der Corporal antwortete ihm aber spöttisch. – halte der herr nur vorher seine 50 Prügel aus, hernach kann der herr appellieren. in 2 stunden war die ganze sache vorbey – nemlich um 2 uhr. auf den 5:[ten] streich waren schon die Bein kleider entzwey. – mich wundert es in der that, daß er es hat aushalten können. – man hat ihn auch wirklich ohnmächtig weg=gebracht. – er ist 3 wochen gelegen. so bald er curirt war, so ist er schnurgerad nach Wienn, wo er izt mit sehnsucht die ankunft des kaysers erwartet, der von der ganzen sache schon informirt ist, so wohl von hier aus, als von inspruck von seiner schwester die Erzherzogin Elisabeth. – *wiedmer* selbst hat einen brief von ihr an* kayser. – den tag vorher ehe dieses geschehn, hat der Præsident ordre bekommen, niemand, es sey wer und was es wolle, zu strafen, ohne es vorher hieher zu berichten. das macht die sache noch schlimmer. – der Präsident muß doch ein recht dummer und boshafter ochs

---

* *Zu ergänzen: «den».*

Constanze Mozart, geb. Weber (1762–1842) im Jahre 1783, wenige Monate nach ihrer Heirat mit Mozart. Die Lithographie wurde erstmals 1828 in der Mozart-Biographie ihres späteren zweiten Ehemannes, des dänischen Legationsrats Georg Nikolaus Nissen (1761–1826) veröffentlicht, den sie achtzehn Jahre nach Mozarts Tod im Jahre 1809 heiratete.

seyn. – aber – wo kann man diesem Manne hinlängliche Satisfaction verschaffen? – die schläge hat er immer – wenn ich *Wiedmer* wäre, ich würde von kayser folgende Satisfaction ver=langen. – er müste auf den Nämlichen Platz 50 aushalten, und ich müsste dabey sein – und dann müsste er mir erst noch 6000 duckatten geben. – und könnte ich diese Satisfaction nicht erlangen, so wollte ich gar keine, sondern stechte ihn mit der nächsten, besten gelegenheit den degen durch das herz. *NB:* man hat ihm schon 3000 duckaten angeboten, wenn er nicht nach Wienn geht, und die sache still hällt. –

die Innsprucker heissen den H: v: Wiedmer; der für uns gegeisselt ist worden, der wird uns auch erlösen. – keine seele mag ihn. – des Präsidentn haus ist die ganze zeit bewacht gewesen. – es ist hier ein Evangelium über ihn heraus. – es wird von nichts geredet, als von dieser sache. – mich dauert der arme Mann recht sehr, denn er ist niemalen recht gesund. er hat immer zu kopfweh, und klagt die brust sehr.

Nun leben sie recht wohl, ich küsse ihn 1000mal die hände, und mein lieb schwester umarme ich von herzen und bin Ewig dero

gehorsamster Sohn

Mein Complim an die Duscheckischen,   W. A: Mzt
und ich hoffe sie hier zu sehen.
Adieu.

Mon trés cher Pére!   [Wien, nach dem 19. September 1781]
Verzeihen sie mir wenn sie diesmal ein wenig mehr für den brief zahlen müssen; – ich hab ihnen doch wenigstens eine idèe vom Ersten ackt geben wollen; um auf das ganze schlüssen zu können. – und mit weniger hätte ich es nicht machen können. Ich hoffe ihr schwindel wird nachlassen; – wegen meiner schwester haben sie mich, weil es so unerwartet war, ziemlich erschreckt; ich hoffe sie wird sich nun besser befinden. – ich küsse sie 1000mal und ihnen küsse ich 100mal die hände und bin Ewig dero

gehorsamster Sohn

W. A. Mzt

Auf der Rückseite von der Hand Constanze Webers:

    aria, costanza*
ach, ich liebte,
war so glücklig,
kannte nicht der liebe schmerz:
schwur ihm treue
dem geliebten,
gab dahin mein ganzes Herz,
doch im Hui schwand meine freude
Trennung war mein banges loos;
und nun schwimmt mein Aug' in Thränen
kummer ruht in meinem schoos;

---

* *Es handelt sich vermutlich um die ursprünglich von Stephanie vorgelegte Fassung des Textes zur Arie Nr. 6 mit der von Mozart beanstandeten Verszeile «doch im Hui schwand meine freude», die Mozart in «doch wie schnell schwand meine freude» umdichtete.*

[Wien, nach dem 19. September 1781]
Ich schicke ihnen einen kleinen Praegusto von der opera weil ich nichts
Neues und Nothwendiges zu schreiben habe. – die Personen sind.

Bassa Selim – H: Jautz   *Ein acteur*
                          hat nichts zu singen.

konstanze. geliebte des belmont.   Mad.^{me} Cavalieri.

blonde. Mädchen der konstanze   Mad.^{lle} teiber.

Belmont.   H Adamberger

Pedrillo. bedienter des belmont   H: Dauer

und aufseher über die gärten des bassa.

Osmin. aufseher über das landhaus des bassa   H: fischer.

                  Ein grober kerl.   *Baßist*

bitte die Concert bald zu schicken.

*Der nachfolgende Brief vom 26. September 1781 ist einer der wichtigsten
erhaltenen Zeugnisse von Mozart, enthält er doch aus des Urhebers eigener
Feder eine detaillierte musikalische Analyse des ersten Aktes der Oper, die
obendrein gespickt ist mit einigen sehr bemerkenswerten ästhetischen Äußerungen. Dieser Brief gewährt nicht nur einen wirklich authentischen Einblick in Mozarts Komponistenwerkstatt, seine spezielle Arbeitsweise, sondern auch in den damaligen Opernbetrieb und seine Bedingungen. Darüber hinaus kann sich jeder einen absolut glaubhaften Eindruck davon
verschaffen, wie es um die «edle Einfalt und stille Größe» eines Genies wie
Mozart in Wahrheit bestellt war, dem man doch allzu gern nachsagt, er sei
nichts weiter als ein bewußtlos intuitiv schaffendes, geniales* Medium* gewesen. Es ist beinahe schwieriger zu begreifen, was dieser Mann musikalisch
hervorbrachte, wenn man sich dabei vorstellen muß, daß er ziemlich genau
wußte, was er da tat.*

                              Vienne ce 26 de *Septembre*
Mon trés cher Pére!   *1781*

Verzeihen sie mir daß ich ihnen lezthin mehr Brief=Porto bezahlen gemacht! – allein, ich hatte eben nichts Nothwendiges zu schreiben, – und
glaubte ihnen vergnügen zu machen, wenn ich ihnen so eine kleine Idèe
von der oper geben würde. – die oper hatte mit einem Monologue angefangen, und da bat ich H: Stephani eine kleine ariette daraus zu machen –
und daß anstatt nach dem liedchen des osmin die zwey zusammen schwät-
zen, ein Duo daraus würde.* – da wir die Rolle des osmin H: fischer

---

* *Gemeint sind Lied und Duett Nr. 2: «Wer ein Liebchen hat gefunden.»*

zugedacht, welcher eine gewis fortrefliche Bass-stimme hat |: ohngeacht der Erzbischof zu mir gesagt, er singe zu tief für einen Bassisten, und ich ihm aber betheuert er würde mit nächsten höher singen – :| so muß man so einen Mann Nutzen, besonders da er das hiesige Publikum ganz für sich hat. – dieser osmin hat aber im original büchel das einzige liedchen zum singen, und sonst nichts, außer dem Terzett und final. dieser hat also im Ersten Ackt eine aria bekommen, und wird auch im 2:^{ten} noch eine haben. – die aria hab ich dem H: Stephani ganz angegeben*; – und die hauptsache der Musick davon war schon fertig, ehe Stephani ein Wort davon wuste. – sie haben nur den anfang davon, und das Ende, welches von guter Wirkung seyn muß – der zorn des osmin wird dadurch in das kommische gebracht, weil die türkische Musick dabey angebracht ist. – in der ausführung der aria habe ich seineschöne tiefe töne |: trotz dem Salzburger Midas :| schimmern lassen. – das, *drum beym Barte des Propheten* etc: ist zwar im nemlichen tempo, aber mit geschwinden Noten – und da sein zorn immer wächst, so muß – da man glaubt die aria seye schon zu Ende – das allegro aßai – ganz in einem andern zeitmaas, und in einem andern Ton – eben den besten Effect machen; denn, ein Mensch der sich in einem so heftigen zorn befindet, überschreitet alle ordnung, Maas und Ziel, er kennt sich nicht – so muß sich auch die Musick nicht mehr kennen – weil aber die leidenschaften, heftig oder nicht, niemal bis zum Eckel ausgedrücket seyn müssen, und die Musick, auch in der schaudervollsten lage, das Ohr niemalen beleidigen, sondern doch dabey vergnügen muß, folglich allzeit Musick bleiben Muß, so habe ich keinen fremden ton zum f |: zum ton der aria :| sondern einen befreundten dazu, aber nicht den Nächsten, D minor, sondern den weitern, A minor, gewählt. – Nun die aria von Bellmont in ADur. O wie ängstlich, o wie feurig, wissen sie wie es ausgedrückt ist – auch ist das klopfende liebevolle herz schon angezeigt – die 2 violinen in oktaven. – dies ist die favorit aria von allen die sie gehört haben – auch von mir. – und ist ganz für die stimme des Adamberger geschrieben. man sieht das zittern – wanken – man sieht wie sich die schwellende brust hebt – welches durch ein crescendo exprimirt ist – man hört das lispeln und seufzen – welches durch die ersten violinen mit Sordinen und einer flaute mit in unisono ausgedrückt ist. –

der Janitscharen Chor ist für einen Janitscharen Chor alles was man verlangen kann. – kurz und lustig; – und ganz für die Wiener geschrieben. – die aria von der konstanze** habe ich ein wenig der geläufigen gurgel der Mad:^{selle} Cavallieri aufgeopfert. – *Trennung war mein banges loos. und*

---

* *Mozart spricht von der Arie Nr. 3 des Osmin «solche hergelaf'ne Laffen».*
** *Arie Nr. 6: «Ach, ich liebte, war so glücklich.»*

nun schwimmt mein aug in Thränen – habe ich, so viel es eine wälsche Bravour aria zulässt, auszudrücken gesucht. – das *hui* – habe ich in *schnell* verändert also: *doch wie schnell schwand meine freude* etc: ich weis nicht was sich unsere teutsche dichter denken; – wenn sie schon das theater nicht verstehen, was die opern anbelangt – so sollen sie doch wenigstens die leute nicht reden lassen, als wenn schweine vor ihnen stünden. – hui Sau; –

Nun das Terzett, nemlich der schluß vom Ersten Ackt.* – Pedrillo hat seinen Herrn für einen Baumeister ausgegeben, damit er gelegenheit hat mit seiner konstanze im garten zusamm zu kommen. der Bassa hat ihn in diensten genommen; – osmin als aufseher, und der darum nichts weis, ist als ein grober flegel, und Erzfeind von allen fremden impertinent und will sie nicht in dem garten lassen. das erste was angezeigt, ist sehr kurz – und weil der Text dazu anlaß gegeben, so habe ich es so ziemlich gut 3stimmig geschrieben. dann fängt aber gleich das major pianißimo an – welches sehr geschwind gehen muß – und der schluß wird recht viel lärmen machen – und das ist Ja alles was zu einem schluß von einem Ackt gehört – Je mehr lärmen, Je besser; – Je kürzer, Je besser – damit die leute zum klatschen nicht kalt werden. –

Von der ouverture haben sie nichts als 14 Täckt. – die ist ganz kurz – wechselt immer mit forte und piano ab; wobey beym forte allzeit die türkische Musick einfällt. – modolirt so durch die töne fort – und ich glaube man wird dabey nicht schlafen können, und sollte man eine ganze Nacht durch nichts geschlafen haben. – Nun sitze ich wie der Haaß im Pfeffer – über 3 wochen ist schon der Erste Ackt fertig – eine aria im 2:ten Ackt, und das Saufduett |: per li Sig:ri vieneri** :| welches in nichts als in *meinem* türkischen Zapfenstreich besteht :| ist schon fertig; – mehr kann ich aber nicht davon machen – weil izt die ganze geschichte umgestürzt wird – und zwar auf mein verlangen. – zu anfangs des dritten Ackts ist ein charmantes quintett oder vielmehr final – dieses möchte ich aber lieber zum schluß des 2:t Ackts haben. um das bewerksteligen zu können, muß eine grosse veränderung, Ja eine ganz Neue intrigue vorgenommen werden – und Stephani hat über hals und kopf arbeit da muß man halt ein wenig gedult haben. – alles schmelt über den Stephani – es kann seyn daß er auch mit mir nur ins gesicht so freundschaftlich ist – aber er arrangirt mir halt doch das buch – und zwar so wie ich es will – auf ein haar – und mehr verlange ich bey gott nicht von ihm! – Nun das ist ein geschwätz von der opera; aber es muß doch auch seyn. – ich bitte sie schicken sie mir den Marsch denn

---

* *Terzett Nr. 7: «Marsch! marsch! marsch!»*
** *Zu deutsch: «Für die Herren Wiener» ist wohl als Anspielung auf die Trinkfreudigkeit der Wiener gemeint.*

Leopold Mozart (rechts) mit seinen beiden Kindern Nannerl und Wolfgang Amadé im Jahre 1780. Im Hintergrund das Porträt der 1778 verstorbenen Mutter Anna Maria Mozart. Ölgemälde von Johann Nepomuk della Croce.

ich lezthin angezeigt habe. – gylofsky sagt der Daubrawaick wird bald kommen. – die fl: v: Auerhammer und ich erwarten die 2 DoppelConcert mit sehnsucht – ich hoffe wir werden nicht so fruchtlos darauf warten wie die Juden auf den Meßias. – Nun Adieu – leben sie recht wohl, ich küsse ihnen 1000mal die Hände, und meine liebe schwester |: mit dessen gesundheit, wie ich hoffe, es besser stehen wird :| umarme ich vom herzen, und bin Ewig dero gehorsamster Sohn   W: A: Mozart.

                                                      Vienne ce 6 d'octobre
   Mon trés cher Pére!   *1781:*
Ich bekamm ihre briefe sonst allzeit Montags, und pflegte Mittwochs darauf zu antworten; aber damals erhielt ich ihr schreiben erst am Mittwoch, und zwar so spätt nachmittags, daß ich ohnmöglich mehr zu schreiben zeit hatte. – sie werden unterdessen die beschreibung von meiner opera Musick erhalten haben. – ich bin gleich den andern Tag Nach empfang ihres briefes zu H: v: scharf selbst auf das Postammt gegangen, und mit ihm gesprochen und ihm meine adreße gegeben, damit er mir die Musikalien

109

gleich schicken kann; – denn ich kann mich ohnmöglich entschliessen dem Iungen H: v. Mayer zu gefallen in die Leopoldstadt hinaus spatzieren zu gehen, oder einen Zwanziger auszugeben, um zu fahren. – er ist aber noch nicht hier. – und H: v: scharf weis auch gar nichts von der – dermaligen so nahen ankunft seines schwiegervatters. es hat geheissen der Erzbischof soll dieses Monat |: und zwar mit einer grossen suite :| hier eintreffen. Nun will man es aber wieder beneinen. – wegen dem Ceccarelli glaube ich wohl daß er wird Decrettirt werden, denn, um *das geld* wüsste ich ihm wirklich keinen bessern Castraten. sie werden vieleicht schon wissen was den Nach Strasburg Reisenden Alumnis bey ihrer dortigen Ankunft begegnet ist. – Man hat sie halt bey den Thor nicht hinein lassen wollen, weil sie wie bettelbuben und zwar wie spitzbuben ausgesehen haben. – H: v: Auer-hammer hat mir gesagt, daß es ihm der vetter von demjenigen an dem sie addreßirt waren, erzählt habe, und zwar mit dem zusatz; – – daß er ihnen gesagt habe. – Ja, meine liebn Herrn, sie müssen izt schon 4 oder 5 täge bey mir zu hause bleiben, daß ich sie vorher kleiden kann; – denn so können sie nicht ausgehen, ohne daß sie sich in gefahr setzen, daß ihnen die buben auf der Strasse nachlaufen und sie mit koth werfen. – schöne Ehre für seine Hochfürstlich Gnaden. – Nun muß ich ihnen ex Commißione eine frage thun, nemlich wie sie mir angegeben worden. – wer eigentlich die grafen *v: klessheim* waren? – und wo *sie hingekommen?* – der schmidt |: der arme verunglückte adorateur von der Baase :| der nun in der Trattnerisch Buchhandlung ist – hat mich sehr dringend gebeten ihm darüber auskunft zu verschaffen.

Nun verliere ich aber bald die gedult, daß ich nichts weiter ander opera schreiben kann. – ich schreibe freylich unterdessen andere sachen – Je-doch – die Paßion ist einmal da – und zu was ich sonsten 14 Täge bräuchte würde nun 4 täge brauchen. – ich habe die aria ex A vom adamberger, die von der Cavallieri ex B, und das Terzett in einem Tage Componirt – und in anderthalb tägen geschrieben. – es würde aber auch freylich nichts nützen wenn auch die ganze opera schon fertig wäre – denn sie müsste doch lie-gen bleiben bis dem Gluck seine 2 opern zu stande gekommen sind – und da haben sie noch ehrlich daran zu Studiren. – der umlauf muß auch mit seiner fertigen opera warten – die er in einem Jahre geschrieben hat; – sie därfen aber nicht glauben, daß sie deswegen gut ist |: unter uns gesagt :| weil er ein ganzes Jahr dazu gebraucht hat – diese opera |: aber unter uns :| hätte ich immer für eine Arbeit von 14 bis 15 täge gehalten. – besonders da der Mann so vielle opern muß *auswendig* gelernt haben! – und da hat er sich Ja nichts als niedersetzen därfen – und – er hat es gewis so gemacht – man hört es Ja! – sie müssen wissen daß er mich auf – |: c'est à dire auf seine art :| auf die höflichste art zu sich invitirt hat, damit er mir seine opera darf

hören lassen – mit dem Zusatz; – sie därfen nicht glauben daß es der Mühe werth seye daß sie es hören – ich bin nicht so weit – ich mache es halt so gut ich kann – – ich habe nach der hand gehört, daß er gesagt habe. – das ist gewis, der Mozart hat den Teufel im kopf, im leib und in fingern – er hat mir meine opera gespielt, |: die so miserable geschrieben ist, daß ich sie selbst fast nicht lesen kann :| als wenn er sie selbst Componirt hätte.
Nun adieu – ich hoffe meine liebe schwester,
welche ich vom herzen umarme, wird sich nach
und nach erhollen. – und sie mein lieber vatter
– nehmen sie wagenschmier in ein Papierlen eingewicklt, und tragen sie es auf der Brust – und nehmen sie auch das kayserbeinl von einem kalbschlegel, und für einen kreutzer schwindlwurzel in einen Papier und tragen sie es bey sich im sack. – Ich hoffe daß es ihnen gewis helfen wird. – leben sie wohl, ich küsse ihnen 1000mal die hände, und bin Ewig dero
gehorsammster Sohn
W: A: Mozart

Der Brief vom 13. Oktober enthält weitere grundlegende Äußerungen Mozarts zur Opernästhetik bzw. zu seiner Auffassung über das Verhältnis von Text und Musik, und es steht da auch jener berühmte, bemerkenswerte Satz – «bey einer opera muß schlechterdings die Poesie der Musick gehorsame Tochter seyn» –, der dem Komponisten bzw. der Musik den Primat einräumt bei der dramatischen Gestaltung der Handlung. Mozart war allerdings der einzige Komponist der Musikgeschichte, der sowohl das Handeln seiner Figuren als auch ihre inneren Gefühlsbewegungen vollständig und wahrhaftig in seiner Musik einfangen konnte, so daß sie auch auf der Bühne eine Art Spielanleitung darstellt.

Vienne ce 13 d'octobre
Mon trés cher Pére!   *1781:*
Danke ihnen nebst der frl: v: Auerhammer für die Concerten. – M:^{r} Marchal hat mir den Jungen H: v: Mayern gestern vormittags auf mein Zimmer gebracht, und nachmittags bin ich hinaus gefahren, und habe meine Sachen abgeholt. – M:^{r} Marchal hat hofnung zum grafen Jean Esterhatzy als Hofmeister zu kommen – und graf kobenzel hat ihm eine schriftliche Recomandation ann den grafen gegeben. – er sagte mir; J'ai donnè une lettre à Monsieur votre protegè. – und als er wieder mit dem Marchal zu sprechen kamm, sagte er ihm; d'abord que J'aurai de reponse, Je le dirai à M:^{r} Mozart votre protecteur. –

111

Nun wegen dem text von der opera. – was des Stephani seine arbeit anbelangt, so haben sie freylich recht. – doch ist die Poesie dem karackter des dummen, groben und boshaften osmin ganz angemessen. – und ich weis wohl daß die verseart darinn nicht von den besten ist – doch ist sie so Passend, mit meinen Musikalischen gedanken |: die schon vorher in meinem kopf herumspatzierten :| übereins gekommen, daß sie mir nothwendig gefallen musste; – und ich wollte wetten daß man bey dessen aufführung – nichts vermissen wird. – was die in dem Stück selbst sich befindende Poesie betrift, könnte ich sie wirklich nicht verachten. – die aria von belmont; o wie ängstlich etc: könnte fast für die Musick nicht besser geschrieben seyn. – das *hui*, und *kummer ruht in meinem schoos* |: denn der kummer – kann nicht ruhen :| ausgenommen, ist die aria auch nicht schlecht; besonders der Erste theil. – und ich weis nicht – bey einer opera muß schlechterdings die Poesie der Musick gehorsame Tochter seyn. – warum gefallen denn die Welschen kommischen opern überall? – mit allem dem Elend was das buch anbelangt! – so gar in Paris – wovon ich selbst ein Zeuge war. – weil da ganz die Musick herscht – und man darüber alles vergisst. – um so mehr muß Ja eine opera gefallen wo der Plan des Stücks gut ausgearbeitet; die Wörter aber nur blos für die Musick geschrieben sind, und nicht hier und dort einem Elenden Reime zu gefallen |: die doch, bey gott, zum werth einer theatralischen vorstellung, es mag seyn was es wolle, gar nichts beytragen, wohl aber eher schaden bringen :| worte setzen – oder ganze strophen die des komponisten seine ganze idèe verderben. – verse sind wohl für die Musick das unentbehrlichste – aber Reime – des reimes wegen das schädlichste; – die herrn, die so Pedantisch zu werke gehen, werden immermit sammt der Musick zu grunde gehen. –

da ist es am besten wenn ein guter komponist der das Theater versteht, und selbst etwas anzugeben im stande ist, und ein gescheider Poet, als ein wahrer Phönix, zusammen kommen. – dann darf einem vor dem beyfalle des unwissenden auch nicht bange seyn. – die Poeten kommen mir fast vor wie die Trompeter mit ihren Handwercks Possen! – wenn wir komponisten immer so getreu unsern regeln |: die damals als man noch nichts bessers wusste, ganz gut waren :| folgen wollten, so würden wir eben so untaugliche Musick, als sie untaugliche bücheln, verfertigen. –

Nun habe ich ihnen dünkt mich genug albernes zeug daher geschwäzt; nun muß ich mich um das erkundigen was wir am meisten am herzen liegt, nemmlich ihre gesundheit, mein bester vatter! – ich habe ihnen in meinem lezten schreiben zweyerley Mittel für den schwindel vorgeschlagen, die, wenn sie ihnen nicht bekannt sind, ihnen vieleicht nicht tauglich vorkommen werden. – Man hat mich aber versichert daß sie gewiß guten erfolg bringen würden, und das vergnügen sie gesund zu wissen machte mir diese versicherung so glaublich und gewis, daß ich mich ohnmöglich enthalten konnte, selbe so aus gutem herzen, vorzuschlagen, mit dem heissesten Wunsch daß sie deren nicht benöthiget seyn möchten – und im wiedrigen falle daß sie zur gänzlichen herstellung gedeihen sollen. – Meine schwester hoffe ich wird sich täglich mehr erhollen. – ich küsse sie vom ganzen herzen, und ihnen, mein liebster, bester vatter, küsse ich 1000mal die hände und bin Ewig dero

gehorsamster Sohn
W. A. Mozart

so bald ich die uhr erhalten werde,
werde ich die ihrige dagegen
geben. *Adieu.*

Vienne ce 3 de 9:^{bre}
Mon trés cher Pére! *1781.*

Ich bitte um verzeihung daß ich vergangenen Postag nicht den Empfang der cadenzen, wofür ich ihnen gehorsamst danke, berichtet habe. – es war aber eben mein Nammens=tag – in der frühe verichtete ich also meine Andacht, und – da ich eben schreiben wollte, so kammen mir eine menge Gratulanten auf dem halse – um 12 uhr fuhr ich in die leopold=stadt zur Baronne Waldstädten – alwo ich meinen Nammenstag zugebracht habe. auf die Nacht um 11 uhr bekamm ich eine NachtMusick von 2 clarinetten, 2 Horn, und 2 Fagott – und zwar von meiner eigenen komposition. – diese Musick hatte ich auf den theresia tag – für die schwester der fr: v: Hickl, oder schwägerin des H: v: Hickel |: Hofmaler :| gemacht; alwo sie auch wirklich das erstemal ist producirt worden. – die 6 Herrn die solche exequirn sind arme schlucker, die aber ganz Hüpsch zusammen blasen; besonders der erste clarinettist und die 2 Waldhornisten. – die haubtursache aber warum ich sie gemacht, war, um dem H: v: strack |: welcher täglich dahin kömmt :| etwas von mir hören zu lassen. und deswegen habe ich sie auch ein wenig vernünftig geschrieben. – sie hat auch allen beyfallerhalten. – Man hat sie in der theresia nacht an dreyerley örter gemacht. – denn wie sie wo damit fertig waren, so hat man sie wieder wo anders hingeführt und bezahlt. – die Herrn also haben sich die hausthüre öfnen lassen, und nachdemm sie sich mitten im Hof rangirt, mich, da ich mich eben entkleiden wollte, mit dem Ersten E B accord auf die angenehmste art von der Welt überrascht.

die 2:^{te} clavier parthie werde ich in die cadenzen hineinschreiben, und sie also wieder zurückschicken. –

113

es wäre wohl gut wenn izt meine opera fertig wäre; denn umlauf kann seine izt nicht geben, weil die Mad:^me Weiss und die Mad:^selle schindler krank sind. – izt muß ich gleich zum Stephani gehen, weil er endlich gesagt hat, daß etwas fertig seye. –

Neues weis ich ihnen gar nichts zu schreiben – denn, kleinigkeiten können sie nicht intreßiren, und sachen von belang – werden sie schon so gut wissen als wir Wiener. – das Nun ein Dauphin existirt – ist zwar auch – wenigstens dermalen eine kleinigkeit – bis eine großheit daraus wird. – Nur um dem Duc d'artois nicht allein die Ehre eines Bon Mot zu lassen, habe ich dieses hergeschrieben, denn er sagte einmal zur königin als sie sich in ihrer schwangerschaft beklagte, daß ihr der Dauphin sehr vielle ungelegenheit mache; il me donne des grands Coups de pied au ventre – auf welches er dann sagte. – o Madame, laißéz le venir dehors, qu'il me donnera des grands coups de pied au cul. –

Nun waren den tag als die Nachricht kamm, alle theater, und schauplätze frey. – und izt – schlägt es drey – mithin muß ich zum Stephani eilen, sonst treff ich ihn nicht mehr an – dann kann ich wieder warten. – ich hoffe sie werden sich alle tage besser befinden, wie auch meine liebe schwester, die ich vom ganzen herzen umarme. – leben sie wohl, ich küsse ihnen 1000mal die hände und bin Ewig dero

gehorsamster Sohn
W: A: Mozart

Mon trés cher Pére!   *Vienne* ce 8 de maj *1782*

Ich habe ihr leztes vom 30:^ten arprill richtig erhalten; wie auch gestern den brief meiner schwester sammt den Einschluß an meine liebe konstanze, der ich ihn alsogleich eingehändiget. – Sie hat wahres vergnügen darüber empfunden; und wird sich mit nächsten die freyheit nehmen ihr wieder zu schreiben. unterdessen |: da ich heute ohnmöglich zeit habe selbst an meine schwester zu schreiben :| muß ich in ihren Nammen eine frage an sie thun, welche ist; ob man in Salzburg die *franzen* trägt? – – ob meine schwester sie schon trägt? – ob sie selbe selbst machen kann oder nicht? – die konstanze hat sich erst 2 Picquèene kleider also garniret. – es ist hier die gröste Mode; – weil sie selbe nun machen kann, so wollte sie meiner schwester damit aufwarten, sie möchte ihr nur die farbe sagen; denn man trägt sie von allen farben. – weis, schwarz, grün, blau, Pûce etc: Ein atlassenes oder krotidornes kleid muß freylich mit seidenen franzen garnirt seyn, wie sie auch eines so hat; – aber ein ordinaire kleid von schönnen sächsischen Piquèe – mit zwirnen franzen |: welche man, wenn man sie nicht anrührt, fast von den Seidenen nicht unterscheidet :| steht recht schön; und ist noch die komoditet dabey, daß man sie mit sammt dem kleide kann wäschen lassen. – –

Ich bitte sie schreiben sie mir doch wie die opera vom Salieri in München ausgefallen ist? – ich glaube Sie müssen sie noch gehört haben; wo nicht, so müssen sie doch wissen, wie sie aufgenommen worden ist. –

Ich bin 2 mal beym graf Daun gewesen, habe ihn aber niemalen angetroffen; die Musique habe aber abhollen lassen. – er ist halt nur Vormittags anzutreffen, und da gehe ich nicht nur nicht aus, sondern ich ziehe mich gar nicht an, weil ich zu nothwendig zu schreiben habe. – ich werde aber es doch künftigen Sonntage versuchen. – vielleicht kann er nebst den Variationen auch die Münchner Opera mitnehmen. –

gestern war ich bey der gräfin Thun und habe ihr meinen 2:^{t} Ackt vorgeritten, mit welchem sie nicht weniger zufrieden ist, als mit dem Ersten. – dem Raaff seine aria habe längst abschreiben lassen, und sie dem *fischer*, welcher die Commißion von ihm hatte, übergeben. – sie haben einmal geschrieben, daß sie die Musique vom Robinig gern hätten; wer hat sie denn? – ich habe sie nicht. – der Eck glaube ich hat sie ihnen Ja zurück gegeben? – ich habe sie Ja auch von ihnen nebst der ex f und B in meinen briefen begehrt. –

Ich bitte sie schicken sie mir doch bald die Scene von der Baumgarten. – Nun wird diesen Sommer durch im augarten alle Sonntage Musique seyn. – ein gewisser Martin hat diesen Winter ein Dilettanten Concert errichtet, welches alle freytäge in der Mehlgrube ist aufgeführt worden. – sie wissen wohl daß es hier eine menge Dilettanten giebt, und zwar sehr gute, so wohl frauenzimmer als Manspersonen. – Nur ist es mir noch nicht recht in ordnung gegangen. – dieser Martin hat nun durch ein Decret von kayser die erlaubnüss erhalten, und zwar mit versicherung seines höchsten Wohlgefallens, 12 Concerte im augarten zu geben. und 4 grosse Nachtmusique auf den schönsten Plätzen in der Stadt. – das abbonnement für den ganzen Sommer ist 2 Duccaten. Nun können sie sich leicht denken, daß wir genug Suscribenten bekommen werden. – um so mehr, da ich mich darum ann=nehme, und damit asocirt bin. – ich setze den fall daß wir nur 100 abbonenten haben, so hat doch –|: wenn auch die unkösten 200 fl: wären, welches aber ohnmöglich seyn kann :| doch Jeder 300 fl: Profit. – Baron van Suiten und die gräfin Thun nehmen sich sehr darum an. – das Orchester ist von lauter Dilettanten – die fagottisten und die trompetten und Paucken ausgenommen. –

Clementi wird morgen wie ich höre von hier wieder abreisen ; – haben sie seine Sonaten also gesehen? –

wegen dem armen leitgeb haben sie noch ein wenig gedult, ich bitte sie; wenn sie seine umstände wüssten, und sähen wie er sich behelfen muß, würden sie ganz gewis mitleiden mit ihm haben. ich werde mit ihm reden, und ich weis gewis, daß er ihnen, wenigstens nach und nach zahlen wird; – Nun leben sie wohl, ich küsse ihnen 1000mal die hände und bin Ewig dero

gehorsammster Sohn
W: A: Mzt

P.S: Meine liebe schwester küsse ich 1000
mal. mein kompliment an die katherl.
und an die thresel einen gruß, und sie
soll bey mir kindsmensch werden; nur soll
sie sich fleissig im singen exerciren. *Adieu.*
dem Pimperl eine Prise spanischen tobak =

vienne ce 25 de may
Mon trés cher Pére!   *1781**

dermalen muß ich wirklich auch die Zeit stehlen, um sie nicht zu lange auf einen Brief warten zu lassen. – denn Morgen ist unsere Erste Musick im augarten. – um halb 9 uhr kömmt der Martin mit einer Kutsche; – da haben wir noch 6 visiten zu machen. – denn um 11 Uhr muß ich damit fertig seyn, weil ich zur Rombeck muß. – dann speise ich bey der gräfin thun – *NB:* in ihren garten. abends ist dann die Probe von der Musique. – Es wird eine Sinfonie von van suiten und von mir gemacht. – eine Dilettantin Mad:ele Berger wird singen. – ein knabe – mit Nammen Türk – wird ein violin Concert – und die frl: v: Auerhammer und ich werden das Duett Concert ex Eb spiellen.

Vienne ce 29 de May
Mon trés cher Pére! –   *1782.*

letzthin bin ich ganz verhindert worden meinen Brief aus=zuschreiben, und habe dahero meine liebe konstanze gebeten ihnen meine Entschuldigung darüber zu machen. – Sie hat lange nicht daran gewollt, aus forcht, sie möchten sie über ihre orthographie und Concept auslachen. – und sie lässt mir keinen fried, ich muß Sie bey ihnen deswegen entschuldigen. –

das Erste Dilecktanten=Concert ist ganz gut ausgefallen – Es war der Erzherzog Maximilian auch da, gräfin thun, Wallenstein, Baron van suiten und eine menge anderer. – Ich seüfze mit sehnsucht nach dem Näch-

---

* *richtig: 1782*

Beginn des Duetts Nr. 14: «Vivat Bacchus! Bacchus lebe!» aus dem zweiten Aufzug im Autograph der Partitur.

sten Postwagen, welcher mir Musick mitbringen soll. – wegen der Robini-
schen Musique kann ich sie wohl ganz gewis versichern daß ich sie nicht
mitgenommen – und – daß sie Eck noch haben muß – denn, als ich von
München abgereiset, hatte er sie noch nicht zurück gegeben. – der unter-
nehmer des Dilettanten Concerts M:ʳ Martin kennt den H: Abbè Bullin-
ger sehr gut. – er war zu seiner zeit im semminario in München. – Er ist ein
recht guter, Junger Mensch, der sich durch seine Musique, durch seine
schöne schrift, und überhaubt durch seine geschicklichkeit, guten kopf,
und starken geist, sich fortzubringen bemühet. – als er hier ankamm gieng
es ihm sehr hinderlich – er musste 14 Täge mit einem halben gulden aus-
kommen. – Adamberger |: welcher ihn auch von München aus kennt :| hat
ihm hier viel gutes gethan. – er ist von Regenspurg gebürtig; sein vater
war leibmedicus beym fürst von Daxis.

Morgen speise ich mit meiner lieben konstanze bey der gräfin Thun,
und werde ihr den 3:ᵗᵉⁿ Ackt voreiten. – nun habe ich nichts als verdrüssliche arbeiten, nehmlich – zu Corrigiren. – künftigem Montag werden wir

117

die Erste Probe machen. – Ich freue mich recht auf diese oper, das muß ich ihnen gestehen; –

à propós; – vor etwelchen Tägen habe ich einen brief bekommen, von wem? – – von – – H: v: feigele – und der Inhalt – – daß er verliebt seye – und in wem? – – – – in meine schwester – – – Nein, – in – – meine Baase! – – der wird aber lange warten müssen, bis er von mir eine antwort erhällt – sie wissen wie wenig zeit daß ich zum schreiben habe. – bin nur fürwitzig wie lange es mit diesem dauern wird. –

Nun noch etwas – daß ich so zufälligerweise innne geworden, und mich – auf dem graf kühnburg recht verdrüsst. – die frl: von Auerhammer sagte mir gestern, daß der H. v. Moll sie gefragt, ob sie nicht mit 300 f: Jährlichen gehalt in ein herrschaftshaus nach Salzburg gehen wolle? – der Cavallier heisse kühnburg. – wie gefällt ihnen das? – Meine schwester hällt man also für nichts? – machen sie davon gebrauch. – er war nur einen Tag hier – kömmt er aber wieder, so werde ich schon gelegenheit finden ihm darüber zu sprechen. –

Nun leben sie wohl – ich küsse ihnen 1000mal die hände, Meine liebe schwester umarme ich von ganzen herzen – der Mad.^selle Marchand |: Meine liebe Constanz hat es mir schon erlaubt :| schicke auch ein paar buserl, und bin Ewig dero

gehorsamster Sohn
W: A: Mozart

P:S: Meine liebe konstanze küsst
ihnen die hände und meine schwester
umarmt sie als ihre wahre
freundin, und *künftige schwägerin*.

Die Uraufführung des Singspiels ‹Die Entführung aus dem Serail› fand am 16. Juli 1782 im k. k. Nationalhoftheater «nächst der Burg» statt. Die Besetzung war: Constanze – Caterina Cavalieri, Blonde – Therese Teyber, Belmonte – Johann Valentin Adamberger, Pedrillo – Johann Ernst Dauer, Osmin – Ludwig Karl Fischer, Bassa Selim – Dominik Jautz. Der auf dem Anschlagzettel des Burgtheaters nicht genannte Bearbeiter des Textes war Gottlieb Stephanie der Jüngere. Die ersten beiden Vorstellungen am 16. und 18. Juli brachten 1200 Gulden ein. Für die Komposition der Musik erhielt Mozart später vom Hoftheater ein Pauschalhonorar von 426,40 Gulden. Mozarts Bericht über die Premiere (Brief vom 16. Juli an den Vater) ist verlorengegangen; am 19. Juli schrieb er an den Vater folgenden Brief über die zweite Aufführung.

	Vienne ce 20 de Jullet
Mon trés cher Père!	*1782.*

Ich hoffe Sie werden meinem lezten brief worinn ich ihnen die gute aufnahme meiner oper Berichtet habe, richtig erhalten haben. – gestern ist Sie zum 2:ten Male gegeben worden; – könnten sie wohl vermuthen daß gestern noch eine Stärkere Cabale war als am ersten abend? – der ganze Erste ackt ist ver=zischet worden. – aber das laute *Bravo* rufen unter den arien konnten sie doch nicht verhindern. – meine hofnung war also das schluß=terzet – da machte aber das unglück den fischer fehlen – durch das fehlte auch der Dauer |: Pedrillo |: – und Adamberger allein konnte auch nicht alles ersetzen – mithin gieng der ganze Effect davon verloren, und wurde für diesmal – *nicht repetirt.* – ich war so in Wuth daß ich mich nicht kannte, wie auch Adamberger – und sagte gleich – daß ich die opera nicht geben lasse ohne vorher eine kleine Probe |: für die Sänger |: zu machen. – im 2:t ackt wurden die beyde Duetts wie das Erstemal, und dazu das Rondeau vom Belmont *wenn der freude thränen fliessen* wiederhollet. – das theater war noch fast voller als das erste mal. – den tag vorher konnte man keine gesperte Sitze mehr haben weder auf dem Noble parterre noch im 3:ten Stock; und auch keine loge mehr. die Opera hat in den 2 tägen 1200 fl: getragen. –

hier überschicke ich ihnen das original davon, und 2 Bücheln. –

Sie werden viel ausgestrichenes darinn finden; das ist, weil ich gewust habe daß hier gleich die Partitur Copirt wird – mithin liess ich meinen gedanken freyen lauf – und bevor ich es zum schreiben gab, machte ich Erst hie und da meine veränderungen und abkürzungen. – und so wie sie Sie bekommen, so ist sie gegeben worden. – es fehlen hie und da die trompetten und Paucken, flauten, Clarinett, türkische Musick – weil ich

*Theaterzettel der Uraufführung von Mozarts ‹Entführung aus dem Serail›
am 16. Juli 1782 im k. k. Nationalhoftheater in Wien. Auf Weisung des
Kaisers durfte die Besetzung auf den Plakaten des Hoftheaters nicht angegeben werden.*

*Rechts: Constanze Mozart im Jahre 1782. Ölgemälde von Joseph Lange.
In diesem «Schicksalsjahr» brachte Mozart in Wien mit der ‹Entführung
aus dem Serail› seine erste Erfolgsoper zur Uraufführung und nahm drei
Wochen später am 3. August gegen den Willen seines Vaters Constanze
Weber zur Frau.*

kein Papier von so viel linien bekommen konnte. – die sind auf ein Extra papier geschrieben – der Copist wird sie vermuthlich verloren haben, dann er konnte sie nicht finden. – der Erste Ackt ist |: als ich ihn, ich weis nicht mehr wohin tragen lassen wollte :| unglücklicher weise im dreck gefallen; drum ist er so verschmutzt. –

Nun habe ich keine geringe arbeit. – bis Sonntag acht tag muß meine Opera auf die harmonie gesezt seyn – sonst kommt mir einer bevor – und hat anstatt meiner den Profit davon; und soll nun eine Neue Sinphonie auch machen! – wie wird das möglich seyn! – sie glauben nicht wie schwer es ist so was auf die harmonie zu setzen – daß es den blaßinstrumenten eigen ist, und doch dabey nichts von der Wirkung verloren geht. – Je nu, ich muß die Nacht dazu nehmen, anderst kann es nicht gehen – und ihnen, mein liebster vatter, sey es aufgeopfert. – sie sollen alle Postage sicher etwas bekommen – und ich werde so viel möglich geschwind arbeiten – und so viel es die Eile zulässt – gut schreiben. –

den augenblick schickt der graf Zitchi zu mir, und lässt mir sagen ich möchte mit ihm nach laxenburg fahren, damit er mich beym fürst kaunitz auf=führen kann. – Ich muß also schlüssen, um mich anzukleiden – denn wenn ich nicht im Sinn habe auszugehen, so bleibe ich allzeit in meiner Negligèe.

denn augenblick schickt mir der Copist die übrigen Stimmen.

adieu. ich küsse ihnen die hände 1000mal, und meine liebe schwester umarme ich vom herzen und bin Ewig dero

P:S: Meine liebe konstanze empfhelt sich beyderseits.

gehorsamster Sohn
W: A: Mozart

Kleines Zwischenspiel mit Noten und Banknoten

«Viel zu schön für unsere Ohren ...

... mein lieber Mozart, aber gewaltig viele Noten», bemerkte Kaiser Joseph II. nach der Uraufführung der *Entführung*. «Gerade so viele Noten, Eure Majestät, als nötig sind», soll Mozart geantwortet haben.

Mozart hat nicht viel Glück in Wien, denn dort ist gerade nur Seichtes gefragt. In anderen Städten wird die *Entführung* ein großer Erfolg. Da man aber einen Urheberschutz noch nicht kennt, verdient Mozart an dieser Oper nur 426 Gulden und 40 Kreuzer. Zum Vergleich: Mozarts Jahresgehalt als k. k. Kammerkompositeur betrug 800 Gulden. Im Jahre 1914 entsprachen 100 Gulden etwa 500 Mark.

Für den Meister der Noten war der Umgang mit Banknoten zeitlebens ein Problem: Er hatte ihn nie gelernt. Hätte jemand in seinen guten Zeiten für ihn durch gewinnbringende Anlagen vorgesorgt, ein frühes Ende im Elend und das Armengrab wären ihm wohl erspart geblieben.

Die ersten Rezensionen und Reaktionen

Aus Johann Friedrich Schinks*
«Dramaturgischen Fragmenten», Graz 1782

‹Entführung aus dem Serail›, / komische Oper / in drei Aufzügen, von Brezner, die Musik von Mozart.

Brezners komische Opern gehören sonst zu unsern bessern Schauspielen dieser Gattung, und sind nächst den vortreflichen Geschenken, die Weise, Engel und Götter unserm komisch-lirischen Theater gegeben haben, unstreitig das Beträchtlichste, was wir in diesem Fache besizzen. Wenigstens fehlt es ihnen weder an Laune und Unterhaltung, noch an leichtem Dialog und gefälligem Gesang. Seine ‹Entführung aus dem Serail› indessen ist gerade das Unbedeutenste seiner lirischen Stükke. Sie steht der Grosmannschen Oper aenlichen Inhalts[1], weit nach; obgleich diese Grosmannsche Oper nicht den vierten Theil des Posaunenhalls wert ist, den ihr Verfasser in der Ankündigung derselben mit ungemein vieler Bescheidenheit selbst davon gemacht hat. Herr Brezner scheint mir sein Thema unnötiger weise in drei Akte gedent zu haben. Auch felt es seinen Karakteren darin an Anziehung und Leben. Belmonts und Juliens Zärtlichkeit fält darin sehr ins Langweilige, und Witz und Laune hinken ziemlich matt darin einher.

Die Verbesserungen, die man hier damit vorgenommen, sind auch nicht die besten. Am wenigsten gefält mir die Veränderung der Breznerischen Katastrofe. Bei Brezner vergiebt der Bassa dem Belmont, weil er seinen Sohn in ihm erkennt; in der Wiener Verbesserung aber tut er's, weil es weit grösser ist, seinem Feinde zu vergeben, als sich zu rächen. Ein Bewegungsgrund, der freilich erhabner, aber auch – wie denn das mit solchen Erhabenheiten immer der Fall ist – unglcich uииatürlicher ist. Das übelste dabei ist, daß, durch diese Verbesserung, der Grund, warum Brezner seinen Bassa zum Renegaten gemacht hat, gänzlich wegfällt, und dadurch diese Verbesserung noch unnatürlicher macht.

Uiberhaupt sind diese ewigen Grosmuten ein ekles Ding, und fast auf

---

1 Adelheit von Veltheim.
* Johann Friedrich Schink, 1755 in Magdeburg geboren, lebte 1780 in Wien und seit 1782 in Graz. Er war ein Gegner Schikaneders, des späteren Librettisten der ‹Zauberflöte›, und bediente sich einer eigensinnigen Rechtschreibung. Seine Besprechung der ‹Entführung› bezieht sich auf die Wiener Aufführung.

Die
Entführung aus dem Serail.

Ein Singspiel
in drey Aufzügen,
nach Bretznern
frey bearbeitet, und für das k. k. Nationalhoftheater eingerichtet.

In Musik gesetzt
vom
Herrn Mozart.

Aufgeführt im k. k. Nationalhoftheater.

Wien,
zu finden beym Logenmeister, 1782.

Titelseite der Erstausgabe des Textbuchs, das zur Urauf-
führung der Oper am 16. Juli 1782 in Wien gedruckt wurde.
Der Name der Librettisten ist nicht vermerkt, wohl aber der
Bretzners, der später gegen die Verwendung seines Li-
brettos heftigst protestierte (vgl. S. 128f).

keiner Büne mehr Mode, als auf der hiesigen. Und man kann beinahe sicher darauf rechnen, daß so ein Stük, in dem brav gegrosmutet, geschenkt, versönt und vergeben wird, schreiendes Glük macht, wenn es auch auf die unnatürlichste Art zu diesen Dingen kömmt.

Die Börse des Dichters gewinnt bei diesem Geschmak freilich; die Kunst aber desto weniger. Am meisten aber verliert dabei die Bildung des Volks.

Die Büne hat klar den sichtbarsten Einfluss auf diese Bildung. Erhält der Geschmak von hier aus eine schiefe Bildung, wird er von hier aus verdorben: so sind die Bemühungen der vortreflichsten Schriftsteller vergebens. Das Schauspiel wirkt als lebendes Beispiel stärker, als alle Bücher; und wer mit schon verdorbenem Geschmak zur Lektüre kömmt, auf den macht auch das geschmakvollste Buch keinen Eindruck mehr. Und das ganz natürlich: wie kann ich Warheit und Natur erkennen, wenn ich kein Gefül für Warheit und Natur habe?

Darüber geht nun also auch die wahre Kunst zu Grunde. Ihr grosser Zweck, zu unterrichten, weiser und besser zu machen, der menschlichen Natur einen Spiegel vorzuhalten, und die Sitten jedes Zeitalters in ihrer wahren Gestalt zu zeigen, wird gänzlich dadurch aufgehoben. Statt Bild des Lebens, bekommen wir abendteuerliche Romane, deren ganzer Nuzzen darin besteht: daß wir falsche Grösse bewundern lernen, und, troz aller dieser abendteuerlich grosmütigen Beispiele, nicht ein Fünkchen Grosmut mehr bekommen, als wir haben, weil alle diese Grosmuten zu unnatürlich sind, als daß wir sie nachamen könnten.

Um einheimische Sitte, um Bildung eines Nazionalkarakters, ist es also in solchen Schauspielen geschehen. Wir sind und bleiben unteutsch, und werden nie etwas anders, als die ewigen Affen fremder Nazionen, ein ewiger Vorwurf der Ausländer, ein ewiger Gegenstand ihres Spotts.

Warlich, es ist empfindlich, das mit anzusehen, und es ist sehr schwer, seine Empfindlichkeit darüber nicht auszulassen. Aber man wird des Zankens über eine und die nemliche Sache endlich müde. Also wieder zu Brezner.

‹Die Entführung aus dem Serail› ist zu Wien mit einem sehr ausgezeichneten Beifall aufgenommen worden. Ein Beifall, den sie nicht sich, sondern der vortreflichen Musik des Herrn Mozard, und der sehr guten Vorstellung der Sänger der Nazionalbühne zu verdanken hat.

Ich bin kein eigentlicher Kenner der Musik; ich verstehe von den eigentlichen Kunstregeln der Komposizion ganz und gar nichts; nicht einmal die Noten kenn' ich. Ich beurteile die Musik blos nach dem Grundsazze aller schönen Künste, nach dem Grundsazze der Warheit und Natur. Die Musik, die auf menschliches Herz, und menschliche Leidenschaft wirkt, die Freud und Leid, kurz jede Art der Empfindung rege macht, die etwas mehr, als Ohrenkizzel, die Narung der Seele ist: die Musik ist in meinen Augen vortreflich, und das unleugbare Produkt eines musikalischen Genies. Nach diesem Grundsaz geurteilt, hat denn auch Herren Mozards Musik meinen ganzen Beifall, und ich bekenne mit Vergnügen daß nur Benda und Gluk mein Herz stärker treffen und rüren könen, als es Herr Mozard mit seiner lieblichen Musik getroffen hat.

Ich kann das Werk dieses noch sehr jungen Künstlers nicht im Detail loben; dazu bin ich zu wenig eigentlicher Musikverständiger. Ich kann nur sagen, daß seine Deklamazion richtig, sein Gesang ungemein redend, Sprache des Herzens und der Natur sei, und daß er durchaus die richtigen Begriffe von dem wahren Zwekke der schönsten aller menschlichen Künste verrät.

Die Sänger der hiesigen Nazionalbühne verdienen das Lob: daß sie gefült haben, was sie sangen; daß sie mit der ganzen Seele wiedergaben, was Mozard sezte; daß auch bei ihnen der Gesang aus dem Herzen kam; daß sie nicht blos gurgelten, sondern sprachen; und ich bin überzeugt, daß Mozards Werk auf keiner Büne Teutschlands so vollkommen gefült und dargestelt werden wird: als es auf der hiesigen Nazionalbüne geschehen ist.

Daher ist's denn auch kein Wunder, daß diese ‹Entfürung aus dem Serail›, trotz den Makeln, die ihr von Seiten des Dichters und der unweisen Verbesserung ankleben, mit dem allgemeinen Beifall ist aufgenommen worden, und noch immer mit diesem allgemeinen Beifall aufgenommen wird. Wenn Komponist und Sänger so mit vereinigten Kräften arbeiten, den wahren Zwek der Musik zu erfüllen: so mus auch unser Herz dadurch interessirt werden; und wo die Kunst unser Herz interessirt, da ist auch ihr Eindruck dauernd und bleibend ...

Perſonen.

Selim, Baſſa.

Konſtanze, Geliebte des Belmonte.

Blonde, Mädchen der Konſtanze.

Belmonte.

Pedrillo, Bedienter des Belmonte, und Aufseher über die Gärten des Baſſa.

Osmin, Aufseher über das Landhaus des Baſſa.

Klaas, ein Schiffer.

Ein Stummer.

Wache.

FID.C

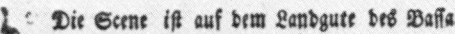

Die Scene iſt auf dem Landgute des Baſſa.

*Personenverzeichnis des ersten gedruckten
Textbuchs zur ‹Entführung› aus dem Jahre 1782.*

Christian Friedrich Bretzner (1748–1807), deutscher Komödiendichter und Librettist, schrieb für den Komponisten und Verleger Johann André (1741–99) 1781 das Singspiel-Libretto ‹Belmonte und Constanze›, das Gottlieb Stephanie d. J. für Mozart umarbeitete. Bretzner protestierte darauf öffentlich. Das Datum des Protestes ist unbekannt. Er wurde zuerst in Wurzbachs ‹Biographischem Lexikon des Kaiserthums Österreich›, Wien 1868, zitiert. 1794 übersetzte Bretzner Mozarts ‹Così fan tutte› ins Deutsche.

Bretzners Protest 1782

Ein gewisser Mensch, Namens *Mozart*, in Wien hat sich erdreistet, mein Drama ‹*Belmonte und Constanze*› zu einem Operntexte zu missbrauchen. Ich protestire hiermit feierlichst gegen diesen Eingriff in meine Rechte und behalte mir Weiteres vor.

Christoph Friedrich *Bretzner*,
Verfasser des ‹*Räuschgen*›

Aus Cramers «Magazin der Musik», Hamburg, 27. März 1783

Wien. December 1782. Hier kam dieses Jahr die ‹*Entführung aus dem Serail*› heraus; die Music zu dieser Oper, hat Herr *Mozart* der jüngere dazu verfertiget. Sie ist voll Schönheiten, welche wir ein andermal bey besserer Gelegenheit näher zergliedern wollen. Sie übertraf die Erwartung des Publicums, und des Verfassers Geschmack und neue Ideen, die hinreissend waren, erhielten den lautesten und allgemeinsten Beyfall.

Bretzners zweite Stellungnahme
Aus der «Litteratur- und Theater-Zeitung», Berlin, 21. Juni 1783

Nachricht.

Es hat einem Ungenannten in Wien beliebt, meine Oper: ‹*Belmont und Constanze*› oder ‹*Die Entführung aus dem Serail*›, fürs K. K. Nationaltheater umzuarbeiten, und das Stück unter dieser veränderten Gestalt drucken zu lassen. Da die Veränderungen im Dialog nicht beträchtlich sind, so übergehe ich solches gänzlich: allein der Umarbeiter hat zugleich eine

Menge Gesänge eingeschoben, in welchen gar herzbrechende und erbauliche Verslein vorkommen. Ich möchte den Verbesserer nicht gerne um den Ruhm seiner Arbeit bringen, daher sehe ich mich genöthiget, die von ihm eingeschobenen Gesänge nach der Wiener Ausgabe und *Mozarts* Komposizion hier zu spezifiziren:

Eingeschoben sind:

Die erste Arie des Belmont: Hier soll ich dich dann sehen etc.

Das Duett zwischen Belm. und Osm. Seite 5. Verwünscht seyst du etc.

Die Arie des Osm. Seite 9. Solche hergelaufne Laffen etc.

Das Duett des Osm. Seite 25. Ich gehe, doch rathe ich dir etc.

Das Rezitativ des Osm. Seite 27. bis zum Anfang der Arie.

Die Arie der Constanze, Seite 30. Martern aller Arten etc.

Die Arie der Blonde, Seite 34. Welche Wonne, welche Lust! etc.

Die Arie des Belmont, Seite 41. Wenn der Freude etc.

Das Quartett und Finale, Seite 42. bis S. 46.

Die Arie des Belm. Seite 49. Ich baue ganz auf etc.

Die Arie des Osmin, Seite 57. O wie will ich triumphiren!

Das Rezitativ und Duett, Seite 61. Welch Geschick etc.

Das ganze Finale von Seite 65. bis zu Ende.

Zum Schluß eine Probe von des Verbesserers Arbeit aus dem Quartett Seite 43.

Pedrillo	Doch Blondchen ach! die Leiter!
	Bist du wohl so viel werth?
	(zeigt, daß er wage gehenkt zu werden.)
Blonde	Hanns Narr! schnappts bey dir über?
	Ey hättest du nur lieber
	Die Frage umgekehrt.
Pedr.	Doch Herr Osmin – –
Blonde	Laß hören!
Const.	Willst du dich nicht erklären?

Belmonte zugleich.	Pedrillo
Ich will doch zürne nicht	Hat nicht Osmin etwan,
Wenn ich nach dem Gerücht	Wie man fast glauben kann,
So ich gehört, es wage,	Sein Recht als Herr probiret
Doch zitternd bebend frage,	Und bey dir exerziret?
Ob du den Beste liebst?	Dann wärs ein schlechter Kauf.
Const. (weint.)	Blonde (giebt ihm eine Ohrfeige.)
O wie du mich betrübst!	Da nimm die Antwort drauf.

Pedrillo	Nun bin ich aufgeklärt.
Belm.	Constanze ach vergieb!
Blond.	Du bist mich gar nicht werth.

Theaterzettel der Münchner Erstaufführung von Mozarts ‹Entführung aus dem Serail› am 1. April 1785.

Const.	Ob ich dir treu verblieb!
Blond.	Der Schlingel fragt sich an,
	Ob ich ihm treu geblieben?
Const.	Dem Belmont sagte man,
	Ich soll den Bassa lieben.
Pedr.	Daß Blonde ehrlich sey,
	Schwör ich bey allen Teufeln.
Belm.	Konstanze ist mir treu,
	Daran ist nicht zu zweifeln. etc.

Das heiß ich verbessern!
Leipzig den 27. April 1783.   *C. F. Bretzner*

Aus Knigges «Dramaturgischen Blättern», Hannover 1788*

Den *dritten October*: ‹*Belmonte und Konstanza*›, oder: die ‹*Entführung aus dem Serail*› – Einer von den schwatzhaften Titeln, über welche ich im vorigen Stücke eine Stelle aus dem Theatcr-Kalender angeführt habe! – *Ein Singspiel in drey Aufzügen, von Bretzner, in Music gesetzt von Mozart.***

Vom Stück selbst ist nicht viel zu sagen. Die Erfindung der Intrigue und die Art der Bearbeitung haben nicht den Werth der Neuheit, und poetische Schönheiten trifft man hier auch nicht an; doch ist man immer froh, die vortheilhaften Eindrücke, welche die Music macht, nicht, so wie in den italienischen Opere buffe durch planloses, plattes Gewäsche und Possenreisserey geschwächt zu fühlen. Eben von der Music aber will ich etwas weitläuftiger reden.

Ich hatte mir selbst oft die Frage aufgeworfen, woher es wohl kommen könnte, daß die herrliche Composition von Mozart, die man in der Partitur mit wahrem Entzücken liest und spielt, und deren einzelne Schönheiten uns auch in der Aufführung hinreissen, dennoch im Ganzen nicht die allgemein vortheilhafte Würkung macht, die man davon erwarten sollte. Zwar hat dieses Kunstwerk bey der ersten Erscheinung überrascht und sehr gefallen. Die brillante Ouvertüre; das Ungewöhnliche der türkischen Music, selbst zu Begleitung von Arien; das alles hat seines Zwecks nicht verfehlt; aber noch einmal! Daß diese herrliche Music, bey so viel einzelnen Schönheiten, das Herz so mancher Leute, die weniger Kenner der Kunst als gefühlvolle Liebhaber der Melodie sind, leer lässt, das wusste ich mir nicht recht zu erklären. Ich sprach darüber mit einem Manne, dessen theoretische und praktische Kenntnisse in der Music, dessen Fleiß, noch täglich weitere Fortschritte darinn zu machen, und dessen Bescheidenheit gleich viel Lob verdienen – mit Einem Worte? mit unserm *Weber*, der, da er hier die Music bey den Singspielen, um deren gute Aufführung er kein geringes Verdienst hat, dirigiert, am genauesten mit den einzelnen Schönheiten und Fehlern jeder Composition bekannt ist, und ich will einen Theil dessen, wodurch er meine Ideen über den Mozartschen theatralischen Styl berichtigt hat, hierhersetzen.

---

* *Diese Zeitschrift, die 1788/89 in Hannover erschien und sich in Mozarts Nachlaß befand, muß von der gleichnamigen Frankfurter unterschieden werden. Herausgeber und Autor zahlreicher Artikel war Adolf Freiherr von Knigge (1752–96), der heute noch durch sein Benimm-Buch ‹Über den Umgang mit Menschen› von 1788 bekannt ist. Knigge verfaßte im selben Jahr zusammen mit seiner Tochter Philippine Eugenie auch eine der ersten deutschen Übersetzungen von Mozarts ‹Figaro›, die am 18. Mai von der Großmannschen Truppe in Lübeck erstmals gespielt wurde.*

** *Die erste Aufführung des Singspiels hatte in Hannover am 12. April 1787 stattgefunden.*

Die Music zu der ‹*Entführung aus dem Serail*› ist erstlich hie und da zu ernsthaft für das Sujet einer comischen Oper; sie nähert sich in manchen, übrigens meisterhaft gearbeiteten Stellen zu sehr dem ernsthaften Opern-Style; und da andre ächt comische Stücke zu sehr dagegen abstechen; so fehlt es also an Einheit des Styls. Sodann ist der Tonsetzer zu geschwätzig mit den Blas-Instrumenten gewesen. Statt daß diese nur den stärkern Nachdruck, da wo es nöthig ist, der Melodie geben, und die ganze Harmonie unterstützen sollten; so verdunkeln sie oft jene, und verwirren diese, unterdrücken den schönen einfachen Gesang, und stöhren den Sänger im Vortrage. Dies fiel mir vorzüglich in einer Arie auf, welche Konstanze singt. – Ein Fehler, in welchen die besten italienischen Tonsetzer nie verfallen, der aber jetzt um so allgemeiner bey uns wird, je mehr wir ehemals die Einwürkung der Blas-Instrumente vernachlässigten. Nicht weniger verdunkelt das zu große Kunstgewebe in manchen Stellen den fliessenden Gesang. Der Kenner fühlt den Wert dieser Stellen; aber für den populairen Vortrag taugt das nicht. Der nemliche Fall ist mit den häufigen Ausweichungen und den vielfachen enharmonischen Gängen, die, so schön sie am Clavier klingen, im Orchester keine Würkung thun, weil sie nie rein genug vorgetragen werden, weder vom Sänger noch von den Spielern, besonders von den Blas-Instrumenten, theils weil die Auflösungen zu schnell mit den Misklängen abwechseln, so daß nur ein geübtes Ohr den Gang der Harmonie verfolgen kann. Diese Ungemächlichkeit hat besonders in den häufig hier vorkommenden Arien aus Moll-Tönen Statt, die, der vielfachen chromatischen Sätze wegen, von dem Sänger schwer vorzutragen, von dem Zuhörer schwer zu fassen sind, und überhaupt etwas Beunruhigendes haben. Solche fremde Harmonien verrathen den großen Meister, aber sie gehören nicht für das Theater. Herr Weber hat schon oft bemerkt, daß, wenn sich die 4 in der weichen Tonart mit der verminderten 3 und 7, oder, in der Umwendung, mit der übermäßigen 6 im Theater auf einmal ohnvermuthet hören ließ, diese Harmonie viel Sensation erregte, oft wiederholt aber der größern Anzahl von Zuhörern nicht gefiel, sondern alle Würkung verlohr. Aus manchen der vorerwähnten Ursachen bleibt z. B. die Hälfte der Schönheiten des ganz vortreflich gearbeiteten Quartetts am Ende des zweyten Aufzugs ohngefühlt. Dies Quartett ist ein wahres Meisterstück für den Kenner; aber wie Wenige werden den Werth der darinn angebrachten Kunst fühlen! Endlich ist der Gesang in manchen Stellen dieser Oper zu sehr syncopiert, besonders in Duetten, Quartetten etc. Der Sänger hat nicht Zeit, Odem zu schöpfen, seiner Stimme neue Kraft zu geben; diese wird matt und lahm, ein schöner Gedanke verdrängt den andern, und entrückt ihn der Bewunderung des Zuhörers.

Titelblatt des ersten bei B. Schott in Mainz im Jahre 1785 gedruckten Kla-
vierauszugs der ‹Entführung›, arrangiert von Johann Franz Xaver Starck.
Mozart wollte selbst ein solches «Arrangement» herausgeben, und hatte
damit auch schon begonnen, als ihm Starck, Domorganist zu Mainz,
zuvorkam.

Aber o! mögten alle Tonsetzer im Stande seyn, solche Fehler zu be-
gehn! Und welche herrliche einzelne Stücke sind nicht in dieser Oper! Am
reichsten an Schönheiten ist der zweyte Aufzug. Das erste darinn vor-
kommende Duett ist hinreissend, Blondens Arie, welche *Madam Groß-*
man so unverbesserlich sang, ganz vortreflich; Das Rondeau: «Welche
Wonne, welche Lust!» allerliebst; Das Vaudeville am Ende des dritten
Aufzugs in dem reizenden Styl geschrieben – Doch wer kann alle einzelnen Schönheiten dieser Oper herzählen? ...

Mit hoher Obrigkeitlicher Bewilligung

wird heute

Montags, den 25 Juny, 1787,

aufgeführt:

Die Entführung aus dem Serail,

ein Singspiel in drey Aufzügen, von Bretzner.

In Musik gesetzt von Mozart.

Personen:

Selim, Bassa.	—	Herr Löhrs.
Konstanze, Geliebte des Belmonte.	—	Demoiselle Brandes.
Blonde, Konstanzens Mädchen.	—	Madame Ambrosch.
Belmonte.	—	Herr Ambrosch.
Pedrillo, Bedienter des Belmonte, und Aufseher über die Garten des Bassa.	—	Herr Nürmann.
Osmin, Aufseher über des Bassa Landhaus.	—	Herr Eule.
Klaas, ein Schiffer.	—	Herr Bebkelmann.
Ein Stummer.	—	Herr Michaud.
Frauenzimmer des Serails.		
Sklaven.		
Wache.		

Die Gesänge sind beym Eingange für 6 Schillinge zu bekommen.

Erster Rang, 2 Mark. Zweiter Rang, 1 Mark 8 Schillinge. Parterre, 1 Mark. Gallerie, 8 Schillinge.

Logen sind nur bey dem Cassirer Hoist im Opernhofe, Vormittags von 10 bis 2 Uhr, zu bestellen.

Jedes Billet ist nur für den Tag gültig, an dem es gelöset wird.

Nur die Bediente, die ihre Herrschaften begleiten, haben freyen Eintritt.

Der Ordnung wegen kann Niemand, weder bey den Proben, noch unter der Vorstellung, aufs Theater gelassen werden.

Der Anfang ist präcise um 6 Uhr.

F. L. Schröder.

Theaterzettel von einer der ersten Hamburger Aufführungen der ‹Entführung› am 25. Juni 1787. In dieser wie auch in der allerersten Aufführung des Singspiels in der Hansestadt (am 18. Juni 1787) sang die äußerst beliebte Minna Brandes, Patentochter Lessings, die Partie der Konstanze.

Aus Knigges «Dramaturgischen Blättern», Hannover 1789

Eingeschicktes Tagebuch der Großmannschen Gesellschaft [in Lübeck]

Nach hiesigem Herkommen darf vor drey Königen nicht gespielt werden; Die Bühne wurde also erst eröfnet den 7ten Jenner mit der ‹*Entführung aus dem Serail*›.*

Wahr spricht Reichard in seinem musicalischen Kunst-Magazine, wenn er sagt: «der Tonkünstler ist weit übler daran, als der Mahler und Bildhauer. Diesen ist ihr eigenes Auge, ihre eigene Hand genug, zur Darstellung ihrer höchsten Schöpfungen; der Tonkünstler bedarf zu seinem Werke, Ohr, Hand und Kehle von Hunderten. – Ohne Sänger, ohne *Orchester*, kann der Tonkünstler nicht würken»** u. s. f. Die Wahrheit dieser Worte, besonders in Ansehung des Orchesters, bestätigte die heutige Aufführung dieses Singspiels: ‹*Die Entführung aus dem Serail*› von Mozart ist eine Oper, die ohnehin schon, wegen der starken Untersetzung von allen nur möglichen Blas-Instrumenten, wegen der darin vorkommenden concertirenden Arien und Sätze, auch von einem Orchester mit gleich stark besetzten Männern schwer, sehr schwer zu executiren ist; Kömmt nun noch ein nicht zusammenstudirtes Orchester, oder gar eine mittelmäßige, oft weniger als mittelmäßige Besetzung der Blas-Instrumente hinzu; so giebt es denn freylich je zuweilen ein jämmerliches Geheule, das einem die Zähne klappern macht. Arien, die öfters nur für den Umfang der Stimme einzelner Sänger, oder auch concertirend für mehrere Instrumente großer Künstler, bloß an demselben Orte, eingerichtet sind, sollen und müssen dann überall, mit halben, nicht von der Natur zur Kunst, sondern nur zum Pfeifen und Fiddeln gemachten Menschen aufgeführt werden, die entweder auf ihren Saiten-Instrumenten immer schon einen Vorschmack vom folgenden Tacte eben zu der Zeit geben, wo vielleicht der bessere Theil des Orchesters noch einen halben Tact zurück ist, oder auf ihren Blas-Instrumenten, bey einer anhaltenden Note, die der Tonsetzer mit vielem Bedachte so gesetzt hat, einesweilen ein Trillerchen appliciren. So wird der arme Sänger, der zu Hause Fleiß und Mühe anwendet, seinen Gesang schön vorzutragen, gekreuzigt, und was noch betrübter ist, die schönsten Kunstwerke werden grausamer Weise gemordet. Nicht anders ergieng es denn auch hier der ‹*Entführung*› von unserm teutschen Mozart. Allgemein hat sie nicht gefallen, die Ursache lässt sich aus dem schon Gesagten leicht schliessen. *Herr Bilow*, der sich durch

---

* *Der Bericht betrifft die Erstaufführung des Singspiels in Lübeck.*
** *Johann Friedrich Reichardt gab 1782–91 in Berlin das «Musikalische Kunstmagazin» heraus.*

seine Geschicklichkeit auf der Violine in Ansehung seines Tons und seines geschmackvollen Vortrags, nicht minder durch seine Höflichkeit und Bescheidenheit, – eine dem ausübenden Tonkünstler so selten verliehene Gabe – als ein wahrer Künstler von Genie und Talent auszeichnet, hat die Freundschaft, nebst dem *Herrn Kunze*, einem fertigen Clavierspieler, aus blosser Kunstliebe, bey Aufführung der Opern in dem Orchester mitzuspielen, und zwar Ersterer an der Geige, und Letzterer am Violoncell, wodurch denn die Aufführung sehr viel gewinnt.

Vorzüglich zeichnen sich noch die beyden Hörner, durch ihren festen runden Ton aus, durch pünctliche Genauigkeit im Pausieren, und Reinheit der Intonation. Es wäre zu wünschen, daß der übrige Rest sich auch bemühn mögte, den beyden *Herrn Hernberg* in Fleiß und Achtsamkeit nachzuahmen. Sie würden dann gleiches Lob verdienen, und sich das Publicum, welches Geschmack und Kenntniß besitzt, verbindlich machen ...

Aus den «Dramaturgischen Blättern», Frankfurt a. M., 1789

Am 22ten [Oktober]: Die Entführung aus dem Serail

Herr von *Knigge** bemerkt von *Mozarts* Musik zu dieser Oper, daß sie im Allgemeinen nicht den Eindruck mache, den man von ihr, als einem ächten Kunstwerke, erwarten solte. – Dies ist wenigstens bei uns nicht der Fall, man sieht dieses Stück, bei öfters wiederholten Vorstellungen, mit immer neuem Vergnügen. Es seie nun, daß das Orchester in Braunschweig *Mozarts* schweren Sazz nicht gehörig vorzutragen versteht, oder daß es an der nöthigen Besezzung der Instrumente fehlte, oder daß jenes Publikum in Absicht der Musik mit dem unsrigen verschiedener Meinung ist. Man tadelt hie und da an dieser Komposizion die Verbindung des Ernsthaften mit dem Komischen: aber ich begreife nicht, warum man dem Tonkünstler einen Vortheil entziehen will, den man doch dem Dichter einräumt? Abweichungen von dem Hauptptone befördern die Mannichfaltigkeit und die Lebhaftigkeit, nur müssen sie nicht zu häufig vorkommen, und nicht zu stark kontrastiren.

---

* *Zu Knigge siehe S. 131.*

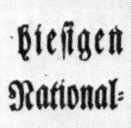

Heute Dienſtags, den 19. May 1789.
wird auf dem

hieſigen
National-
Königlichen
Theater

Auf lautes Begehren

gegeben:

Belmonte und Conſtanze.

Ein Singſpiel in 3 Akten, frey bearbeitet nach Bretzner.
Die Muſik iſt vom Hrn. Mozart.

Perſonen:

Selim, Baſſa	Hr. Czechtizky.
Conſtanze, Geliebte des Belmonte	Mſe. Hellmuth.
Blonde, Mädchen der Conſtanze	Mad. Baranius.
Belmonte	Hr. Lippert.
Pedrillo, Bedienter des Belmonte, und	
Aufſeher über die Gärten des Baſſa	Hr. Greibe.
Osmin, Aufſeher über das Landhaus des	
Baſſa	Hr. Frankenberg.
Klas ein Schiffer	Hr. Beſſel.
Ein Stummer.	
Wache. Gefolge.	

Die Scene iſt auf dem Landgute des Baſſa.

Die Bücher von den Arien und Geſängen ſind für 2 Gr. bey der Caſſe zu haben.

Preiſe der Plätze:

Erſter Rang, 16 Groſchen; eine ganze Loge auf vier Perſonen 2 Rthl. 16 Gr. auf fünf Perſonen 3 Rthl. 8 Gr. auf ſechs Perſonen 4 Rthlr.

Zweiter Rang, 12 Groſchen; eine ganze Loge auf vier Perſonen 2 Rthlr. auf fünf Perſonen 2 Rthl. 12 Gr. auf ſechs Perſonen 3 Rthlr.

Parket, 12 Groſchen. Amphitheater, 8 Groſchen. Gallerie, 4 Groſchen. Kinder unter 10 Jahren haben nur die Hälfte des Preiſes zu bezahlen.

Logen werden bey der Caſſiererin Friſchmuth, wohnhaft an der Tauben- und Friedrichsſtraßenecke in dem Schmalzschen Hauſe, zwey Treppen hoch, von Morgens bis Mittags 12 und 2 Uhr beſtellt; jedoch können die Billets auf ganze Logen nach der Abſicht und Verfaſſung nicht länger als auf den Tag gelten, an welchem ſie von der Caſſiererin geholt und die Logen beſtellt werden. Die Billets für einzelne Perſonen in den Logen aber zu dem übrigen Plätzen aber, welche auch bey der Caſſiererin gegen gleich baare Bezahlung zu haben ſind, gelten ſo lange, bis jemand das Schauſpiel darauf beſehen will. Nur diele gedruckten Billets ſind beim Eingange ſo gut wie baares Geld; dabei wegen niemand auf Billets eingelaſſen werden kann, welche im Komödienhauſe bei der Caſſe gegen das baare Geld oder gegen die für baares Geld vorher geholten Billets dargereichte werden. Wer alſo mit einem ſolchen im Komödienhauſe empfangenen Billet herausgehet, kann darauf den andern Tag nicht weiter eingelaſſen werden. Ebendies gilt auch von den Conttremarques. Jeder Zuſchauer, der vor Anfang der Vorſtellung das Komödienhaus zu verlaſſen genöthigt iſt, wird daher das erlegte Geld gegen Zurückgabe des im Komödienhauſe empfangenen Billets ſich wieder geben zu laſſen beliebig.

Der Anfang iſt um halb ſechs Uhr.

Theaterzettel einer Aufführung der ‹Entführung› am Königlichen Nationaltheater in Berlin unter dem Bretznerschen Originaltitel ‹Belmonte und Constanze›.

Aus der «Chronik von Berlin», 1789

Tagebuch des Königl. National-Theaters in Berlin. August 1789

Den 13ten. Auf lautes Begehren: ‹*Belmonte und Constanze*›. (In den öffentlichen Blättern aber waren schon der Zauber-Spiegel und die beiden Billette angekündigt.) Madame Lange aus Wien trat als Constanze auf. Wenn bei einer Künstlerinn oder bei einem Künstler schon der gute Ruf der Vorreiter ist; so braucht man sich freilich nicht zu verwundern, das er so allgemein als möglich wird. Natürlich war der Zuspruch sehr zahlreich. Madame Lange erhielt den stärksten Beifall. Als sich in dem Anfange dieser Beifall nicht allgemein verbreiten wollte; so lispelten einige andern zu: *So applaudirt doch Kinderchen! Die Frau verdient es! Solche Sängerinnen gibt es wenige. In Hamburg erhielte sie bei Schröder die größte Ehre! Eine Schande wär' es ja, wenn wir Berliner nicht zeigten, daß wir gegen große Sängerinnen so gefühlvoll wären.* Nachher wurde das Klatschen wirklich allgemeiner. Von Lippert müssen wir bemerken, daß er sich heute vorzüglich als Belmont alle Mühe gab.

II. Zur Wirkungsgeschichte des Singspiels ‹Die Entführung aus dem Serail›

Nur wenige Wochen nach Antritt seines neuen Amtes als Königlich-Sächsischer Hofkapellmeister an der Dresdner Oper nahm Carl Maria von Weber (1786–1826) seine musikschriftstellerische Tätigkeit wieder auf, die er als einen wichtigen Teil seines Gesamtkonzepts zur Reform des deutschen Operntheaters verstand, und veröffentlichte unter der Sammelbezeichnung ‹Dramatisch-musikalische Notizen› in der Dresdner «Abendzeitung» eine Reihe von Einführungen zu neuen Opern, die er als Angebote an das Publikum verstanden wissen wollte, «durch kunstgeschichtliche Nachrichten und Andeutungen die Beurteilung neu auf dem Königlichen Theater zu Dresden erscheinender Opern zu erleichtern». Seine Einführung zu Mozarts Singspiel, veröffentlicht am Tag vor der Dresdner Erstaufführung des Werks in der «Abendzeitung» Nr. 142, gehört zu den schönsten, eindringlichsten Zeugnissen der Anerkennung und Verehrung, die ein großer Komponist einem noch bedeutenderen Vorgänger gewidmet hat, und faßt in knapper, konziser Form das wirklich Neuartige, Besondere des Werks wie auch seine Sonderstellung in Mozarts Opernschaffen zusammen.

Carl Maria von Weber

‹Die Entführung aus dem Serail›

Oper von Mozart

Mittwoch, den 17. Juni 1818, erscheint zum erstenmal auf dem Königl. Hoftheater* Mozarts herrliche Oper ‹*Die Entführung aus dem Serail*›.

* *in Dresden.*

Es gibt wohl nicht leicht eine wichtigere Angelegenheit für den Kunstfreund, als den Entwicklungsprozeß der großen, ihre Zeit gestaltenden und beherrschenden Geister zu beobachten, der sich doch am lebendigsten und sprechendsten in der Zeitfolge ihrer bedeutenden Werke entfaltet.

Von früher Jugend in die Geheimnisse der Kunst mit Ernst eingeweiht, ihrem anhaltenden Studium ergeben und mit dem schöpferischen Geiste begabt, mußte doch auch bei Mozart das gesammelte wie das gottgeschenkte Material erst die Zeit verarbeiten und abgären, ehe die Klarheit tagen konnte, die in dieser Oper herrscht.

Durch eine Art von wunderbarem Kunst-Volksglauben wird sie fast allgemein für Mozarts erste Oper gehalten, und ist doch seine vierzehnte. Aber hier, wie immer, liegt einer so durchgehends fest geglaubten Meinung ein inneres, tief gefühltes Wahrheitsprinzip – die unbekannten Obern göttlichen Ursprungs im richtenden Menschen – zugrunde, denn so wie im früheren ‹*Idomeneo*› (1780 zu München) fast aller Farbenstoff der späteren Mozartschen Werke wie auf der Palette dargelegt mir erscheint, und das Gewicht des Wissens mit des Genius Freiheitslust zu kämpfen beginnt, so trägt in der ‹*Entführung*› (1782 zu Wien) die heitere Jugendfrische den Sieg davon – obwohl mit Lust auch die Meisterschaft der Harmonie hin und wieder gern streng beweisend oder über die Gebühr ausspinnend in jugendlicher Überschwenglichkeit und gefälligem Wiegen in dem Selbsterzeugten (zum Beispiel die große Arie der Konstanze, die aber hier, nach Mozarts eigenem späterem Beispiele, abgekürzt erscheint) – und ist so das erste Werk oder die erste Stufe *der* künstlerischen Vollendung Mozarts geworden, die die Welt in ihm ehrt, anstaunt und nach ihm nennt.

Merkwürdig zeigt sich in der ‹*Entführung*› die vollkommenste Auffassung dramatischer Wahrheit und charakterisierender Deklamation vermischt mit dem hin und wieder noch nicht ganz gelungenen Lossagen von dem damals in Form und Schnitt Herkömmlichen, was später in ganz abgeschlossener Überzeugung, mit männlicher Kraft und Besonnenheit, bloß der *Wahrheit* huldigte (‹*Figaro*›, 1786, Wien; ‹*Don Juan*›, ‹*Zauberflöte*›, ‹*Titus*› usw.). Meinem persönlichen Künstlergefühle ist diese heitere, in vollster, üppiger Jugendkraft lodernde, jungfräulich zart empfindende Schöpfung besonders lieb. Ich glaube in ihr das zu erblicken, was jedem Menschen seine frohen Jünglingsjahre sind, deren Blütenzeit er nie wieder *so* erringen kann, und wo beim Vertilgen der Mängel auch unwiederbringliche Reize fliehen. Ja, ich getraue mir, den Glauben auszusprechen, daß in der ‹*Entführung*› Mozarts Kunsterfahrung ihre Reife erlangt hatte und dann nur die Welterfahrung weiterschuf. Opern wie

*Titelblatt eines frühen Klavierauszugs der Oper, gedruckt bei F. Weidle in
Berlin, um 1800.*

‹*Figaro*› und ‹*Don Juan*› war die Welt berechtigt, mehrere von ihm zu
erwarten; eine ‹*Entführung*› konnte er mit dem besten Willen nicht wieder schreiben.

Der Wunsch des uns freundlich willkommenen Gastes und Landsman-
nes, Herrn Tenorsängers Gerstäckers, die Rolle des Belmonte zu geben,
bringt zunächst diese Oper auf unserer Bühne und veranlaßt zugleich dadurch den ersten Versuch eines bei uns erblühenden Talentes.

Mlle. Hähnel, Mitglied des Singechors, wird die Rolle der Konstanze
singen, und ich darf mit fröhlichem Vertrauen auf den freundlich teilneh-
menden Sinn des gebildeten Dresdener Publikums rechnen, wenn ich seiner Nachsicht ihre Schüchternheit und seiner Aufmerksamkeit ihre vor-
züglichen Naturanlagen zu gütig wohlwollender Teilnahme zu empfehlen
wage.

Es gereicht mir dabei zum besonderen Vergnügen, die kaum neun Monate bestehende Anstalt des Singechors, ihrer wahren, inneren Bestim-
mung gemäß als Pflanzschule für die Oper, durch die Mitwirkung kennt-
nis- und willenvoller Männer schon solche Blüten treiben zu sehen, die
die schöne Hoffnung nähren lassen, aus eigenen, vaterländischen Kräften

141

das nach und nach zu schaffen, was andere Kunstanstalten, nur vom Zufall und dem vielfarbigen Rufe abhängig, mit Gold aufwiegen müssen.

In bezug auf die hier besprochene Oper finde ich noch nötig zu bemerken, daß die hohe Tonlage der Rolle der Konstanze außer dem Stimmumfange liegt, den man gewöhnlich billigerweise von einer Sängerin zu fordern berechtigt ist. Dies für die wenigen, die nur das gut finden können, was auch unumgänglich nötig ist, und die doch auch am Ende zugeben müssen, daß es sehr unrecht wäre, wenn zum Beispiel der Bassist X. es dem Tenorist Y. übelnehmen wollte, daß er, X., nicht auch Tenor sänge.

Gott durch sein Naturgeschenk und dann der Komponist durch seine Kompositionen weisen jedem seinen Wirkungskreis an. Und auch dieses sei ein wiederholter Entschuldigungs- und Empfehlungsgrund – wenn dessen vonnöten –, daß Mlle. Hähnel es wagt, die ihr zugeteilte Rolle auszuführen.

Titelblatt eines Klavierauszugs der ‹Entführung›, der 1823 in Hamburg bei Johann August Böhme erschien.

Der russische Musikschriftsteller Alexander Ulybyschew (1794–1858, auch: Oulibicheff) war einer der leidenschaftlichsten Mozart-Verehrer des 19. Jahrhunderts und einer der ganz wenigen bedeutenden Musikschriftsteller seiner Zeit, die inmitten einer ganz auf Beethoven ausgerichteten romantisch-pathetischen Klassik-Rezeption vehement für Mozart Partei ergriffen und die Eigenständigkeit seiner Musiksprache herausstellten.

Im Falle Ulybyschew richtete sich das mitunter sogar gegen Beethoven und war mit teilweise starken polemischen Ausfällen gegen dessen Spätwerk verbunden, was Ulybyschew einen ebenso massiven Widerspruch der mächtigen Beethoven-Gemeinde einbrachte. Trotz dieser Voreingenommenheit für Mozart zählt sein 1843 erschienener «Entführungs»-Essay (im Rahmen seiner «Nouvelle Biographie de Mozart», Moskau 1843) zu den wenigen ernsthaften Würdigungen des Singspiels im 19. Jahrhundert.

Alexander Ulybyschew

Die Entführung aus dem Serail

Die Geschichte Belmontes ist Mozarts Heirathsgeschichte, die in derselben Zeit spielte, in welcher die Oper componirt wurde: eine ausdauernde, über alle Prüfungen erhabene Liebe, die alle Hindernisse besiegt und endlich zu einem glücklichen Ziele führt. Belmonte hatte mit der Eifersucht eines türkischen Paschas zu kämpfen, von welchem er gespießt oder gehängt zu werden Gefahr lief. Mozart kämpfte seit zwei Jahren gegen den Widerstand eines berechnenden Vaters und gegen den Eigensinn einer zukünftigen Schwiegermutter, die in ihrem Hause dem Pascha an Despotismus Nichts nachgab; er riskirte, wenn er Fräulein Weber heirathete, sich dem äußersten Mangel preißgegeben zu sehen, die traurigste Aussicht für eine angehende Haushaltung. Der Eine wie der Andere, nämlich der Ritter und der Musiker, durchschnitten durch eine Entführung den gordischen Knoten ihrer Liebe und setzten sich in den Besitz ihrer Constanze, deren Name die glücklichste Vorbedeutung des ehelichen Glückes für Beide war.

Die Aehnlichkeit des Geschicks zwischen dem Helden und dem Verfasser des Stücks wirkte sehr entscheidend auf die Bearbeitung der ‹Entführung›. Um Belmonte zu zeichnen, brauchte Mozart nur sich selbst zu zeichnen. Die Rolle des Belmonte ist aber auch eine der individuellsten, das heißt eine der ausdruckvollsten und schönsten, welche Mozart geschaffen hat. Er machte aus ihr eine wirkliche erste Tenorpartie.

Wenn diese Stimme gehörigen Klang und Umfang hat, so bietet sie die süßesten Töne, welche Kunst und Natur hervorzubringen vermögen, und dann charakterisirt sie auch die Mannheit in ihrer Blüthe; sie wird das Organ der leidenschaftlichen, tugendhaften Liebe, einer Liebe, die an die eheliche Verbindung und zwar ohne den rückhaltigen Gedanken an die Aussteuer denkt. Gerade wie die Harmonie sich dem Ohre durch die Töne kundgibt, aus denen sie besteht, ebenso scheint Alles, was in dem Herzen des Menschen Edeles und Poetisches liegt, aus einer solchen Liebe zu fließen, unter ihrem Einflusse zu vibriren, und jedem ihrer Ausdrücke sich beizugesellen.

Aber der Liebhaber ist nicht die einzige Rolle im Stücke, welche uns das persönliche Bild des Componisten vorführt. Es scheint uns, daß dieses Bild in der Entführung zweifach sich abspiegelt, und daß die Züge desselben sich zwischen Belmonte und einer andern Person theilen, deren dramatische und musikalische Physiognomie auf die entschiedenste Weise mit dem erstern contrastirt. Sollte man es glauben? Osmin, der Barbar, der blutdürstige Osmin, ist ebenfalls Mozart. Und wie das?

Als Mozart den Auftrag erhielt, ‹Die Entführung› zu componiren, flößten ihm die Schwierigkeiten, die seiner Heirath im Wege standen, keine ernstlichen Sorgen mehr ein. Er überließ sich ganz der Hoffnung seines nahen Glückes, zugleich aber auch der Lust an einer nationalen Oper zu arbeiten, deren Bestellung er mit außerordentlicher Freude angenommen hatte. In dieser Gemüthsstimmung mußte das seiner Natur innewohnende komische Element, welches wir in Versen und burlesken musikalischen Improvisationen zum Vorschein haben kommen sehen, mit Begierde die Gelegenheit ergreifen, sich einmal auf dem Theater entwickeln zu dürfen. Der Verfasser des Stücks, der unter Mozarts Direction arbeitete, hatte ihm hinreichend Stoff dazu bereitet, was wir gerechter Weise anerkennen müssen. Osmin ist ein höchst origineller und spaßhafter Buffo, der es freilich viel weniger wäre, wenn man statt auf der Bühne, ihn in irgend einem Paschalik, im Kleide eines türkischen Beamten träfe. Dieser Osmin ist ein drolliger Bursche! Er träumt von Nichts als von Pfahl und Galgen, Köpfen, Erwürgen, im Sack ins Meer werfen usw. usw. Er liebt die Hinrichtungen, wie wir die Musik, und als Kenner oder übersättigter Dilettant ist er in diesen Genüssen sehr schwer zu befriedigen. Er findet, daß man selbst in der Türkei noch sehr weit in diesen Dingen zurück sey. Eine einzige Execution für jeden Patienten, wie elend! Er wünscht, daß seine Kunden mit mehr Umständen und Rücksichten behandelt würden; zuerst gespießt, dann erwürgt, dann gehängt, dann geköpft, verbrannt und zu guter Letzt ins Wasser geworfen. Unser Türke ist ein wahrer Sybarite. Nach den Unterhaltungen dieser Gattung liebt Osmin Nichts mehr als Blonde, Constanzens Kammerjungfer, welche er auch vom Pascha als Belohnung für seine vielen und treu geleisteten Dienste zu erhalten hofft. Im Grunde hat dieser Charakter eigentlich an und für sich Nichts sehr Komisches; aber Osmin ist alt, er ist taub, ist verliebt und ist eifersüchtig: aber man täuscht und berauscht ihn; auch liegt seine Bosheit glücklicherweise nur in seiner Absicht, so daß der Stoff eines ausgezeichneten Opern-Buffo sich in ihm findet, womit ich nicht sagen will, daß er eine erträgliche Komödien-Figur abgebe. Nur die Musik konnte sich Osmins bemeistern. Mozart, dem diese groteske Skizze außerordentlich zusagte, gefiel sich darin, ihn mit unvergleichlicher Laune und Muthwillen, mit einem unerhörten Talent für die Gattung von Caricatur zu beleben, bei welcher sich die Aehnlichkeit aus der Ueber- treibung selbst ergibt, und dadurch nur um so frappanter wird.

Dadurch, daß die Sympathieen des Componisten sich vorzugsweise den Männerrollen zuwenden, leiden die der Frauen etwas darunter, ohne daß sie aber ein Recht haben, sich darüber zu beklagen, da sie in ‹Idomeneo› dagegen ganz im Vortheile gewesen waren. Constanze wurde von einer Sängerin mit bedeutenden Stimmitteln und großer Bravour darge- stellt. Das brachte der Rolle Unglück, von welcher Mlle. Cavalieri mehr als die Hälfte zu Gunsten ihrer Rouladen und ihrer hohen Töne in An- spruch nahm. Was Blondes Arien anbelangt, so hat sie deren zwei, welche unter das Mittelmäßigste gehören, was Mozart geschrieben hat, um mich keines andern Beiwortes zu bedienen; die Melodien derselben sind tri- vial, schneidend und veraltet. Die Unbedeutendheit des Textes dersel- ben entschuldigt den Componisten bis auf einen gewissen Grad. Blonde und Pedrillo, die Soubrette und der Diener, welche zur Intrigue nothwen- dig sind, deren hauptsächlichste Triebfedern sie bilden, haben eigentlich keine weitere musikalische Wichtigkeit, als durch ihren Antheil an den Ensemblestücken. Doch ich vergaß Pedrillos Romanze, was allerdings eine große Zerstreuung ist.

Es befindet sich in der ‹Entführung› noch eine sechste Person, Selim, Pascha und Renegat, den man streng genommen eigentlich gar nicht zäh- len darf, denn er singt durchaus Nichts. Er handelt fast eben so wenig, und sein ganzer lyrisch-dramatischer Nutzen besteht darin, daß er durch seine zarten Bewerbungen Constanzens abschlägige Antworten hervorruft, und daß er ihre Bravour-Arien anhört.

Welch eine Rolle für einen Pascha von drei Roßschweifen. Zur Recht- fertigung dieser personificirten Maschine müssen wir sagen, daß das Un- passende einer handelnden Person im musikalischen Drama weniger fühlbar ist, als da, wo der Dialog gesprochen wird. Wenn man sich von den fictiven oder idealen Verhältnissen entfernt, auf welche die schönen

Künste all' ihre Wunder gründen, und welche in der Oper in dem unausgesetzten Singen liegen, so muß man auf die fortwährende Täuschung Verzicht leisten und sich der periodisch wiederkehrenden Enttäuschung unterwerfen, welche der gesprochene Dialog mit sich führt. Selim ist übrigens ebenso gutmüthig als der andere Türke bösartig ist. Er gleicht seine lyrische Stummheit durch die schönsten moralischen Eigenschaften aus, indem er den beiden Liebespaaren ihren Entweichungsplan verzeiht, in ihre beiderseitige Verheirathung willigt, ihnen seinen Segen als Renegat ertheilt und sie, entzückt über sein Benehmen und voll Erkenntlichkeit gegen seine Güte, abreisen läßt.

Der alte Zuschnitt der Operette oder des Singspiels findet sich noch bis auf einen gewissen Grad in der ‹Entführung› vor, wie an der alten Opera seria in ‹Idomeneo›. Weder Introduction noch Finales; dagegen aber Duetts und Ensemblestücke, da, wo die Handlung vorwärts schreitet. Beim Vergleiche dieser beiden Werke fällt einem zuerst der ungeheuere Fortschritt auf, den der Compositeur als Melodist in dem Zeitraume von zwei Jahren gemacht hatte, die dazwischen liegen. Mehrere Melodieen in der ‹Entführung›, und zwar gerade die schönsten, entfernen sich ganz von den Formen des italienischen Gesangs und beurkunden einen Charakter, welchen die Vocalmusik nirgends zuvor gehabt hatte, nämlich den romantischen Charakter, aus welchem, wie man wohl sagen darf, die deutsche Oper entsprang und sich entwickelte, und welcher in unseren Tagen eine so tiefe Scheidungslinie zwischen den beiden Schulen gezogen hat, in deren gegenüber stehenden Systeme sich die Vorliebe der Dilettanten theilt und welche die Veranlassung zu ihren Streitigkeiten geben. Dieser Charakter ist so verschieden von Allem, was ihm nicht eigen ist, so leicht erkennbar für die Seele, daß es wohl eine überflüssige Mühe wäre, ihn definiren zu wollen. Man höre einige Scenen aus ‹Don Juan›, einige Scenen aus der ‹Zauberflöte›, den ganzen ‹Freischütz›, und man wird wohl nicht nöthig haben zu fragen, was musikalische Romantik sey. Der deutsche Genius personificirte sich in Mozart, sobald Mozart für sein Vaterland zu arbeiten hatte. Bereits waren auch ihrerseits die Repräsentanten der neuen deutschen Poesie: Goethe, Wieland und Schiller erstanden. Ob Noten oder Worte, derselbe Geist gab sich darin kund.

Vielleicht habe ich in dieser Analyse die Vorliebe durchblicken lassen, welche ich von jeher für die ‹Entführung› gehabt habe. Die Werke, an welche sich glückliche Jugenderinnerungen knüpfen, behalten im reifern Alter immer ein gewisses Vorrecht. Dessenungeachtet war ich gegen diese willkürliche Parteilichkeit auf meiner Hut; hier, wie an anderen Orten habe ich mich bemüht, so viel wie möglich das besonders hervorzuheben, was aus individuellen Gründen mir persönlich gefällt, gegenüber von dem, was vermöge der allgemeinen Gesetze des Schönen und Wahren gefallen muß. Diese Unterscheidung ist von der höchsten Wichtigkeit, welche die meisten Liebhaber und Kritiker nicht machen. Sollte dies denn unmöglich seyn? Ein Maler kann das Gesicht seiner Geliebten jedem andern Gesichte vorziehen, und dennoch anerkennen, daß es deren viel Schönere gebe. Warum sollte einem Musiker in der Sphäre seiner Kunst eine analoge Unterscheidung versagt seyn? Dies zugegeben, so glauben wir ohne alle Illusion ahnen zu dürfen, daß das Sujet der ‹Entführung› eines der best gewählten ist, die es im ganzen Repertoir der komischen Oper gibt, daß die Intrigue gut durchgeführt ist, die Charaktere gut gezeichnet sind, und daß das Ganze dem Componisten die glücklichste Mischung von sentimentalen und komischen Scenen bot. Was die Partitur betrifft, so ist sie, die Wahrheit zu sagen, nicht so vortheilhaft arrangirt, als sie es seyn könnte. Sie räumt dem Dialoge zu großen Spielraum ein. Die nachfolgenden Opern Mozarts sind viel reicher an Musik; einige sind sorgfältiger bearbeitet. Die ‹Entführung› scheint uns diese unbestreitbaren Vorzüge aufzuwiegen durch den Zauber ihrer Tenor-Arien, durch die Originalität und die Kraft der Baß-Arien, durch eine Frische der Inspiration, eine Fülle von geistigem Schwung und komischer Kraft, welche man nicht in demselben Grade in irgend einer andern Oper unseres Heros trifft, mit Ausnahme der, in welcher alle Ausbrüche in der Musik auf die höchste Stufe ihrer Mächtigkeit erhoben sich finden. ‹Idomeneo› und ‹Titus›, ‹Figaro› und ‹Così fan tutte› stimmen in manchen Beziehungen überein. ‹Don Juan› entspricht der Totalität der lyrisch-dramatischen Kunst. ‹Die Entführung›, so wie auch die ‹Zauberflöte› wurden über eine specielle Form gegossen.

Eine genau entgegengesetzte Haltung, nämlich die Position der von Ulyby-schew bekämpften romantischen Beethovenianer, vertritt die ‹Entfüh-rungs›-Kritik des französischen Komponisten und Musikfeuilletonisten Hector Berlioz (1803–69), die anläßlich der Erstaufführung des Singspiels im Pariser Théâtre-Lyrique im Jahre 1859 erschien. Berlioz lieferte hier das Musterbeispiel einer – allerdings verspäteten – Gegen-Polemik gegen Uly-byschew, der damals schon tot war, indem er eine echte Retourkutsche ge-gen Ulybyschews Idol Mozart losließ und mit geradezu ätzender Schärfe über das Singspiel urteilte. Es ist sicherlich der gnadenloseste Verriß, der je über ein Werk Mozarts geschrieben wurde, und es wäre gewiß auch einer der glänzendsten geworden, wenn Berlioz seine persönliche Antipathie ge-gen Ulybyschew beim Schreiben besser hätte zurückhalten können.

Hector Berlioz

‹Abu Hassan›
Oper in einem Aufzug des jungen Weber

‹Die Entführung aus dem Serail›
Oper in zwei Aufzügen des jungen Mozart

19. Mai 1859

Abu Hassan ist eine Art von Türke, der eine Art von junger Türkin liebt; er ist, sagt man, ein gutmütiger Strick; er macht Schulden. Man gibt ihm Geld; anstatt damit seine Gläubiger zu befriedigen, kauft er Geschenke für seine Schöne. Schließlich muß bezahlt werden; er ist es nicht im-stande. Nun hat der Pascha, sein Herr, die Gewohnheit, zum Begräbnis eines jeden seiner Diener 1000 Piaster herzugeben (über den Wert dieser Münze weiß ich nichts Genaues). Abu Hassan kommt auf den Einfall, sich tot zu stellen. Seine Geliebte (vielleicht ist sie auch seine Frau) wett-eifert mit ihm und stellt sich auch tot. Der Pascha wird also 2000 Piaster geben müssen. Diese Summe soll unseren Liebenden aus der Klemme helfen. Aber der Pascha entdeckt die List; er lacht darüber, ist entwaff-net, verzeiht. Die Geliebten oder Gatten stehen vom Tode wieder auf. Man ist allerseits zufrieden.

Weber soll siebzehn Jahre alt gewesen sein, als er zu diesem originellen Stück die Musik schrieb. Ja, es heißt, Meyerbeer habe ihm dabei ein we-nig geholfen, sei aber damals selbst erst sechzehneinhalb Jahre alt gewe-sen. Hieraus ließe es sich erklären, daß es dem Komponisten der ‹*Huge-*

notten› heute absolut unmöglich ist, die Stücke zu erkennen, mit welchen er die Partitur seines Freundes verschönert hat; wenn ihm irgendein alter Bücherwurm mit Bestimmtheit sagte: «Diese Melodie ist von Ihnen», so wäre er imstande, die gleiche Antwort zu geben, wie der gute La Fontaine, als ihm ein junger Mann als sein eigener Sohn gezeigt wurde: «Das kann wohl sein!»

Soviel steht fest, daß die Partitur des ‹*Abu Hassan*› einige sehr drollige, recht jugendliche, nicht ungeschickt geschriebene Sachen enthält, unter anderen eine Arie, welche von Meillet hervorragend gesungen und mit lauten Kundgebungen wiederverlangt worden ist. Meillet spielt übrigens die ganze Partie in den Grenzen des guten Geschmacks mit Schwung und Feuer. Sie hat ihm als Sänger und Darsteller einen vollkommenen Erfolg eingetragen.

Die Partitur der ‹*Entführung aus dem Serail*› ist viel älter als ‹*Abu Hassan*› und Mozart war, als er sie schrieb, vielleicht noch keine siebzehn Jahre alt. Wer genau wissen will, wie es darum steht, kann in dem Buch des Herrn Ulybyschew nachsehen, eines Russen, der ganz genau die Stunde wußte, zu welcher Mozart die letzte Note dieser oder jener Klaviersonate schrieb, der vor Entzücken in Krämpfe fiel, wenn in der geringsten Oper von Mozart zwei Klarinetten eine große Terz (C–E) spielten, und mit Entrüstung aufstand, wenn die zwei gleichen Klarinetten die zwei gleichen Noten in Beethovens ‹*Fidelio*› hören ließen. Herr Ulybyschew hat sich sein ganzes Leben hindurch mit einem schmerzlichen Zweifel herumgetragen; er war nicht ganz sicher, ob Mozart der liebe Gott sei ...

Der ‹*Entführung*› geht eine kleine Ouvertüre in C-Dur voraus, die in ihrer unbezahlbaren Harmlosigkeit wenig Aufsehen erregt hat; kaum hat das Parkett darauf geachtet. Das gereicht, mit Verlaub, dem Parkett zum Lobe; denn in Wahrheit (wenn man darüber überhaupt nur annähernd die Wahrheit sagen darf) hätte Vater Leopold Mozart, anstatt wie gewöhnlich vor diesem Werke seines Sohnes vor Bewunderung zu weinen, besser daran getan, es zu verbrennen und dem jungen Komponisten zu sagen: «Da hast du eine recht lächerliche Ouvertüre gemacht, mein Junge; ich will wohl nicht glauben, daß du, ehe du sie anfingst, den kleinen Rosenkranz gebetet hast, aber du wirst mir jetzt eine andere schreiben, und diesmal den großen Rosenkranz beten, damit die Heiligen dir bessere Erleuchtung senden.» «Raka! Schändlichkeit! Lästerung!» werden jetzt sämtliche Ulybyschews rufen und dabei ihre Kleider zerreißen und ihr Haupt mit Asche bestreuen. «Lästerung! Schändlichkeit! Raka!» – Halt! beruhigt euch, ehrwürdige Männer, zerreißt eure Kleider nicht, bestreut euer Haupt gefälligst mit Puder und nicht mit Asche, denn das Aussprechen unserer Meinung ist weder eine Lästerung noch eine Schändlichkeit;

es ist heute vollkommen bewiesen, daß Mozart nicht der liebe Gott war, zumal mit fünfzehn Jahren. Überdies müßt ihr wissen, daß wir ihn mehr bewundern als ihr, daß wir ihn besser kennen als ihr und daß unsere Bewunderung um so lebhafter ist, als sie weder in kindischen Eindrücken noch in abgeschmackten Vorurteilen ihre Ursache hat.

Der Gegenstand der ‹*Entführung*› ist wieder ein türkischer. Auch hier widersteht die ewige europäische Sklavin dem ewigen Pascha. Diese Sklavin hat eine hübsche Zofe; beide haben junge Liebhaber. Diese Unglücklichen setzen sich dem Tode am Pfahle aus, um ihre Schönen zu befreien. Sie schleichen sich in den Serail ein und bringen dorthin eine Leiter, ja sogar zwei Leitern mit.

Aber Osmin, ein Affe von einem Türken, und Vertrauensmann des Paschas, vereitelt ihre Pläne, nimmt eine der Leitern weg, verhaftet die vier Personen und ist im Begriff, sie der Wut des Pfahlgerichts zu übergeben; aber der Pascha, ein falscher Türke spanischen Ursprungs, erfährt, daß Belmont, Constanzens Geliebter, der Sohn eines spanischen Freundes ist, der ihm ehemals das Leben gerettet hat; er beeilt sich, unsere Liebenden zu befreien und sie nach Europa zurückzuschicken, wo sie dann vermutlich viele Kinder haben werden.

So stark ist die Geschichte.

Wollte ich behaupten, Mozart habe dafür ein Wunder der Genialität geschrieben, so wäre das noch stärker. Gewiß findet sich da eine Menge schöner kleiner Gesangsstücke, aber auch eine Menge von Formeln, die man hier mit um so größerem Bedauern hört, als Mozart sie auch später in seinen Meisterwerken angewandt hat und wir heute von ihnen geradezu verfolgt werden.

Im allgemeinen sind die Melodien dieser Oper einfach, zart, wenig originell, die Begleitungen diskret, angenehm, nicht sehr mannigfaltig, kindlich; die Instrumentierung ist die jener Zeit, aber schon besser angeordnet als bei den Zeitgenossen des Komponisten. Im Orchester kommt oft die damals sogenannte «türkische Musik», das heißt große Trommel, Becken und Triangel in ganz primitiver Anwendung vor. Ferner hat Mozart eine kleine Quintflöte in G angebracht (die zu der Zeit, als die gewöhnlichen Flöten noch D-Flöten hießen, A-Flöte genannt wurde); sie bildet manchmal mit den zwei großen Flöten ein Trio.

Trüge die Arie des Osmin den Namen eines lebenden Komponisten, so könnte man sie mit Recht als uninteressant bezeichnen; und wenn es sich mit den später von Osmin gesungenen Strophen ebenso verhielte, so hätte man sie gewiß nicht *da capo* verlangt. Der von türkischer Musik begleitete Chor trägt den durch den Gegenstand geforderten Charakter. Das Duett im Sechs-Achtel-Takt zwischen Osmin und Blondchen, schwach in Farbe und Form, enthält viele hohe Noten, die der Sopran auf seine Gefahr hin ausstoßen muß und ist von wenig anmutiger Wirkung. Das *Allegro* in der nächsten Arie hat eine unglückliche Ähnlichkeit mit der Pariser populären Melodie: «En avant, Fanfan la Tulipe», welche Mozart sicherlich nie gekannt hat. Ich muß also meinen Satz umdrehen, aus dem Tadel ein Lob machen und sagen: der Pariser Gassenhauer hat die Ehre, dem Thema eines *Allegro* von Mozart ähnlich zu sein.

Die Arie des Belmont dagegen ist melodisch, ausdrucksvoll, reizend. Das außerordentlich naive Quartett wird bei der *Coda* etwas belebter, dank einem plötzlichen raschen Lauf in den Violinen. Ein Marsch mit Sordinen gibt dem ersten Aufzug einen guten Abschluß.

Die Arie der Soubrette ist leider durch jene grotesken Läufe und Koloraturen verunstaltet, welche Mozart selbst in seinen herrlichsten Werken angewandt hat. «Es war der Geschmack jener Zeit», wird man sagen; um so schlimmer für die Zeit und für uns. Jedenfalls hätte Mozart besser daran getan, seinen eigenen Geschmack zu befragen. Die Singstimme in diesem Stück ist überdies zu andauernd in der hohen Lage geschrieben. Dieser Fehler muß zu einer Zeit, wo die Orchesterstimmung um einen guten halben Ton tiefer war als heute, weniger fühlbar gewesen sein.

Die von Bataille und Froment gesungenen, recht lustigen Strophen haben die Ehre des *da capo* erlebt. Die darauffolgende Arie des Osmin (D-Dur) bietet eine bei Mozart sehr bemerkenswerte Eigentümlichkeit im Rhythmus. Einem in Gruppen von je drei Takten eingeteilten Thema folgt ein in je vier Takte eingeteilter Satz. Mozart selbst hielt es also nicht für unsinnig, eine Melodie rhythmisch anders einzuteilen, als nach dem Prinzip der Symmetrie? ... Ein ganzes System wird durch diese Tatsache aus dem Geleise gebracht. Die Rolle des Belmonte enthält noch eine anmutige Romanze; das Signallied mit der *pizzicato*-Violinbegleitung ist pikant; aber die beste Nummer der Partitur dürfte meiner Meinung nach das Schlußduett zwischen Belmonte und Constanze sein. Es ist in der Empfindung sehr schön, in Stil und Form viel großartiger als alles Vorausgehende und in der Ausarbeitung der musikalischen Gedanken meisterhaft. Nach den Behauptungen fast sämtlicher Kollegen der musikalischen Kritik ist die ‹*Entführung*› am «Théâtre-Lyrique» mit der «gewissenhaftesten Treue» wiedergegeben worden. Man hat nur aus den drei Aufzügen zwei gemacht, gewisse Nummern in einer anderen Reihenfolge singen lassen, eine Hauptarie aus der Rolle von Frau Meillet in die Rolle von Frau Ugalde versetzt und zwischen die zwei Aufzüge den berühmten, allen Interpreten Mozartscher Klavierwerke so wohl bekannten türkischen Marsch eingeschoben. Ja wohl! Das lasse ich mir gefallen! Das heißt wirklich «gewissenhafte Treue»!

Heinrich Alfred Bulthaupt (1849–1905), Musikschriftsteller, Librettist und Rechtsanwalt in Bremen, veröffentlichte 1887 unter dem Titel ‹Dramaturgie der Oper› die erste umfassende Arbeit zu diesem Thema, wobei er allerdings nur die Opernwerke von fünf ausgewählten deutschen Komponisten – Gluck, Mozart, Beethoven, Weber und Wagner – behandelte, in der Absicht, das Wagnersche Musikdrama als Gipfelpunkt einer kontinuierlich verlaufenden historischen Entwicklung von Operndramaturgie herauszustellen. Bulthaupts Studie zu Mozarts ‹Entführung› zählt dennoch zu den ersten philologisch fundierten und kritischen Untersuchungen des dramaturgisch-musikalischen Aufbaus der Oper.

Heinrich Bulthaupt

Die Entführung aus dem Serail

Es war nicht das erste Werk, mit dem der Unsterbliche sich der heiteren Muse zugewandt hatte. Schon seine einaktigen Operetten ‹Bastian und Bastienne› (nach dem Französischen) und ‹Zaide› (mit Texten von Schachtner), Jugendarbeiten, von denen nur die erste zur Aufführung gelangte, hatten die Klaue des Löwen gezeigt. Daß er sie nicht im Stil von Adam Hillers ‹Jagd› und ‹Verwandelten Weibern›, nicht im Liederstil wie jenes von unseren Altvordern vielgesungene «Als ich auf meiner Bleiche ein Stückchen Garn begoß» setzte, versteht sich von selbst – dazu war seine Durchbildung zu italienisch, seine Erfindung zu üppig und blühend, sein Formensinn zu groß. Aber von den zwei Seelen in dieses Mannes Brust, der italienischen und der deutschen, deren innige Vereinigung die Krone seines Schaffens bedeutet, (‹Don Juan› mit der Hinneigung zum Italienischen, die ‹Zauberflöte› mit dem Sieg des Deutschen), regte sich die zweite unwillkürlich, wenn das deutsche Wort ihn lockte, und nicht der Geist allein sprach ihm dann in den trautesten Klängen der Heimath, mit einer Empfindung, von der Italien keine Ahnung hat – auch die Form nahm auf dem Boden des deutschen Textes unwillkürlich deutsche Züge an und befreite sich von der dem Formalismus so leicht verfallenden italienischen Arienschablone mit genialster Freiheit und Sicherheit.

Des Textes hatte er sich bemächtigt, denn er war nicht für ihn geschrieben worden. Der Verfasser, Bretzner, hatte ihn für André bestimmt, der ihn auch componirt hat. Da es nun aber mit dem Schutz des geistigen Eigenthums in jenen Tagen schlimm bestellt war, sah Mozart kein Bedenken darin, daß ihm der Schauspieler und Theaterinspicient Stephanie der

Jüngere, der weder als Mensch noch als Künstler eines sonderlichen Credits genoß, das Libretto zurechtstutzte und daß er es zum zweiten Male componirte. Mozart ging mit Freude und vollstem Vertrauen an die Arbeit. Zu ändern gab es freilich mancherlei. Bretzner hatte an ein Singspiel im engeren Sinne gedacht und die Gesänge demgemäß nur als Einlagen betrachtet – mit einer einzigen, allerdings auffallenden Ausnahme, die die Krisis des Ganzen betrifft. Wie es in den Singspielen und den aus ihnen erwachsenen Opern Herkommen war, alles eigentlich Dramatische, Exposition und Katastrophe, dem Dialog zu überlassen, so hätte man sich auch nicht wundern dürfen, wenn in der ‹Entführung aus dem Serail›, wie sie in Bretzners Kopfe entsprungen war, die Entführung selbst für die Musik nicht bestimmt worden wäre. Deutsche, französische und italienische Werke, die letzteren vorwiegend heiteren, die ersteren bald ernsten, bald heiteren Charakters, tragen dies Merkmal der Singspielabstammung kenntlich an der Stirne: in Cherubinis ‹Wasserträger› bleibt Armands Rettung durch den ehrlichen, biderben Helden der Handlung dem Wort überlassen, Méhuls ‹Joseph› giebt sich seinen Brüdern in einer Dialogscene zu erkennen, in Boieldieus ‹Weißer Dame›, in Rossinis ‹Barbier› erfolgt die Lösung auf gleiche Weise, ‹Fidelio›, der ‹Freischütz› und ‹Oberon›, die Opern Marschners weisen wenigstens Spuren dieser Behandlung auf, obwohl keine der letzteren den Gipfelpunkt des Dramas uncomponirt läßt, wie es die Opern der Franzosen thun. Die ‹Entführung aus dem Serail› hat aber, wie sie aus den Händen Stephanies und Mozarts hervorgegangen ist, auch dies mit ihnen gemein: nicht nur die Entführung, auch die Errettung der beiden Liebespaare von dem drohenden Tode wird im Dialog erledigt, während beide Scenen ganz wie die vortrefflichen dramatischen und theatralischen Krisen der französischen Werke der Musik die dankbarste Gelegenheit zu bewegten Ensembles gegeben hätten, für die der Ton in jenen Tagen freilich noch nicht gefunden war: denn mit dem Kothurngang der opera seria konnte und durfte diese Bewegung nichts gemein haben. Nun hat aber Bretzner wunderbarer Weise die Scene der Entführung ursprünglich doch als musikalisches Ensemble gedacht (nur diese, nicht auch die Lösung) und Mozart hatte die größte Lust, sie zu componiren. Sie stand, wie die jetzige Dialogscene, fast am Anfang des dritten Aktes, das heißt: sie folgte der Arie Belmontes und der Romanze des Pedrillo. Dort wollte Mozart sie nicht belassen, wünschte vielmehr, der Librettist möchte sie an das Ende des zweiten stellen, das in Bretzners Originalarbeit nach einem langen Dialog einen simplen, liedartigen Satz bringt. Daß mit dieser Umstellung andere nothwendige Änderungen verbunden gewesen wären, ist freilich gewiß, aber es läßt sich nicht absehen, warum diese nicht hätten beschafft werden können. Dem Schlußakt, der ohnedies eine Verwandlung bringt, hätte schon dadurch eine größere Fülle gegeben werden können, wenn Mozart sich entschlossen hätte, den Bassa singen zu lassen. War dies aber nicht möglich, mußte die Scene durchaus im dritten Akt bleiben, so läßt sich doch immer noch nicht einsehen, warum die Oper, wie Otto Jahn* meint, dadurch so gänzlich aus den Fugen gerückt worden wäre. So empfindlich ist das architektonische Gefühl gewiß nicht, und auch in den größten Meisterwerken werden uns in dieser Beziehung ganz andere Dinge zugemuthet, als daß wir es schon wie eine Verrückung des Schwerpunktes hätten empfinden sollen, wenn das Ensemble, das Bretzner geschrieben und Mozart zu componiren die Absicht hatte, im Beginn des dritten anstatt am Schluß des zweiten seinen Platz gefunden hätte. Jetzt erst, da die Scene uncomponirt geblieben ist, bekommt es einen Stoß und zwar einen ganz empfindlichen. Jetzt sagen wir uns, daß der Componist sich die Sache zu leicht gemacht und seine wesentlichste Aufgabe umgangen hat. Wir würden hinzusetzen: so spricht unser modernes Gefühl, denn daß heutzutage die Verlegung des Höhepunkts der Oper in den Dialog unmöglich wäre, versteht sich von selbst – wenn nicht die Thatsache, daß Bretzner die Scene für Musik geschrieben und Mozart bereits dabei war, ihr seine Töne zu leihen, uns belehrte, daß auch das Gefühl der damaligen Zeit schon bewußt und unbewußt dahin drängte, den Gipfel des musikalischen Dramas auch musikalisch zu behandeln. Mozarts Epigonen, Cherubini und Méhul hätten in den großen Lösungen des ‹Wasserträger› und des ‹Joseph› Lasten zu wälzen gehabt, denen ihre Kräfte nicht gewachsen waren – aber Mozart? dieser Gewaltige? Und dazu war es nicht einmal eine Last von tragischer Wucht. Der Formensinn hätte die köstlichste Nahrung erhalten, und Bestürzung, Schreck und Schmerz wären durch die von vornherein so harmlose Anlage des Ganzen abgedämpft, so daß sie nicht zu gar zu schweren Accenten hätten zu greifen brauchen. Wenn also der Satz schließlich doch uncomponirt blieb, so geschah es gewiß nicht aus einem Grunde künstlerischer Überzeugung, sondern aus der süßen Gewohnheit jener Tage, die sich so trefflich historisch erklären läßt. Im Singspiel wurden ursprünglich nur die rein lyrischen Partieen liedartig gesungen und zumeist waren es kleine, ausgeweiteter Formen nicht mächtige Geister, die dies Genre pflegten. Sie versagten, sobald sich ihnen ein verwickeltes Gefüge bot. Hatten doch auch die opera seria und das französische Musikdrama reich gegliederte, die Handlung von Person zu Person schleudernde Finales nur in den allerseltensten Fällen: und dort waren es Meister vom Fach (Contrapunktisten oder nicht), die sie compo-

---

* *Otto Jahn: W. A. Mozart. 4 Bde. Leipzig 1856–1859.*

Residenz=Theater

München, Mittwoch den 23. Juni 1926

Neu einstudiert:

Die Entführung aus dem Serail

Oper in drei Aufzügen. Text nach Bretzner
Musik von W. A. Mozart
Musikalische Leitung: Hans Knappertsbusch — Inszenierung: Max Hofmüller
Bühnenbild nach Entwürfen von Leo Pasetti

Bassa Selim	Emil Grifft
Belmonte	Fritz Krauß
Constanze, seine Verlobte	Felicie Hüni-Mihacsek
Blonde, Dienerin der Constanze . .	Martha Schellenberg
Pedrillo, Diener des Belmonte und Aufseher	
in den Gärten des Bassa	Erich Zimmermann
Osmin, Aufseher des Landhauses des Bassa . . .	Paul Bender
Klaas, ein Schiffer	Eugen Miller
Anführer der Wache	{ Rudolf Schmitt / Adolf Kaufer }

Ein Stummer. Gefolge des Bassa. Wachen. Sklaven und Sklavinnen

Technische Einrichtung und Beleuchtung: Albert Rall

Die Dekorationen wurden unter Leitung von Friedrich Koburger in den Werkstätten der bayerischen
Staatstheater hergestellt

Nach dem 2. Aufzuge findet eine längere Pause statt

Anfang 7½ Uhr	Abendkasse ab 7 Uhr	Ende nach 10 Uhr

Preise der Plätze (in Reichsmark): Proszeniumsloge, Vorder- oder Rückplatz Mk. 16.— / I. Rang Vorderplatz
Mk. 13.50 / Parkett 1. mit 4. Reihe Mk. 11.50 / Parkett 5. mit 13. Reihe und Parterreloge Vorderplatz Mk. 9.— /
Parterreloge Rückplatz, I. Rang Rückplatz und II. Rang Vorderplatz Mk. 7.— / II. Rang Rückplatz Mk. 4.50 / III. Rang
Vorderplatz Mk. 5.50 / III. Rang Rückplatz Mk. 4.—.

Spielplan des National-Theaters.

Donnerstag, 24. Juni. Außer Platzmiete. Die Meistersinger von Nürnberg. Anfang 6 Uhr. Parkett Mk. 9.—.

Ab 25. Juni Opernferien.

Spielplan des Residenz-Theaters.

Donnerstag, 24. Juni. Mirandolina. Anfang 7½ Uhr. I. Parkett Mk. 4.50.
Freitag, 25. Juni. Pocci-Abend. Anfang 7½ Uhr. I. Parkett Mk. 4.50.
Samstag, 26. Juni. Mirandolina. Anfang 7½ Uhr. I. Parkett Mk. 4.50.
Sonntag, 27. Juni. Mirandolina. Anfang 7½ Uhr. I. Parkett Mk. 4.50.
Montag, 28. Juni. Pocci-Abend. Anfang 7½ Uhr. I. Parkett Mk. 4.50.
Dienstag, 29. Juni. Pocci-Abend. Anfang 7½ Uhr. I. Parkett Mk. 4.50.

Theaterzettel Mk. 0.20; Textbuch zu Mk. 0.50 an der Kasse, zu Mk. 0.55 bei den Einlaßdienern zu haben.

Buchdruckerei J. Gotteswinter.

Theaterzettel der Premiere einer Neuinszenierung der ‹Entführung› am Münchner Cuvilliés-Theater am 23. Juni 1926, die Generalmusikdirektor Hans Knappertsbusch leitete.

nirten. Was sollten da die bescheideneren Gärtner im Weinberg des Singspiels beginnen? Und die Aufgabe wäre mit der minder steifen und typischen Handlung der aus dem Singspiel erwachsenen Opern eine weit schwierigere geworden. Denn – trotz einiger Versuche Glucks auf dem Gebiet der einaktigen Operette – wer konnte es ahnen, daß sich unter den Händen eines der größten Tonmeister und vielleicht des begnadetsten Musikgenies, das je gelebt, das bescheidene Gefäß einst zum goldenen Becher wandeln würde, vom klarsten Wein bis an den Rand gefüllt?

Genug, Mozart ließ die Scene uncomponirt und machte dem Geist des Singspiels noch andere Concessionen. Er ließ die Oper (wie später den ‹Schauspieldirektor›) mit einem allzu kleinlichen Rundgesang schließen, worin nicht vergessen wird, dem Bassa für sein großmüthiges Verzeihen Dank zu spenden. Daß dieser, ein Renegat, bei Bretzner in dem jungen Belmonte seinen Sohn entdeckte, hatten Stephanie und Mozart demgemäß umgeändert. Statt des den zweiten Akt im Originaltext abschließenden kurzen Gesangs trat ein lebhaft bewegtes Quartett, in welchem die Liebenden sich zum ersten Male wiedersehen, alle Empfindungen, von der ersten Wonne der Begegnung, durch die Qualen der Eifersucht und den Schmerz der beleidigten Liebe bis zur Versöhnung durchlaufen, um in einem prächtigen Zusammenklang der Herzen und einem Hymnus auf die Liebe zu schließen. Statt des Monologs, der Bretzners Arbeit einleitet, trat Belmontes Arie «Hier soll ich dich denn sehen», ein Produkt Stephanies, während Mozart selbst die Arie des Osmin «O wie will ich triumphiren» schrieb. Blondchens und Osmins Duett «Ich gehe, doch rathe ich dir», Blondchens Ariette «Welche Wonne, welche Lust», Constanzens Arie «Martern aller Arten» sind weitere Früchte dieser Umschmelzung. Überall wurde, und mit jener einzigen Ausnahme stets mit vollstem Recht, das dürftige Original bereichert, der Musik ein breiteres Feld erschlossen und das Ganze aus den engsten Formen auf ein höheres Niveau, in eine reinere, wärmere Luft gehoben. Dazu kam noch die Rücksicht auf die Sänger – also doch etwas Unkünstlerisches, nicht der Sache, nicht dem verborgenen Duell des Kunstwerks, sondern der zufälligen Begabung, der Individualität dieser oder jener Person Entnommenes? Aber das ist ein Irrthum. Es ist immer noch das Merkmal des wahren Dramatikers, der sich die Bühnen erobern will, gewesen, daß er, ohne der Idealität seiner Gestalten das Mindeste zu vergeben, sie mit dem Blute derer tränkt und ihnen die Züge derer leiht, die sie dereinst darstellen sollen. Nur das Werk des Schwächlings ruht einzig und allein auf der Persönlichkeit des Schauspielers, weil es sie sklavisch copirt – für den Meister hat dies Vorbild nur die Bedeutung eines Modells, von dem er entnimmt, was ihm gefällt, das er idealisirt, wie es die Kunst ihm gebeut.

*Der Tenor Julius Patzak (1898–1974), einer der bedeutend-
sten Mozart-Tenöre vor dem Zweiten Weltkrieg, als Belmonte in einer Aufführung der ‹Entführung› am Münchner
Nationaltheater im Jahre 1929.*

So ganz ins Blaue hinein schafft kein wahrer Bühnenkünstler, und «aus
der Tiefe seines Gemüths» malt nur ein Pfuscher ein Kameel. Auch Ra-
fael, auch Tizian, auch Rubens und Rembrandt bedurften des Modells,
und ist darum die Madonna Sistina nicht mehr als die Fornarina? Auch
Shakespeare schrieb für Burbage, auch Schiller entwarf, ehe er noch einen Vers seiner späteren Dramen geschrieben, die Besetzung nach dem

157

ihm bekannten Personal von Weimar und Berlin. Daß allzu viel Rücksicht auf die Person eines Sängers oder einer Sängerin dem Kunstwerk schaden kann – wer bezweifelt es? Auch hätte Constanze ohne Signora Cavalieris «geläufige Gurgel» vielleicht ihren Coloraturzopf nicht erhalten – vielleicht auch nicht! Entstellt er doch selbst die tragische Hoheit der Donna Anna! Aber gewiß hat der vorzügliche Fischer Mozarts Phantasie bei der Schöpfung des Osmin beflügelt, vielleicht auch Fräulein Teyber, die das Blondchen, Adamberger und Dauer, die Belmonte und Pedrillo sangen. [...]

Und verdient sie unsere Liebe nicht heute noch, trotz der Bravourpassagen der Constanze, die unbedenklich preisgegeben werden sollen? Daß sie eine Verirrung sind, wurde schon ausgesprochen. Ein pomphaftes, bombastisches Heldenthum im Stile Lohensteins spreizt sich in der C-Dur-Arie und mischt sich wunderlich mit dem Flitter der Coloratur. Und zu welch' einer thörichten Rolle verdammt sie den Bassa Selim! Es ist ja in allen Formen der Oper bei allen Völkern gebräuchlich, daß man eine Arie nicht nur als Monolog, sondern auch als directe Anrede an eine Person behandelt, die dadurch zum Stillschweigen verurtheilt wird – es ist gebräuchlich, obschon es nicht unbedenklich ist, denn selten ist der Inhalt der Arie oder des größeren Sologesangs (wenn man jene Bezeichnung vermeiden will) derartig, daß der Hörer auf der Bühne zu keiner Gegenäußerung gelockt werden könnte. Immerhin ist es in vielen Fällen begreiflich, daß er seinen Partner ausreden läßt: Achill thut es, wenn er in Glucks ‹Iphigenie in Aulis› das Flehen der Klytaemnestra, Iphigenie, wenn sie den Racheschwur der Mutter vernimmt; Ottavio während der sogenannten «Briefarie», die ursprünglich an ihn direkt gerichtet ist, Tamino und Pamina während der Arien der Königin der Nacht; Agathe bei den Neckereien Aennchens («Einst träumte meiner sel'gen Base»), Rosine bei der Es-Dur-Arie des Doctor Bartholo («Einen Doctor meines Gleichen»), und wo, wie in den letztgenannten Fällen, das Schweigen nicht ganz zweifellos zu motiviren ist, drückt die Gewöhnung doch ein Auge zu. Steht doch sogar die lange Trauerrede König Markes und halb und halb auch Wotans Abschied von Brünnhilden auf demselben Blatt! Aber die große Scene Constanzens mit dem Bassa ist völlig wie ein dramatischer Dialog gedacht. Schon die lange Orchesterintroduction, die sie eröffnet, verlangt von beiden Personen ein lebhaftes Spiel, die Worte der Arie aber lassen nothwendig darauf schließen, daß der Bassa Constanzens Bitten eindringlich zurückweist, so daß sie ein Recht hat auszurufen «Doch dich rührt kein Flehen». Das Ganze setzt sich also aus Bewegung und Gegenbewegung, Frage und Antwort, Bitte und Versagen zusammen – und doch ist Constanze die einzige, die ihren Gefühlen im Gesang Ausdruck giebt, während der Bassa lediglich auf die Pantomime angewiesen ist. Diese Ungleichheit der Ausdrucksmittel giebt ihm aber den Anschein eines Taubstummen, und es zeigt sich wieder einmal, daß im Kunstwerk die Beurtheilung der «Wahrheit» auf einer Übereinkunft der Sinne beruht, die sich so ziemlich auf alle Mittel des Ausdrucks einzulassen bereit sind, wenn dieselben nur consequent festgehalten und proportionirt werden. Ein orangefarbener Ton scheint uns auf einem Rembrandtschen Bilde, weil er so meisterlich zu den übrigen gestimmt ist, das zarteste Wangenroth darzustellen – man übertrage ihn auf ein Bild von Rubens, und wir sehen die Farbe eines Leberkranken oder Gelbsüchtigen. Im Stil Racines und Corneilles kann sich ebenso wie im Stile Shakespeares oder Calderons ein wahres Gefühl äußern – man vermische die Stilarten und man empfängt ein Gemisch von Unnatur und Häßlichkeit. In der Prosa, im Verse, jambisch oder trochaeisch, gereimt oder ungereimt, in der Musik, sei sie Mozartisch oder Wagnerisch, in der Pantomime, im Tanz, in all diesen verschiedenartigsten Ausdrucksmitteln liegt die Fähigkeit uns zu illudiren, wenn sich die Empfindung und die Kunst ihrer bemächtigt, und sogar im Marionettentheater nach Art des weitbekannten Théâtre Morieux können wir, sobald unsere Phantasie sich den Eindrücken willig hingiebt, die schönste künstlerische Illusion empfangen. Die Sinne passen sich eben dèn kleinen Verhältnissen dieser zierlichen Drahtpuppen vollkommen an, und wie das Auge sich auf ihr Maß herabstimmt, thut es auch das Ohr: der Knall einer Erbsenbüchse oder eines Schwärmers scheint uns die Stärke eines Kanonenschusses zu besitzen. So gewiß es uns nun aber unbegreiflich sein würde, wenn wir unter lebenden Menschen plötzlich eine Marionette wandeln sehen und dieselbe nicht als Marionette, sondern als Menschen betrachten sollten – so gewiß befremdet es uns, wenn eine Person in der Oper während eines langen, langen Musiksatzes ihre Empfindungen ohne Worte wiedergiebt. Was uns in der Pantomime ganz natürlich scheint, stößt uns hier ab. Die Convention der Sinne ist eben verletzt, verschiedene Ausdrucksmittel sind unharmonisch durcheinander geworfen. Kein anderer Grund ist es, der in den ‹Meistersingern› aus dem bis zum dritten Akt zwar parodistisch übertriebenen, aber doch ungewöhnlich komischen Beckmesser bei seinem wortlosen Erscheinen in Sachsens Werkstatt plötzlich einen Verrückten macht. Er führt eine lange Pantomime auf, während die Personen in den ‹Meistersingern› und mit ihnen unsere Phantasie sich über den Gesang als das künstlerische Ausdrucksmittel vereinigt hatten.

Wie schön aber beginnt Constanzens B-Dur-Arie «Ach ich liebte!», wie bricht selbst durch das Arabeskenwerk ihres Allegro das Gefühl bei den Worten, auf deren Composition auch Mozart mit einer naiven Befriedigung blickte, «Trennung war mein banges Loos, und nun schwimmt mein Aug' in Thränen», und wie ist auch die (auf den Bühnen leider oft ohne allen Grund gestrichene) G-Moll-Arie ganz von elegischem Wohllaut erfüllt: «Traurigkeit ward mir zum Loose.» Selbst die zierliche, bescheidene Sechzehntelfigur bei den Worten «Wieder in mein armes Herz» stört nicht; sie verräth zwar eine gewisse Eleganz, aber diese verträgt sich mit Constanzens vornehmem Bilde sehr wohl und sie unterscheidet die Arie von Paminens Cavatine «Ach, ich fühl's, es ist verschwunden». Nichts ist trotz der hoheitvolleren, damenhafteren Haltung in ihr unempfunden, und die Empfindung ist ganz die nämliche, die das rührende Duett mit Belmonte im dritten Akt athmet: innig, tief, aber großsinnig und gehalten – man beachte nur die Worte «Ich nur zog dich ins Verderben», um inne zu werden, daß der Heroismus, der in der C-Dur-Arie «Martern aller Arten» einen grotesken und verzerrten Ausdruck angenommen, in Constanzens Charakterbild wohl angelegt ist. Selbst die Übertreibung dort gab uns Aufschlüsse über des Meisters Absicht, die in der Arie «Traurigkeit» und dem Duett so vollkommen hervortritt. Die treueste Liebe verbindet sich mit der Strenge der Lucretia, die vor dem Dolch, der ihre Brust durchbohren soll, nicht zurückscheuen würde. Und dieser Belmonte, wie trägt er so ganz die Züge des deutschen Liebhabers – «o wie ängstlich, o wie feurig», wie seine große und schönste Arie beginnt. Schwärmerei und Wagemuth vereinigen sich in ihm; er empfindet sentimental nach gut deutscher Art und giebt seiner Liebe den zartesten, innigsten Ausdruck, aber rein, klar und sicher ist Alles, was er thut. Noch ist der italienische Stil in seinen Arien kenntlich, aber in welcher opera seria fände sich ein Satz wie die kleine, bei aller Einfachheit so ungemein bezeichnende Auftrittsarie «Hier soll ich dich denn sehen?» Ja, wo in aller Welt war eine Tenorarie zu finden, die denen Belmontes das Wasser hätte reichen können – mit Ausnahme der einen unvergleichlichen des Pylades in der tauridischen Iphigenie? Wie weit ihn seine Nachfolger an deutschem Wesen auch übertreffen, der Ahnherr ist er doch all der treuen Männer und verliebten Jünglinge der deutschen Oper: Taminos und Florestans, des Jägerburschen Max und des sanften Adolar, des Conrad im ‹Heiling› und des Erik im ‹Holländer›, wie Blondchen kraft ihrer Ariette, «Welche Wonne, welche Lust» die Stammutter des Ännchen, der Fatime, der Marie in Lortzings ‹Czaar und Zimmermann› geworden ist. Ist nicht auch Pedrillo in seiner krampfhaft beherzten Arie «Frisch zum Kampfe» vortrefflich gezeichnet, und wäre zum Lobe des Osmin noch etwas Neues zu sagen? Eine Prachtschöpfung, dieser schwerfällige, mürrische, mißtrauische und grimmige Muselmann, eben so köstlich in seinem phlegmatischen und doch so verbissenen Liede «Wer ein Liebchen hat gefunden», wie im Duett mit Blondchen und seinen beiden Arien, aus deren zweiter eine wahre Kannibalenfreude jubelt. Kaum wird diese eigenartige, gar nicht wieder nachgeahmte (auch nicht nachzuahmende) Species des Humors, die nur der Genius schaffen konnte, an Originalität von Shakespeares Falstaff übertroffen. Und das übermüthige «Saufduett», wie Mozart es nennt, mit der türkischen Musik, die uns gleich in der Ouvertüre in den Orient und die fremdartigste Stimmung versetzt und die unvergeßlich eindringlich in den beiden Chören wiederkehrt? Und das Meisterstück des Quartetts, das Otto Jahn mit Recht den ersten wahrhaft dramatischen großen Ensemblesatz der deutschen Oper nennt? Ein «Heureka!» Mit der ‹Entführung› war ihr ein göttliches Wahrzeichen errichtet: göttlich, denn der Genius hatte es geschaffen! Dittersdorf war gewiß ein trefflicher Meister, und sein ‹Doctor und Apotheker› mußte in seiner gemüthlichen Portraitirung des Philisterthums die Lust unserer Vorfahren sein – mit der ‹Entführung› aber wuchs die deutsche Oper aus den Niederungen der Wochentage in die Regionen der großen, reinen, ewigen Kunst empor. Jetzt wußten die kommenden Geschlechter, in wessen Spuren sie zu wandeln hatten!

Heinrich Eduard Jacob (1889–1967), deutsch-amerikanischer Schriftstel-
ler und Romancier jüdischer Herkunft, arbeitete zunächst in Berlin als
Journalist und Herausgeber expressionistischer Lyrik, war dann 1938 und
1939 im KZ Buchenwald inhaftiert und emigrierte 1940 in die USA. Hier
wandte er sich bald ganz der Schriftstellerei zu und verfaßte bis 1960 eine
Reihe von kulturhistorisch orientierten Büchern, vor allem Biographien,
die man am besten als kulturgeschichtliche Tatsachenromane bezeichnen
könnte, und als literarische Sachbücher, die eine Synthese anstreben zwi-
schen Journalismus, Literatur und Wissenschaft. Seine späten Musikerbio-
graphien über Haydn (1950) und Mozart (1956) sind vielleicht die besten
Beispiele von Jacobs «gemischter» Begabung, wobei er durchaus die Tradi-
tion der großen Biographen des 19. Jahrhunderts wahrte, neben der Dar-
stellung eines Menschenlebens auch ein Bild der gesamten Epoche zu
zeichnen. Seine Anmerkungen zu Mozarts ‹Entführung› belegen darüber
hinaus, daß Jacob auch ein in musikalischen Detailfragen kompetenter und
phantasievoller Beobachter war und den Mut hatte, seine meist zutreffen-
den Intuitionen dann auch einfach hinzuschreiben. In musikwissenschaftli-
chen Fachkreisen hat man ihn dennoch – oder vielleicht gerade deswegen –
bis heute nicht weiter zur Kenntnis genommen.

Heinrich Eduard Jacob

Ein deutsches Singspiel

Die «Entführung aus dem Auge Gottes» – wie er seine Ehegeschichte
bald lachend nennt – hat er geordnet. Zwischendurch interessiert ihn
nichts anderes als die ‹Entführung aus dem Serail›. Ein gutes Geschick hat
vor einem Jahr den Regisseur und Schauspieler Stephanie (zum Unterschied von seinem Bruder der «jüngere Stephanie» genannt) mit einem
Textbuch zu ihm gesandt. Stephanie ist ein Günstling des Kaisers. Dem
Kaiser hat das Buch gefallen, und Mozart soll es komponieren.
  Ein deutsch geschriebenes Buch also. Die kulturpolitischen Pläne des
Kaisers – Deutsch: Einheitssprache in Österreich! – haben schon seit ge-
raumer Zeit auf die Kunstpolitik übergegriffen. Sonnenfels ist Zensor.
Auf der Hofbühne wird das norddeutsche Schauspiel gepflegt – zum Miß-
vergnügen zahlreicher Wiener, die lieber Dialektkomödien und saftige
Hanswurstiaden sähen, in denen man kräftig extemporiert. Sonnenfels
hat das Extemporieren verboten. Sonnenfels gilt nicht als rechter Wiener.
Er ist zwar in Nikolsburg geboren; aber als Enkel eines in Preußen ange-

stellten jüdischen Theologen hat er immer nach Berlin tendiert, in das Berlin der Aufklärung. Auf welcher Seite steht nun der Kaiser im berühmten «Wiener Hanswurstkrieg», den Heufeld und einige andere gegen Joseph von Sonnenfels führen? Er steht auf der Seite von Sonnenfels. In seinem *Wiener Theaterjournal* und in Worten, die Schiller vorwegnehmen, hat er deutlich dekretieren lassen: das Theater sei kein «Narrenturm von Dialektstücken und Vorstadtspäßen». Das Theater hat die Aufgabe, die Hohen und die Niedrigen von ihren Pflichten zu unterrichten, sie Menschlichkeit und Tugend zu lehren. Das Theater sei eine «moralische Anstalt».

Auch die Oper? Die Wiener Oper repräsentiert ein anderes Problem. Warum singt man hier eigentlich italienisch? Die riesige Mehrzahl der Opernbesucher spricht doch deutsch. So fällt – sehr natürlich! – die Zentralisierungstendenz des Kaisers mit dem Aufblühen und der Pflege eines deutschen Singspiels zusammen.

Mozart ist begeistert. Wie sollte er nicht! Das Buch von «Belmonte und Konstanze», das der jüngere Stephanie ihm gebracht hat, gefällt ihm. Belmonte ist er selbst – und diese Konstanze ist *seine* Konstanze. Daß das Buch beinahe ein Plagiat ist, weiß er nicht: auch nicht, daß ein gewisser Bretzner in Leipzig dagegen Protest erheben wird. Übrigens lag der Stoff in der Luft. Mozart selbst hatte ihn bereits einmal unter den Fingern gehabt.

Bekanntlich komponierte Mozart mit beispielloser Schnelligkeit: begann er eine Sache zweimal, nahm er etwas Verdrängtes auf, so erwies sich das als künstlerisch günstig. Es verdoppelte seine Kraft. – Damals, es war vor knapp zwei Jahren, hatte der Familienfreund Schachtner ihm ein merkwürdiges Buch gegeben: der Spanier Gomez ist in Gefangenschaft des Sultans geraten, Zaïde, die Favoritin des Harems, verliebt sich in ihn. Ein Renegat im Dienst des Sultans möchte ihnen zur Flucht verhelfen. Der Plan wird entdeckt, alle drei sollen sterben. Da beweist der Renegat dem Sultan, daß er ihm vor langen Jahren einmal das Leben gerettet hat. Zum Dank entläßt der Herrscher die drei.

Das Merkwürdigste an Mozarts Fragment war eine Arie des Sultans gegen die Treulosigkeit der Weiber. Sie nahm Weltanschauungsmotive aus ‹Figaro› und ‹Così fan tutte› vorweg. Kaum weniger charakteristisch war die Arie des Sklavenhändlers Osmin. Sie wird prestissimo gesungen und ist bereits ein Vorgeschmack der grotesken Explosion des anderen Osmin in der ‹Entführung› ... So mochte Mozart jetzt Stephanies Buch als eine werte Erinnerung an einen früheren Plan begrüßen. Auch daß er türkische Musik für solch eine Arbeit verwenden würde, war ihm bereits bei der Schachtnerschen ‹Zaïde› (K. 344) klar gewesen.

Margit Bokor als Blondchen und Berthold Sterneck als Osmin im Duett des zweiten Aufzugs in der Salzburger Festspielproduktion des Jahres 1935, die Herbert Graf in den romantischen Bühnenbildern Oskar Strnads insze- nierte. Bruno Walter war der Dirigent dieser vielbeachteten Aufführung.

Stephanie verstand etwas vom Theater. Ob er auch «Musikverstand» hatte, war nicht so sicher. Aber, schien Mozart, dem konnte man ja abhel- fen, indem man ihn beeinflußte: zu bessern, zu streichen, zusammenzu- raffen. Er hatte bereits beim ‹Idomeneo› gewisse siegreiche Auftritte mit dem Textdichter Varesco bestanden. Überhaupt: nur in seiner Lehrlings- zeit hatte er sich schrankenlos seinen «Dichtern» unterworfen. In der Meisterzeit gab es das nicht mehr. Richard Wagners Äußerung, Mozart habe komponiert, «was man ihm auf den Tisch legte» – mit unbesorgter Wahllosigkeit habe er sich an die Arbeit gemacht und sich niemals irgend- welchen «ästhetischen Skrupeln» hingegeben – diese Äußerung ist leicht- fertig und eigentlich ganz unbegreiflich. Wie wir aus vielen und langen Briefen Mozarts an seinen Vater wissen, war er sein eigner Dramaturg. Daß er «nicht lange nachdenken mußte» – daß ihm die selbstquälerische Analyse seiner eigenen Absichten, wie sie Wagner übte, erspart blieb – ist freilich eine andere Sache. Ihm fiel das Richtige blitzartig ein.

So änderte er viele Kleinigkeiten am Text der ‹Entführung›. Den Hauptfehler freilich bemerkte er nicht. Es war ein kaum glaublicher Fehler der Oper, daß die Hauptperson nicht sang. Der Pascha Selim – den alle fürchten; der sich am Schluß als Träger der Humanitätsidee seinen Feinden weit überlegen erweist –, er singt nicht einen einzigen Ton! Er hat eine reine Sprechrolle. Wenige Jahre später hätte sich Mozart an den Kopf gegriffen: zur Zeit des ‹Figaro› hätte er solch einen Fehler nicht mehr gemacht. Und warum machte er ihn bei der ‹Entführung›? Der Grund war, daß das deutsche Singspiel damals noch auf Kinderfüßen stand. Obwohl sich in jener vielschreibenden Zeit die Literatur mit ihm befaßte, war seine Ästhetik noch ungeschrieben.

Was war und was wollte das deutsche Singspiel?

Das Singspiel war etwas völlig anderes, als die einander verfeindeten Geschwister der *Seria* und der *Buffa*. Nicht nur dem mythologischen Anspruch der heroischen Oper stand es entgegen. Nicht weniger unterschied sich das Singspiel von der boshaften «Komischen Oper» des neapolitanischen Stils, die dauernd Menschen, Institutionen und Gefühle dem Spotte preisgab. Das Singspiel scherzte vielleicht mit den Menschen, doch es verspottete niemanden. Sein literarischer Erfinder war der Lustspieldichter Christian Felix Weiße (1726–1804). Der Hamburger Standfuß, der früh verstarb, und vor allem der Leipziger J. A. Hiller (1728–1804) illustrierten es musikalisch. Lange vor den Romantikern wurden hier die gemütvollen und die landschaftsgefärbten Stoffe des Volkslebens auf die Bühne gebracht: die ‹Liebe auf dem Lande›, die ‹Jagd›, der ‹Erntekranz›, ‹Lottchen am Hofe›, waren Titel der Hillerschen Singspiele. «Die trauliche Luft im Bürgerhause», schreibt Hermann Abert, «mit all seinen täglichen Geschäften, Soldatenaufzügen, Schnitter- und Winzerfesten, Szenen vor Gericht, im Wirtshaus, im Vorzimmer großer Herrn, Karten- und Blindekuhspiel und dergleichen wurden dichterisch und musikalisch mit besonderem Behagen ausgeführt.» Ja – wird man fragend ausrufen – war dann nicht eigentlich der ‹Freischütz› das ideale deutsche Singspiel? Volksbräuche, Mädchenneckerei, Jägersitten, der Jungfernkranzchor (...), das war doch der immergrüne Boden, aus dem das Webersche Opus herauswuchs ... Und doch war es *nicht* so! Gerade der ‹Freischütz› war ein schweres, faustisches Werk, das von ungeheuren Beängstigungen der Menschenseele Kunde gab ... Nicht einmal zur Hälfte war dieser ‹Freischütz› ein deutsches Singspiel. Vielleicht wurde ihm gerade darum ein Erfolg zuteil, wie ihn (aus merkwürdig ähnlichen Gründen!) nur noch Mozarts ‹Entführung› hatte.

Denn die Deutschen wollen «Weltanschauung». Sie mögen vom Kaiser bis zum Fuhrknecht nach einem «deutschen Singspiel» verlangen: ist es da, so zuckt man die Achseln. So viel freundliche Harmlosigkeit hat man eigentlich gar nicht gewollt. Dittersdorfs ‹*Doktor und Apotheker*› (1786) und gar der ‹*Dorfbarbier*› von Schenk (1796) waren ausgezeichnete Singspiele, niederländische Genrebilder, Musterstücke eines für damals erstaunlichen Realismus. Sie gefielen auch jedermann. Nur eben «geschätzt» konnten sie nicht werden – da Kunst «Bezüge» haben mußte, die entweder ins Ethische oder ins Metaphysische griffen ... Über Kunst mußte man auch grübeln können!

Nur in der äußeren Fassade glich der ‹*Freischütz*› einem Singspiel. Dahinter begaben sich ethische Konflikte: ob man zum Beispiel «zaubern dürfe», die Naturgesetze durchbrechen und sein Glück auf krummen Wegen erlangen. Ganz ähnlich stand es mit der ‹*Entführung*›, die rein äußerlich eine «Aventüre» aus Boccaccios «Dekamerone» war, in der ein Venezianer seine nach Tunis verschlagene Geliebte – Konstanze! – glücklich wiederfindet. In Wirklichkeit tastete Mozarts ‹*Entführung*› unter dem Mantel ihrer Klangwelt an die Rousseau-Probleme der Zeit, an Freiheit, Liebeswahl, Menschenwürde. Man höre doch (und man erstaune!), was der Philosoph Hermann Cohen (1842–1918), der Führer der Marburger Neu-Kantianer, gegen Ende seines Lebens über Mozarts ‹*Entführung*› schrieb, und zwar über die Gestalt des Belmonte: «Die Liebe ist keine Krankheit ... keine Schwachheit, kein holder Wahn, kein Kunstgriff des metaphysischen Genius des Menschengeschlechts ... sondern schlicht und rein das *Naturrecht des Menschen*. Mozart begründet dieses Menschenrecht, indem er statt der Kastraten der italienischen Oper in Belmonte den Tenor zum natürlichen Botschafter der Liebe macht und mit diesem ersten Tenor die erste deutsche Oper erschafft ...» Daß natürlich auch schon die Singspiele keine Kastraten auftreten ließen, läßt Cohen als unwesentlich aus. Singspiele waren keine Opern. Nach einem Worte Goethes von 1788 haftete ihnen «Beschränktheit» an. Goethe hatte selber Singspiele geschrieben, weil ihm die lockere Form gefiel (‹*Claudine von Villabella*›, ‹*Erwin und Elmire*›, ‹*Jery und Bätely*›, ‹*Scherz, List und Rache*›) – aber er wandte sich davon ab: «All unser Bemühen, uns im Einfachen und Beschränkten abzuschließen, ging verloren, als Mozart auftrat. Die ‹*Entführung aus dem Serail*› schlug alles nieder.»

Also war es die Musik, die einem mittelmäßigen Stoff diese riesenhafte Bedeutung lieh, die sich bis heute nicht erschöpft hat? Denn es gibt kein Operntheater der Welt, stünde es in London, Kapstadt, Leningrad oder Buenos Aires, das die ‹*Entführung*› nicht gespielt hat oder sie fürder entbehren könnte! Nein, es ist die Musik nicht allein. Die ‹*Entführung aus dem Serail*› ist nämlich ein Gesamtkunstwerk. Trotz ihrer dramaturgischen Fehler sind ihr Realismus und Idealismus, das Drohende und das

Die Schlußszene der Oper in der Salzburger Neuinszenierung des Jahres 1935, die Bruno Walter leitete. Regisseur Herbert Graf und sein Bühnenbildner Oskar Strnad hatten das Werk – so Roland Tenschert in der Festspielchronik von 1947 – «in die romantische Atmosphäre eines Märchens aus Tausendundeine Nacht» versetzt.

Heitere, die Shakespearische Charakterzeichnung auch von Mozarts späteren Opern niemals überboten worden.

Obendrein besaß sie, als sie erschien, eine seltsame Aktualität! Von ihr aber ist gesondert zu sprechen.

Res, Aetas, Usus

Der römische Lustspieldichter Terenz (190–159 v. Chr.) – ein in Nordafrika geborener Mohr – hat das Geheimnis seines eigenen und jedes anderen Bühnenerfolges in *res, aetas und usus* gesehn, im Vorhandensein und im Einklang dieser drei Bühnendimensionen.

Um gleich mit *usus* zu beginnen, was den heutigen Menschen das Fremdeste dünkt: Usus heißt «Gebrauch», das «Gebräuchliche». Auf die

Bühne bezogen ist es also das «Rollenfach», das sehr zu Unrecht! – beim heutigen Theater beinahe abgekommen ist. Das antike Rollenfach, das fast ohne Unterbrechung bis zur Zeit unserer Eltern reichte, bis zum Jahr 1900 also, geht auf den Griechen Theophrast (372–287 v. Chr.) zurück. Auf sein Werk ‹Die ethischen Charaktere›, das Terenz sehr fleißig gelesen hat. In den ‹Ethischen Charakteren› gab Theophrast eine Schilderung der menschlichen Charaktertypen (des Raufboldes, des Geizigen, des Prahlers, des Selbstquälers, des Intriganten, der Schwiegermutter, des Parasiten, des Frömmlers mit all ihren Eigenschaften). Die Skala der Grundcharaktere also, die sich in allen Zeitläuften gleichblieb. Sie sollte auch auf dem Theater Sicht- und Hörbarkeit gewinnen.

Nun aber: *res*. Res ist die «Handlung». Die Handlung ist das Sichbegegnen der Charaktere, und was daraus wird. Es mag dabei abenteuerlich zugehn, doch nie so abenteuerlich wie im Epos, wo dem Erzähler ein Übermaß von Zeit zur Verfügung steht für die Schürzung und Entwirrung des Knotens. Jedes Drama, noch das längste, muß knapp sein. Eine echte Bühnenhandlung hat zum Beispiel Mozarts ‹Entführung›: Einem edlen Spanier, Belmonte Lostados, haben Seeräuber die Braut gestohlen und sie – zugleich mit der Zofe Blondchen und mit dem Diener des Edelmanns – an einen türkischen Bassa verkauft. Belmonte sucht sie und findet zunächst seinen Diener Pedrillo wieder, der jetzt als Gärtner dem Bassa dient. Belmonte läßt sich als Baumeister in den Palast des Bassa einführen. Doch der Aufseher Osmin, der die Zofe Blondchen begehrt, bekommt Wind von der geplanten Entführung. Er vereitelt das Entweichen der Paare. Der Bassa Selim, der früher einmal ein Spanier war, erkennt in Belmonte den Sohn seines einstigen Todfeindes wieder, der ihn aus dem Vaterlande vertrieb. Die «Rache», die nun der Muselmann nimmt – natürlich ist es keine Rache! –, beschließt die gute Bühnenhandlung, die den Charakteren Spielraum gewährt.

Aber nun: *aetas*. Was ist Aetas? Dieses Wort bedeutet «Zeitalter». Mag sich ein Stück auch auf «Urcharaktere» und «Ursituationen» stützen: es nützt nichts, wenn es am Zeitalter, an seinem eigenen, vorbeisieht. Es muß seinem Zeitalter Rechnung tragen. Rechnung? Es kann sich sogar sehr scharf *gegen* dieses Zeitalter stemmen! Es kann das Zeitalter «negieren» – gibt es doch keine Negation ohne vorherige Position – nur muß sein Thema (und sei es von weitem) auch ein Tagesinteresse haben. Ein, wie wir heute sagen würden, «journalistisches» Interesse.

Die ‹Entführung› war solch ein Stück. Wie kam es eigentlich, daß die drei größten Komponisten der Zeit, Gluck, Haydn und Mozart, dreimal denselben Stoff komponierten? *So* interessant war der Stoff doch nicht. Dennoch hatte der große Gluck 1764 bereits in seinen ‹Mekkapilgern› das

Serail auf die Bühne gestellt (der Sultan von Ägypten heißt Ali, und sein
Sklave, man staune, Osmin!), und der große Haydn war ihm sehr bald mit
seinem ‹L'Incontro Improviso›, dem ‹Unverhofften Begegnen› (1775) ge-
folgt. Hier zeigt sich wieder einmal der Einfluß des Politischen auf die
Welt der Musik und besonders der Oper. 1683 hatten die Türken fast
Wien überrannt; und seit damals zitterte Deutschland, sie möchten ihren
Versuch wiederholen. Diese weitverbreitete Angst vor den Türken war
genau das, was später in Haydns Alterszeit die Furcht vor den Jakobinern
war. Jeder österreichische Künstler hatte irgend etwas beizusteuern,
diese Angst vor dem «östlichen Feind» zu zerstreuen. Gab es ein wirksa-
meres Mittel als die Lächerlichmachung des Feindes? In seinem Oper-
chen machte sich Haydn über den türkischen Charakter und die ottoma-
nischen Sitten lustig, ganz wie es Mozart sechs Jahre später in seiner ‹Entführung aus dem Serail› tat.

Als nun der jüngere Stephanie 1781 Mozart den wohlbekannten Stoff
in die Hand gab, war die Sache noch «brennender» geworden. Sie grenzte
fast an ein «Tagesgeschehen». Ein scharfer politischer Wind blies im
März aus der Hofkanzlei Kaiser Josefs II. Jeden Augenblick konnte dieser Wind einen neuen Türkenkrieg entfachen. Der Kaiser hatte soeben
ein Bündnis mit der Zarin Katharina geschlossen. Rußland befand sich im
Krieg mit der Pforte. Ein Besuch des Großfürsten Paul stand bevor –
eigens für diesen Besuch war Mozarts «Singspiel» tatsächlich bestellt worden! – und es hätte dem Kaiser nicht übel gefallen, sich in Stambul mit
Katharina zu treffen. Der hundertste Erinnerungstag der Schlacht bei
Wien, der ja dicht bevorstand, konnte nicht besser gefeiert werden, als
indem man die Ottomanen über den Bosporus nach Kleinasien zurück-
trieb. Vorläufig kam der Krieg nicht zustande. Erst sechs Jahre später
schlug Josef los (dann aber ohne die Hilfe der Russen). Damals, im März
1788 sang Mozart, der völlig unkriegerische, der menschenliebende Frei-
maurer, immerhin seinen Kaiser an (K. 539):

die Mu-sel - män-ner müß-ten   zit-tern, Kon-stan-ti -

und schloß mit der Bekräftigung:

Doch da nun Josef meinen Willen
bei seinem Leben will erfüllen,
so mag er immer Kaiser sein!

Es war der Mozart der ‹Entführung› den es nicht litt, daß «Christenmädchen hinter Gittern gefangen saßen ...»

Doch jedes große Bühnenwerk steht im Bann einer Dialektik. Zwei Parteien sind es, die «recht haben» müssen. Auch der «spiritus aetatis», der Geist des Zeitalters, ist nie ganz mit sich eins. War soviel Türkenspott erlaubt? Tat man den Mohammedanern nicht unrecht? Tatsächlich hatte Mozarts Schauspiel noch ganz andere Ahnherren als die österreichische Türkenangst der Barockzeit oder den venezianischen Haß gegen die türkischen Seeräuber. Man lebte im 18. Jahrhundert – und es war das Jahrhundert Frankreichs.

König Ludwig XIV. aber war 1683 mit den Türken verbündet gewesen. Vielleicht hatte er davon geträumt (Ranke hat das im Ernst geglaubt), wenn sie Wien überrannt hätten und nach Westdeutschland vorgedrungen wären, ihnen am Rhein entgegenzutreten. Dann hätte er, mit dem Kreuz in der Hand, den Halbmond wieder in seine Steppen nach Kleinasien zurückgejagt. Bei dieser Gelegenheit wäre er dann aus einem bloß französischen König ein Kaiser des Abendlandes geworden ... Vorläufig aber galt es einmal den Parisern das Bündnis mit den Türken politisch mundgerecht zu machen. Eine Menge edler Theaterstücke, die die Großmut des Sultans feierten, wurde auf Frankreich losgelassen. Überhaupt war damals die Mitte Europas für die Franzosen «angefault»; Deutschland, Österreich und Italien, ein Apfel, «der zum Sturze reif war» (Jakob Minor). Die Türken mit ihrer Mannestugend brauchten nur ein wenig zu schütteln! Auch von dieser Linie also stammte Mozarts deutsches Singspiel ab, von der französischen Linie nämlich – und der großmütige Bassa Selim, der die Gefangenen entläßt, war obendrein der Bruder von zwei anderen «östlichen Barbaren»: von Lessings Sultan Saladin (1779) und vom Thoas der Goetheschen ‹Iphigenie› (1787), der in Südrußland beheimatet war.

Maria Cebotari (Konstanze) und Albin Skoda (Bassa Selim) in einer Auf-
führung der ‹Entführung› im Jahre 1939. Diese Neuinszenierung im Salz-
burger Stadttheater – unter Wolf Völkers Regie, in den heiterfarbigen Büh-
nenbildern von Robert Kautsky und unter der musikalischen Leitung von
Karl Böhm – wurde trotz der hochkarätigen Besetzung mit der Cebotari
und dem Tenor Helge Roswaenge kein Publikumserfolg und schon nach
einem Sommer abgesetzt.

«Die Entführung aus dem Serail»

Eine Oper, die im Morgenland spielte, gleichviel ob in Tunis oder in
Smyrna, konnte selbstverständlich nicht auf «türkische Musik» verzichten. Im allgemeinen suchte das 18. Jahrhundert bereits stark nach «Natio-
nalmusiken». Nichts falscher, als zu glauben, daß es vor der Romantik in
der Musik kein «Nationalkolorit» gegeben habe. Wahrscheinlich war das
Rokoko sich seiner geheimen Schwäche bewußt: der Akzentlosigkeit,
welche die Kehrseite einer Tugend, der Diskretion, war. In der Kleider-
mode, in der Baukunst, in der Innendekoration hatte man nicht laut auf-
zutreten, wie das Barock es getan hatte, dessen Ausläufer immer noch
lebten. Die geschmackvoll ausgewogene Stille war ein Ziel des Rokoko.
Und manchmal wurde sie in der Musik um den Preis der *Langeweile* er-
kauft. Unzweifelhaft wußte Mozart genau um die geheime Mannesschwä-
che *jeder* Rokokomusik. Gerade darum war er stets darauf aus, als
Opernschöpfer das «Fremdnationale», das «Exotische» heranzubrin-

gen. Hundert Jahre vor Bizet hat er seinem ‹*Figaro*› spanische Musik gegeben. Und seine ‹*Entführung*› spielt in der «Türkei».

In einer Türkei mit Anführungszeichen. Denn das ist nun wieder die
Komik der Sache, daß Mozart, Gluck oder andere Meister, die «türkische
Musik» schrieben (und später Beethoven oder Schubert), gar nicht wußten, was türkische Musik war. Auch sie folgten einem *convenu*, das schon
wieder international war. Sowohl Friedrich II. von Preußen wie Kaiser
Josef II. und seine Mutter, hatten Militärkapellen, die Janitscharen-
märsche spielten. Die Janitscharen sind aber nicht Türken, sondern un-
terworfene Völker, Balkan-Christen, die mit Gewalt zum Islam bekehrt
wurden. Wahrhaft türkisch ist der Ruf des Muezzins von der Moschee,
der die Gläubigen zum Gebet mahnt.

Weder in Glucks ‹*Mekkapilgern*› noch in Haydns ‹*L'Incontro Improviso*›, noch in Mozarts ‹*Entführung aus dem Serail*› konnten diese Takte
stehn. Denn von rein türkischer Musik ist bisher nichts nach dem Westen
gedrungen (Tschierpe). Als ich mit einem gebildeten Türken einmal die
‹*Entführung*› besuchte, gestand er, «das Ganze habe ihm vollständig
europäisch geklungen».

Mozart sucht also das Kolorit, jedoch – bedeutsamer Instinkt: es gibt
breiteste Teile der Oper, die im «Lande der Seele» spielen und nicht etwa
am Bosporus oder am Gestade Nordafrikas.

In der Ouvertüre läßt er «Forte und Piano miteinander abwechseln,
wobei beim Forte allezeit die türkische Musik einfällt. Ich glaube», setzt
er noch hinzu, «man wird dabei nicht schlafen können, und sollte man
eine ganze Nacht durch nicht geschlafen haben.»

Wie wahr! In fröhlichstem Presto beginnt alles; umrahmt von Triangel,
Beckenschlag und dem lauten Murren der *gran cassa* rauscht es dahin, ein
«Beweger des Bluts». Da, ritardando, jenes Andante:

172

das in Streichern und Holzbläsern erbangend Belmontes Auftrittslied in
Moll vorwegnimmt. Jeder weiß hier: dieses «lustige Spiel» wird schwerlich
ein lustiges Spiel bleiben. Aber rasch, denn noch käme das Ernste zu früh,
wird wieder der gellend-glitzernde Vorhang der Janitscharenmusik dar-
übergerissen. Unvermutet, ohne Pause, geht nun der Vorhang in die Höhe:

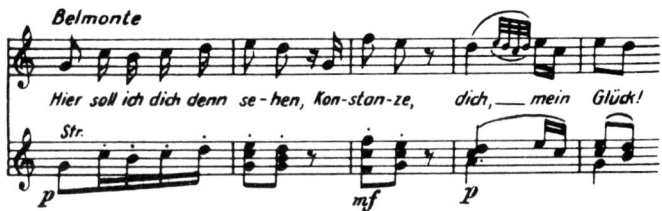

«Hier soll ich dich denn sehen – Konstanze!» – Stakkato-Noten: Merkwürdig, was wäre da so viel daran? Und doch machen diese federnden
Noten aus der Melodie einen Menschen, einen Charakter aus biegsam-
stem Stahl. Den unverwechselbaren Belmonte. Ob er wirklich der *erste*
jugendliche Liebhaber der Zeit-Opernbühne gewesen ist, wissen wir
nicht. Doch könnte Ernst Lert, der Bühnenhistoriker, recht haben, wenn
er sagt: «Nach den Kastraten der Seria und den Komikern der Buffa muß
die Männlichkeit der lyrischen Tenorstimme wie eine Offenbarung ge-
wirkt haben. Der Charakter Belmontes ist auch der Liebhabercharakter
der Sturm- und Drangzeit: leicht erregbar, stolz, im Gefühl extrem, ein
Jüngling der Empfindsamkeit vom Wertherschlag, deutsch in allen Äußerungen der Seele und des Gesanges.»* Nur daß eben in Belmontes Charakter der federnde Stahl ist, der nicht zerbricht. Doch die Seele ist eine
Mischlandschaft. Hoffen und Verzweifeln mögen nahe nebeneinander
liegen. Eine Arie wie diese:

*Ernst Lert: Mozart auf dem Theater. Berlin 1910, S. 315.

hätte vor Mozart, dem Seelenkenner, niemand schreiben können. «Ängstlich» und «feurig» auf einem Holz! Und die Pausen der Expression, das zweimalige Ansetzen, die Stille zwischen der «Angst» und dem «Feuer»!

Und dieser hochnatürliche Jüngling singt Koloraturen? Auch er – Belmonte! Ganz wie sie die Frauen singen oder der Baßbuffo Osmin. Ja – warum sollte er das nicht tun? – Hier heißt es: die Generalfrage stellen!

Nicht etwa weil Mozart ein Sohn des 18. Jahrhunderts war: auch heute würde er nicht verstehn, läse er bei Richard Wagner, in einer deutschen Oper hätten Koloraturen nichts zu suchen, weil sie unnatürlich seien. Unnatürlich? Sind sie das? Sind sie nicht eher «vor-menschlich»? (Paul Schopf) Die Vögel singen in Koloraturen. Das hat seine gute Ursache: da ihnen die praktische Mitteilungskürze des Wortes mangelt, müssen die Vögel, was sie auszusagen haben, lang hinspinnen, wiederholen, brechen, anhalten und stützen. Die Nachtigall wäre sehr erstaunt, erführe sie aus einem Handbuch der heutigen Gesangstechnik, daß sie das aus «Schmuckbedürfnis» täte. Sie hat recht andere Gründe dafür. Und auch beim menschlichen Gesang muß Koloratur nicht «Verzierung» sein. Zacconi (1555–1627), Theoretiker der Renaissancezeit, hat nicht wohl daran getan, die Triller, Pralltriller oder Schleifer als «Ornamente» zu behandeln. Koloratur kann ein *Elementares* sein: nicht Natur, sondern *Über-Natur*. Etwas, womit der Sänger erst «der Natur zu Hilfe kommt». Und erst recht dem Textworte. Das Wort «Freunde» zum Beispiel ist für den Beethoven der Neunten Sinfonie zu kurz, um zu sagen, was es ihm *meint* (Hermann Unger). Darum koloriert er es und schreibt:

Ganz so ist es in Mozarts ‹*Entführung*›, wo sogar der Zorn im Bauch des Osmin zu trillern beginnt. – Dieser Osmin! Die prallste Gestalt des Welttheaters seit Shakespears Falstaff! Ganz Fleisch, die Seele zugedeckt von der merkwürdigen Trägheit des Fleisches, und darum geängstigt und grausam. Dieser Haremswächter Osmin, den Bassa Selim angestellt hat, um über seine Sklaven zu wachen, hat die Schwermut grausamer Menschen. Er mag seine Lüste befriedigen, doch kann er ihrer nicht froh werden:

Wer ein Lieb-chen hat ge - fun - den, die es
treu und red-lich meint, lohn es ihr durch tau-send Küs-se, mach ihr
all das Le-ben sü-ße, sei ihr Trö-ster, sei ihr Freund,

Es gibt nichts Verblüffenderes als dieses g-Moll. Wenn er schließlich sein «Tralala» in derselben Tonart singt, spürt man erst den Humor der Sache. Im Duett tritt Osmin dem Belmonte entgegen, Streit entspinnt sich, die Eifersucht des Haremswächters erkennt den Gegner. Der Streit wächst an. Osmin will fort, der Ausfrager will ihn nicht gehn lassen. Scharf-spitzige, kurze Streicherfiguren sind die Folge, tierisch gereizte Bläserstimmen. Psychologisch und musikalisch ist all das nicht zu übertreffen. Über Osmins große Wut-Arie:

Allegro con brio
Osmin
Sol - che her-ge-lauf - ne Laf - fen, die nur nach den Weibern gaf-fen,

und warum sie so ist, wie sie ist, mit ihren rasenden Akzenten, ihrer Chromatik, den wilden Wiederholungen der Worte, besitzen wir einen Brief von Mozart, der zeigt, welch ein Dramatiker er war:

«... Osmins ‹Beim Barte des Propheten› ist zwar im nämlichen Tempo geschrieben, aber mit geschwinden Noten, und da sein Zorn immer wächst, so muß das Allegro assai – ganz in einem andern Zeitmaß und in einem andern Ton – eben den besten Effekt machen. Denn ein Mensch, der sich in einem so heftigen Zorn befindet, überschreitet alle Ordnung, Maß und Ziel; er kennt sich nicht – so muß sich auch die Musik nicht mehr kennen. Weil aber die Leidenschaften, heftig oder auch nicht, nie bis zum Ekel ausgedrückt sein müssen und die Musik auch in der schaudervollsten Lage das Ohr niemalen beleidigen darf, sondern ... allzeit Musik bleiben muß, so habe ich keinen fremden Ton zum F (zum Ton der Aria), sondern einen befreundeten, aber nicht den nächsten, d-Moll, sondern das verwandte a-Moll gewählt.»

Dem Osmin geht es zwar um Blondchen, uns aber, wie Belmonte und Selim, geht es einzig um Konstanze. Konstanze ist nun eigentlich eine spanische Edeldame; aber zugleich ist sie bereits ein Mädchen der bürgerlichen Zeit, eine liebende Schwester von Schillers Luise. Ihre Auftritts-Arie:

Trau - rig - keit ward mir zum Lo-se, ward mir zum Lo-se, weil ich dir ent-ris-sen bin,

zeigt dies deutlich. Die Sängerin Cavalieri scheint sie bei der Erstaufführung nicht allzu gut gesungen zu haben. Sie zog eine andere Arie vor, das wilde Effekt- und Koloraturstück:

Mar-tern al-ler Ar-ten, al-ler Ar-ten mö-gen mei - ner war-ten,

die Mozart, wie er brieflich bekennt, für die *geläufige Gurgel* dieser Primadonna schrieb*, die stimmlich die größte Virtuosität und einen riesigen Umfang besaß. Mozart aber tat dem Stück unrecht. Diese von einem Quartett der Flöte, Oboe, Violine und Cello gestützte Arie verrät eine Psychologie ersten Ranges. Da Selim eine Sprechrolle hat, kann er – wie es bei Händel, Scarlatti und den anderen Meistern der Opera seria unzweifelhaft noch geschehn wäre! – die Heldin nicht «in Tönen bedrohen». Konstanze hat allen Grund, sich körperlich bedroht zu fühlen … Osmanische Sitten? Es gab sie wirklich: Als 1683 der Sultan zum Feldzug rüstete, schrieb er einen Brief an den Kaiser (es war Leopold I., und der ungeheuerliche Text ist in den Wiener Archiven enthalten), er werde die Gegner in Öl sieden, wenn er ihrer habhaft würde! Die scheinbare Umwandlung Bassa Selims von einem blutdürstigen Tyrannen zu einem gnadenspendenden Fürsten – einem Kaiser Josef, einem Sarastro! – hätte jede Oper gesprengt. Nun muß also Selims «Grausamkeit» in der Seele der gequäl-

---

* Hier irrt Jacob. Mozart bezieht sich in seinem Brief vom 26. September 1781 an jener Stelle, als er von der «geläufigen gurgel der Mad:*selle* Cavallieri» spricht, nicht auf die Marternarie Nr. 11, sondern auf die Arie Nr. 6: «Ach ich liebte» im ersten Akt der Oper.

ten Konstanze zu einem Hysterie-Ausbruch werden. Und so wurde diese Arie hysterisch! Wenn Bulthaupt in seiner *Dramaturgie der Oper* behauptet, Konstanze sänge das, was in der Seele des Bassa vorgeht, so ist das nur bedingt richtig. Es ist ein «Teilschauplatz der Seele». In ihrer großen Exaltation bemerkt Konstanze nämlich nicht, wie sehr der Bassa mit sich selbst kämpft. «Mit der Bastonade, dem Hängen und Spießen ist man bei uns schnell bei der Hand»: das mag die Wahrheit für einen Osmin sein. Ein Selim weiß, daß man mit Foltern nur den Körpern gebieten kann. Er, der nicht grausam ist, würde lieber in der Welt der Seelen gebieten. Daß er das im Falle Konstanzens nicht kann, gerade das macht seine Lage prekär . . .

Von dem komischen Paar Pedrillo und Blondchen stammen alle späteren «Zweithelden und Zweitheldinnen» der deutschen Opernbühne ab. Auch in Webers ‹Oberon›, dieser dramatisch-thematisch weit schwächeren Auflage der ‹Entführung› gibt es den Knappen Scherasmin und seine Fatme, die dasselbe zu empfinden haben wie der gewandt-ängstliche Pedrillo und sein etwas schnippisches Blondchen. Noch in Lortzings ‹Zar und Zimmermann› herrscht zwischen Peter dem Großen und seinem Begleiter Peter Iwanow dasselbe Verhältnis wie zwischen dem stählern-harten Belmonte und seinem gröberen Kumpan, der übrigens keineswegs nur grob ist. Er ist nicht der harlekinartige Diener, der in der Opera buffa auftritt; er hat treue und feste Gesichtszüge; Lert hat in ihm einen Verwandten des Just aus der ‹Minna von Barnhelm› gesehen.* Blondie nun ist Engländerin, was seltsam, aber kein Zufall ist. Mozarts Textdichter hatte diese Gestalt – wenn auch auf gewissen Umwegen – aus Isaac Bickerstaffes Stück ‹The Sultan, or a peep into the Seraglio› bekommen, und Edward Dent führt die etwas naßkalte Art, mit der Blondie den Pedrillo behandelt, auf diese Abstammung zurück. Nun, Mozart hat England als Kind verlassen; aber es ist nicht ausgeschlossen, daß ein gelegentlich abschätziges Wort Leopolds über die Engländerinnen bei ihm auf fruchtbaren Boden fiel. Wie hätte er sonst das Seufzen Osmins über die Geduld und das Los der angelsächsischen Ehegatten so trefflich komponieren können? Komischerweise – was er nicht wußte! – hat ein Vierteljahrhundert später eine amerikanische Flotte den Berber- und Seeräuberstaaten und ihrem Raub von Christensklaven ein unrühmliches Ende bereitet: englisch sprechende Matrosen unter Commodore Stephen Decatur – beinahe Blondies Landsleute.

Doch die Entführung kann nicht glücken, wenn Osmin nicht betrunken gemacht wird. Das besorgt Pedrillo. Ein Saufduett, wie es vorher nicht

---

* *Lert, a. a. O.*

geschrieben wurde und schwerlich wieder geschrieben wird, bricht jauchzend aus:

Vi - vat Bac-chus, Bac-chus le-be, Bac-chus war ein bra-ver Mann,

Wie, der Koran und das Weinverbot? Aber das hat es ja nie gegeben! Trinke, Osmin! Trink und sei glücklich! «Es leben die Mädchen, die Blonden, die Braunen.»

sie le - ben, sie le - ben, sie le - ben hoch!

sie le - ben, sie le - ben, sie le - ben hoch!

Nach einer solchen Leistung kann man nur unter den Tisch fallen und schnarchen. Doch Meister Mozart ist diskret: man hört alles, nur das Schnarchen nicht.

Der Wächter ist fort, ist bewußtlos gemacht. Nun können Belmonte und Konstanze einander in die Arme stürzen. Aber löst euch wieder – verweilt nicht! Um Gottes willen, jetzt auf und davon! Jedoch so einfach ist das nicht. Die Paare müssen Quartett singen. Da ist so viel zu erledigen, gutzumachen und zu klären! Belmonte und Konstanze haben einander lange nicht gesehen. Nun gilt sie als «Favoritin des Bassa». Meer und Garten, Nacht und Sterne – wissen sie vielleicht anderes von ihr als der liebende Mann? Was ist geschehn, was nicht geschehn? Belmontes Zweifel stecken sogar den gröberen Pedrillo an: Wie weit ist Osmin bei Blondchen gekommen? ... Die große Rolle der Eifersucht, die dem Schöpfer des ‹Figaro› bereits bei der ‹Entführung› klar war, hat gründlich ausmusiziert zu werden ... Kränkung, Schwüre und Versöhnung. Aber beeilt euch! Wißt ihr nicht, daß ihr in höchster Lebensgefahr seid? Jedoch sie hören nicht auf zu schwören. Und das ist ein höchst realistischer Zug: junge Menschen nehmen die Liebe ernst; ernster als die Lebensgefahr. Darum stimmen sie einen Kanon an, der beinahe wie ein Choral klingt. Ganznoten, feierlich gestützt von Flöten, Oboen und Violinen:

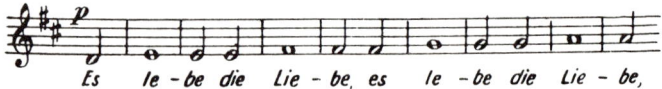

Es le - be die Lie - be, es le - be die Lie - be,

Adolf Schoepflin als Osmin und Heinrich Teßmer als Pedrillo im Trink-duett des zweiten Aufzugs («Vivat Bacchus») in einer Aufführung der Dresdner Staatsoper im Jahre 1940.

Wenn sie inmitten ihrer Versöhnung jetzt von der Wache erwischt würden, wäre es dramaturgisch zwar richtig. Doch dann hätten wir keinen dritten Akt. Und noch wäre das Schiff nicht da, das die Paare entführen soll. Und wir hätten auch nicht Pedrillos «Romanze», die er als nächtliches Signal vor dem Fenster Blondchens zu singen hat. Das muntere Mandolinenstück, in dem Mozart Grétrys Art vorwegnimmt – etwa den ‹Richard Löwenherz› von 1784 – ein Stück Kreuzzugserinnerung im ritterlich französischen Volkston:

Im Moh - ren - land ge - fan - gen war____ ein Mä - del hübsch und fein, sah rot und weiss, war schwarz von Haar, seufzt' Tag und Nacht und wein - te gar, wollt' gern er - lö - set sein.____ wollt' gern er - lö - set sein.

Jetzt erst wird die schläfrige Nacht von Fackeln und von Häschern laut. Die beiden Paare werden ergriffen, um vor den Bassa gebracht zu werden. Triumph Osmins, so grausig als komisch:

O wie will ich tri - um - phie - ren, wenn sie euch zum Richt - platz füh - ren, und die Höl - se schnü - ren zu, schnü - ren zu,

So ist es vorbei mit unsern vier Freunden? Da läßt der Bassa Großmut walten. Dieser Selim – der Gegenspieler – ist, wie der Opernregisseur Ernst Lert ihn 1913 auf der Leipziger Bühne darstellen ließ, «ein vornehmer, stiller, fatalistischer Orientale; nur in der Leidenschaft vibriert ein drohendes Lodern in Auge und Stimme. Er hat als wahrer Koranjünger die volle Beherrschung seiner selbst und nichts mehr vom Westeuropäertum, das er glücklich ist, abgestreift zu haben. So spielt er auch die letzte Szene mit edler Größe, Resignation und leisem, fast mitleidigem Lächeln». Als er hört, daß er in Belmonte Lostados den Sohn seines Todfeindes vor sich hat, spricht er jene josefinischen Worte, die, wenn sie die Bühne mit Wahrheit erfüllen sollen, eines Sprechers von Rang bedürfen: «Nimm deine Freiheit, nimm Konstanze, segle in dein Vaterland, sage deinem Vater, daß du in meiner Gewalt warst, daß ich dich freigelassen, um ihm sagen zu können, es wäre ein weit größeres Vergnügen, eine erlittene Ungerechtigkeit durch Wohltaten zu vergelten, als Laster mit Lastern zu tilgen. Ziehe hin und werde menschlicher als er! So wird meine Handlung belohnt sein.»

Wie nun die vier – und der fünfte: Osmin – diese Begnadigung aufnehmen, davon handelt das Schlußcouplet. In keiner Oper der Weltliteratur geschieht es, daß die Schlußszene alles hinter und unter sich läßt, was vorher musiziert wurde. Bei der ‹Entführung› ist es der Fall. Mozart hatte hier die Idee, im Pariser Vaudeville-Stil der Opéra Comique zu schreiben. Die Anbetung, die ihm Offenbach und die späteren Franzosen erwiesen, geht gerade auf diesen Einfall zurück. Klar und freimütig beginnt Belmonte:

Belmonte

Nie werd ich dei - ne Huld ver - ken - nen, mein Dank bleibt
e - wig dir ge - weiht, an je-dem Ort, zu je - der
Zeit werd ich dich groß und e - del nen - nen, Wer so viel
Huld ver-ges-sen kann, den seh man mit Ver-ach-tung an.

Ein Strophenlied. Nun, was war das schon? Hatte doch Goethe immer gefordert, daß ein Lied ein Strophenlied sein müsse – und würde Schubert ablehnen, weil er die Strophen des ‹Erlkönigs› als dramatische Szene vertont, also «durchkomponiert» hatte. Aber der Fehler in Goethes Ästhetik bestand darin, daß Strophenmusik (also «neutrale Melodie») meist ganz ungeeignet war, die verschiedenen Gefühle von Personen verschieden wiederzugeben. Gerade das gelang nun hier Mozart: die verschiedenen Empfindungen von fünf völlig verschiedenen Menschen auf dieselbe Melodie zu ziehn! Er ließ die fünf in Vaudeville-Form die Texte *nacheinander* singen. Welche Aussagekraft mußte also der «neutralen Melodie» innewohnen, um so etwas zuwege zu bringen! Konnte es denn eine Tonverbindung zwischen Pedrillos Galgenhumor:

> Wenn ich es je vergessen könnte,
> wie nah ich am Erdrosseln war,
> und all der anderen Gefahr,
> ich lief' als ob der Kopf mir brennte!

und (bevor er schreiend davonläuft) zu Osmins letzter Wutstrophe geben:

> Verbrennen sollte man die Hunde,
> die uns so schändlich hintergehn!
> Es ist nicht länger anzusehn,
> mir starrt die Zunge fast im Munde!

Aber Mozart fand die Verbindung eben. Noch einmal ließ er den Janitscharenchor den Bassa *alla turca* umjubeln – dann durfte er den Schlußstrich setzen. Unter ein Werk, das, als «Singspiel» firmiert, dennoch so gewichtig war wie eine Shakespearesche Komödie. Ein Werk voll deutscher Herzenstiefe, italienischer Bravour und französisch-heiterer Anmut.

Szenenfoto von einer Aufführung der ‹Entführung› am 8. Februar 1938 an der Hamburgischen Staatsoper mit dem Gaststar Erna Berger als Konstanze und Gerhard Bünte als Bassa Selim, in der 7. Szene des ersten Aufzugs. Der Dirigent war Hans Schmidt-Isserstedt, der Regisseur Oscar Fritz Schuh, der Bühnenbildner Wilhelm Reinking.

Anna Amalie Abert*

Mozarts ‹Entführung aus dem Serail›

Daß eine so wichtige Figur wie der Bassa Selim nur als Sprechrolle erscheint und sich damit Mozarts Charakterisierungskunst entzieht, ist ein Nachteil des Werkes. Mag dies auch rein praktisch durch das Fehlen eines geeigneten Darstellers bedingt gewesen sein – ursprünglich war ein Sänger vorgesehen –, so ist es doch ein Zeichen dafür, daß Mozart damals in der Freude, eine Oper schreiben zu können, zu Kompromissen bereit war; später hätte er eine solche Unterbrechung des musikalisch-dramatischen Flusses kaum hingenommen.

Im Ganzen aber hatte er nach zwölf dramatischen Werken hier zum erstenmal ein ganz nach seinem Geschmack bereitetes Libretto vor sich. Seine Teilnahme an der Textgestaltung insgesamt wie die musikalische Ausdeutung im einzelnen lassen denn auch eindeutig erkennen, daß der Dramatiker Mozart hier dem Musiker erstmalig fast ebenbürtig zur Seite getreten war. Von hier an bildeten Musik und Drama für ihn eine Einheit – er fühlte sich für beides gleichermaßen verantwortlich. Bei der Komposition war er darum bemüht, die ganze für das deutsche Singspiel kennzeichnende stilistische Vielfalt in den Dienst der Personencharakteristik zu stellen. So gemahnen die Gesänge des ernsten Liebespaars vielfach mit ihrer Da-capo-Form und vor allem mit ihrem Koloraturenreichtum an die Opera seria. Dies gilt besonders für Konstanzes berühmte Koloraturarie Nr. 11 «Martern aller Arten», ein wie eine virtuose Einlage wirkendes Konzert für vier Soloinstrumente und Singstimme, und für Belmontes Arie Nr. 17 «Ich baue ganz auf deine Stärke», beides Stücke, in denen sich der überquellende Reichtum des jungen Musikers offenbar der Kontrolle des Dramatikers entzogen hat. In schärfstem Gegensatz hierzu stehen die Gesänge, in denen es dem Komponisten gelungen ist, italienischen Belcanto mit ganz eigener deutscher Liedhaftigkeit zu durchdringen. Das ist vor allem der Fall in Konstanzes Arie Nr. 10 «Traurigkeit ward mir zum Lose», die aus einem ausdrucksvollen Accompagnato-Rezitativ herauswächst und mit ihrem Moll-Charakter bereits auf die gleichfalls in g-Moll stehende Klagearie der Pamina «Ach,

---

* Anna Amalie Abert (geb. 1906), deutsche Musikwissenschaftlerin und Professorin an der Universität in Kiel, Tochter des Mozart-Biographen Hermann Abert, veröffentlichte zahlreiche Arbeiten zur Operngeschichte, so unter anderem auch eine konzise dramaturgisch-musikalische Gesamtanalyse der Opern Mozarts, die 1970 in den Beiheften zum Archiv für Musikwissenschaft erschien. Wir geben daraus den Abschnitt über die ‹Entführung› etwas gekürzt wider.

ich fühl's, es ist verschwunden» aus der ‹Zauberflöte› hinweist, in Belmontes schlichtem, sehnsüchtigem Auftrittslied «Hier soll ich dich denn sehen» und in seiner Arie Nr. 4 «O wie ängstlich, o wie feurig», die Mozart als seine «favorit aria» bezeichnete und wo er intensive Tonmalereien zum unmittelbaren Ausdruck tiefinnerlicher Empfindungen erhoben hat. Der gleiche reife mozartsche Liedton erfüllt auch das Liebesduett Nr. 20.

Den gefühlsbetonten Betrachtungen des Liebespaars gegenüber verkörpern die Gesänge des Dienerpaars mehr die naive Welt der Realitäten. Dementsprechend nähert sich Mozart hier mehr der diesen Figuren angemessenen Sprache der Opera buffa und der Opéra comique. Blonde erteilt in ihrer ersten Arie «Durch Zärtlichkeit und Schmeicheln» (Nr. 8, Andante grazioso!) dem bärbeißigen Osmin eine Lehre, wobei das Verhalten des galanten und des herrischen Liebhabers in gegensätzlichen Tonbildern greifbar deutlich gegeneinander gestellt wird. In ihrer zweiten Arie «Welche Wonne, welche Lust» (Nr. 12) gibt sie in fröhlichem Geplapper ihrer Freude über die bevorstehende Entführung Ausdruck. Ihr Liebhaber Pedrillo ist allerdings etwas mehr von des Gedankens Blässe angekränkelt; trägt er bei der Entführung doch auch die Hauptverantwortung! So erscheint er in der Arie «Frisch zum Kampfe» (Nr. 13) im Zwiespalt zwischen dem durch kriegerische Dreiklangssprünge versinnbildlichten Willen zum Wagnis und dem durch das kleinlaute «Nur ein feiger Tropf verzagt» ausgedrückten Widerstand, den seine, den Dienertypen vielfach eigene, Hasenfußnatur dagegen leistet. Ein besonderer Beweis für Mozarts vielschichtige Charakterisierungskunst ist Pedrillos Romanze Nr. 18 «Im Mohrenland gefangen war». Als unverfängliches Signal für den Beginn der Entführungsaktion gedacht, wird dieses schlichte Strophenlied durch die eine Mandoline nachahmende Pizzikato-Begleitung der Streicher, die geheimnisvoll schillernde, zwischen Moll und Dur schwankende Tonalität und das seltsam verklingende Nachspiel gleichzeitig zum Symbol von Pedrillos angstvoll-nervöser Spannung und zum Träger der unheimlichen Stimmung vor der Katastrophe insgesamt.

Mehr oder weniger werden alle Gestalten dieser Oper durch bestimmte charakteristische Gesänge musikalisch als Persönlichkeiten eigener Art gekennzeichnet, keine jedoch so konsequent und unverwechselbar wie Osmin, der «Aufseher über das Landhaus des Bassa». Er hat nichts Typenhaftes mehr an sich und darf mit Recht als Mozarts erste ganz eigene Gestalt bezeichnet werden. Als solche präsentiert er sich gleich zu Beginn des ersten Aktes ausgiebig in seinem in das Duett mit Belmonte übergehenden Lied Nr. 2 «Wer ein Liebchen hat gefunden» und der anschließenden Arie Nr. 3 «Solche hergelaufne Laffen». Schon daß er sich beim Feigenpflücken mit einem Liedchen in Moll einführt, dessen Begleitung obendrein in den drei Strophen vielsagend variiert wird, läßt die Zwielichtigkeit des lüsternen alten Eunuchen erkennen. In der Arie dekuvriert er sich dann vollends zunächst in seiner aufgeblasenen Borniertheit besonders mit dem genüßlichen «Ich hab' auch Verstand», dann, in den beiden Coden («Drum beim Barte des Propheten» und «Erst geköpft, dann gehangen») in seiner Maßlosigkeit und Grausamkeit mit den atemlosen, buffonesk kurzgliedrigen Motivwiederholungen und unter Hinzufügung von für das Kolorit der «Türkenmusik» bezeichnenden Instrumenten. Diese Stellen charakterisiert Mozart in seinem aufschlußreichen Brief mit den Worten: «Ein Mensch, der sich in einem so heftigen Zorn befindet, überschreitet alle Ordnung, Maß und Ziel, er kennt sich nicht – so muß sich auch die Musik nicht mehr kennen.» Gleich darauf fügt er, der Klassiker, allerdings hinzu, die Leidenschaften dürften «niemal bis zum Ekel ausgedrücket sein», und die Musik dürfe «auch in der schaudervollsten Lage das Ohr niemalen beleidigen», sondern müsse «doch dabei vergnügen, folglich allzeit Musik bleiben». Es ist sicher kein Zufall, daß ihn gerade eine Arie dieser ihm so am Herzen liegenden Gestalt zu Äußerungen von so grundsätzlicher Bedeutung veranlaßt hat. Osmins Triumpharie «Ha, wie will ich triumphieren» (Nr. 19) ist vom gleichen Geiste getragen, denn sie bringt gleichsam die Erfüllung des von Anfang an Ersehnten.

Als zumindest für Mozart wichtigste und charakteristischste Figur erweist sich Osmin auch durch die Fülle von Ensembles, an denen er beteiligt ist. Alle diese Gesänge sind Buffa-Ensembles der verschiedensten Form, in erster Linie aber dramatische Szenen, deren Teilnehmer Mozart im Widerspiel miteinander charakterisiert. Im Duett Nr. 2 wird Belmonte von Osmins ungehobeltem Ton so überrascht, daß er sich ihm weitgehend anschließt, im Terzett Nr. 7 nehmen die beiden jungen Männer gleichfalls den Ton des Alten auf, treiben ihn aber zuletzt damit in die Enge. Ganz klein wird er im Duett mit Blonde (Nr. 9), in dessen erstem Teil sie ihn lächerlich macht, indem sie ihn nachäfft, während sie im zweiten Teil seiner verständnislos-schwerfälligen Moll-Betrachtung «O Engländer, seid ihr nicht Toren» souverän eine galante, selbständige Weise entgegensetzt und ihn im dritten mit handfestem Buffageplapper endgültig in die Flucht schlägt. Im «Saufduett» mit Pedrillo «Vivat Bacchus» (Nr. 14) hat dieser von vornherein mit der von Osmin begehrten Flasche das Heft in der Hand. Er gibt, schon gleich in einer durch die Verwendung von Trommelbässen und Pikkoloflöte der Türkenmusik Osmins angepaßten Weise, den Ton an und bringt den Alten dann geschickt durch den harmlos fröhlichen Trinkspruch «Es leben die Mädchen» über seine Bedenken hinweg,

*Rudolf Schock (geb. 1915) als Belmonte in der Salzburger Festspielinsze-
nierung von 1956. Oscar Fritz Schuh war der Regisseur, Casper Neher der
Ausstatter dieser Neuproduktion zum 200. Geburtstag Mozarts. Die musikalische Leitung hatte George Szell (vgl. Diskographie).*

so daß Osmin schließlich selbst das Lob des Bacchus anstimmt, nun aber
mit dem vollen Schlagzeug des Janitscharenorchesters.

Im Quartett Nr. 16, dem Finale des zweiten Aktes, an dem Osmin nicht
beteiligt ist, tritt Mozarts Kunst der Simultancharakteristik zum erstenmal in ihrer ganzen Anschaulichkeit zutage, vor allem bei der auch inhalt-
lich von ihm inaugurierten Entzweiung und Wiederversöhnung der beiden Paare. Das im Mittelpunkt stehende vierstimmige A-Dur-Andantino
«Wenn unsrer Ehre wegen» ist das erste Beispiel für die Fähigkeit des
reifen Mozart, das menschlich-allzumenschliche Geschehen für kurze
Zeit sub specie aeternitatis zu betrachten und in reine Harmonie aufzulö-
sen. – Den gleichen Geist atmet auch der, dem Brauch der Zeit entspre-
chend «Vaudeville» benannte, Rundgesang «Nie werd ich deine Huld verkennen» vor dem Schlußchor. In übereinstimmenden Strophen, nur mit
jeweils wechselnder Begleitung und jedesmal von einem vierstimmigen

187

Refrain beschlossen, statten die vier Geretteten nacheinander dem Bassa ihren Dank ab. Osmin hingegen kann seine Rachegelüste auch jetzt nicht bezähmen; er beginnt zwar mit der Strophenweise, geht aber dann unter voller «türkischer» Begleitung in das «Erst geköpft, dann gehangen» seiner zweiten Arie über und läuft wütend davon. Damit ruft er die anderen zu kurzer innerer Einkehr in einem ganz verinnerlichten, sotto voce vorgetragenen vierstimmigen Satz auf, von dem aus Konstanze elegant in den Refrain zurückleitet – eine musikalisch ergreifende Szene, die dramatisch nur den einen Nachteil hat, daß der, dem diese zarte Ehrung zuteil wird, musikalisch stumm ist. Die Oper endet jedoch in seinem Milieu mit einem Janitscharenchor, der, wie auch der Chor Nr. 5, mit seiner pausenlos dahinstürmenden Bewegung, seiner betont simplen Melodiebildung und Harmonik und vor allem mit seiner grellen, durch viel Schlagzeug untermalten Instrumentation die in der Zeit so beliebte Janitscharenmusik aufs reinste verkörpert. Schon die Ouvertüre führt gleich mitten in diese Klangwelt hinein. Belmonte, dessen Auftrittslied, nach Moll gewendet, ihren Mittelteil bildet, erscheint also hier noch ganz von der feindlichen Welt überwältigt, deren Menschlichkeit er am Ende sein Glück verdankt.

Die Schlüsselstellung, die die ‹Entführung› zwischen rein musikalischer und musikalisch-dramatischer Reife in Mozarts Schaffen einnimmt, hat niemand treffender charakterisiert als der in vieler Hinsicht kongeniale C. M. von Weber, wenn er (in einer Einführung in die Oper vom 11. Juni 1818) schreibt: «Ich glaube in ihr das zu erblicken, was jedem Menschen seine frohen Jünglingsjahre sind, deren Blütezeit er nie wieder so erringen kann, und wo beim Vertilgen der Mängel auch unwiederbringliche Reize fliehen. Ja, ich getraue mir den Glauben auszusprechen, daß in der ‹Entführung› Mozarts Kunsterfahrung ihre Reife erlangt hatte und dann nur die Welterfahrung weiter schuf. Nach Opern wie ‹Figaro› und ‹Don Giovanni› war die Welt berechtigt, mehrere von ihm zu erwarten, eine ‹Entführung› konnte er mit dem besten Willen nicht wieder schreiben.»

Rechts: Szenenfoto von einer Open-air-Aufführung der ‹Entführung› im Hof der Salzburger Residenz anläßlich der Festspiele im Sommer 1962, mit Erika Köth als Konstanze und Peter Minich als Bassa Selim. Die Premiere dieser von István Kertész dirigierten, von Karlheinz Haberland in Szene gesetzten und von Ulrich Schmückle ausgestatteten Produktion fiel übrigens buchstäblich ins Wasser und mußte in dem akustisch ungünstigen Carabinieri-Saal stattfinden. Der Kritiker der Wiener Zeitung «Die Presse» schrieb dazu am 30. Juli 1962: «István Kertész hält als musikalischer Leiter

das Ensemble fest in der Hand. Er dirigiert mit Temperament und Animo.
Ihm ist zu danken, daß die musikalische Spannung durchweg erhalten
bleibt. Aber keine noch so erfreuliche Erneuerung des Ensembles vermag
es plausibel zu machen, warum Mozarts jugendliches Werk, das in eben
gewonnener künstlerischer und persönlicher Freiheit seine Flügel ausbrei-
tet, das sich jubelnd ins Freie und Weite schwingt, justament ins ornamen-
tale Gehäuse einer protzigen Stilbühne gesteckt wird.»

Stefan Kunze*

«Die ‹Entführung aus dem Serail›
schlug alles nieder ...»

Aspekte von Mozarts Werkkonzeption

Es war zu Lebzeiten Mozarts größter Erfolg auf dem Theater, und er trat schlagartig ein. Bis dahin – die ‹Entführung› entstand zwischen Ende Juli 1781 und Ende Mai 1782 – muß Mozart (urteilt man nach den Maßstäben der Zeit) als ein eher erfolgloser Opernkomponist gelten. Keine seiner früheren Opern, eingeschlossen der gewaltige, reiche ‹Idomeneo› (1781), erschien nach den ersten Aufführungen am Ort des Auftrags je in anderen Theatern. Der Erfolg der ‹Entführung› war zwar zunächst geographisch begrenzt auf den deutschsprachigen Raum, das heißt auf Gebiete, die eher am Rande der damaligen großen Opernwelt lagen. Und doch war dieser Erfolg, abgesehen davon, was er für Mozart selbst bedeutete, kein gewöhnlicher: Er hatte den Rang eines epochalen Ereignisses. Goethe registrierte es, nicht zuletzt deshalb, weil er sich selbst durch diesen Erfolg betroffen sah. Seine langjährigen Bemühungen (1773 bis ca. 1785) um das neue und (wie er und andere meinten) vielversprechende Genre des deutschen Singspiels, dem er mit eigenen Arbeiten und Ideen eine gedeihliche Richtung zu weisen gedachte, waren mit einem Schlage zunichte gemacht. «Alles unser Bemühen», so lautet die resignierende Feststellung aus der Rückschau, «uns im Einfachen und Beschränkten abzuschließen, ging verloren, als Mozart auftrat. Die ‹Entführung aus dem Serail› schlug alles nieder, und es ist auf dem Theater von unserm so sorgsam gearbeiteten Stück (es handelt sich um das Singspiel ‹Scherz, List und Rache›) niemals die Rede gewesen» (Italienische Reise, November 1787). Es mag Goethe deutlich geworden sein, daß, wie immer man die Gewichte auf Text und Musik verteilen wollte, in einem Genre des primär musikalischen Theaters eben die Musik den Ausschlag geben mußte. Kategorisch und anschaulich hatte Mozart dieses Prinzip in dem berühmten Brief vom 13. Oktober 1781 über die Qualität des Textbuchs zur ‹Entfüh-

* Stefan Kunze (geb. 1933), deutscher Musikwissenschaftler und seit 1973 Leiter des Musikwissenschaftlichen Seminars der Universität Bern, veröffentlichte seine dramaturgisch-musikalische Studie zu Mozarts ‹Entführung› zuerst 1980 im Programmheft zur Münchner Neuinszenierung des Singspiels, später in einer überarbeiteten und erweiterten Fassung anläßlich der 200. Wiederkehr der Uraufführung in der «Neuen Zürcher Zeitung» vom 26. Februar 1982. Wir bringen hier die gestrafftere Münchner Fassung seines Aufsatzes mit einigen aus der Zürcher Version übernommenen Korrekturen im dritten Abschnitt.

rung› formuliert: «. . . und ich weis nicht – bey einer opera muß schlechterdings die Poesie der Musick gehorsame Tochter seyn. –» Dann sofort an-
schließend die rhetorische Frage: «– warum gefallen denn die Welschen
kommischen opern überall? – mit allem dem Elend was das buch anbelangt! – . . . weil da ganz die Musick herscht – und man darüber alles ver-
gisst. –» Mozart wußte freilich wohl, daß die Qualität der Musik allein
nicht genügte; mit dem ‹Idomeneo› hatte er diese leidvolle Erfahrung gemacht. Darum fährt er fort: «– um so mehr muss ja eine opera gefallen wo
der Plan des Stücks gut ausgearbeitet; die Wörter aber nur blos für die
Musick geschrieben sind, und nicht hier und dort einem Elenden Reime
zu gefallen . . .» Und endlich die Schlußfolgerung: «. . . da ist es am besten
wenn ein guter Komponist der das Theater versteht, und selbst etwas
anzugeben im stande ist, und ein gescheider Poet, als ein wahrer Phönix,
zusammen kommen.» Keinen «Dichter» also, sondern einen «gescheiten
Poetēn» forderte Mozart. Ob der theatererfahrene und erfolgreiche Wiener Komödien-Autor Gottlieb Stephanie der Jüngere ein solcher war,
bleibe dahingestellt. Da Ponte ist es sicher in einem viel höheren Maße
gewesen. Aber Stephanie unterwarf sich offensichtlich Mozarts Willen:
«. . . er arrangiert mir halt doch das buch – und zwar so wie ich es will – auf
ein haar – und mehr verlange ich bey gott nicht von ihm!» (26. September
1781). Dafür war Mozart bereit, auch Unebenheiten der Verse, die er
gleichwohl bemerkte und mit Spott bedachte, in Kauf zu nehmen. Von
seiten des Textautors waren also die Voraussetzungen für ein gelungenes
Theaterwerk, wenn nicht ideal, so doch gut – zumindest ausreichend. Gewiß ist Stephanie, wiewohl seine Verse und Metaphern nicht von der besten Sorte waren, einem Abbate Varesco, dem Textdichter des ‹Idomeneo›, weit überlegen gewesen.

Mozart selbst allerdings war schon immer ein «guter Komponist», und
einer, der etwas vom Theater verstand – dies beweisen die unschätzbaren
‹Idomeneo›-Briefe sowie manche Szene aus früheren Opern. Schließlich
herrschte in Mozarts Theaterwerken seit Anbeginn die Musik, und zwar
nicht nur in dem Sinn, daß sie das theaterkonstituierende Medium war,
vielmehr auch durch ihren besonderen instrumental-orchestralen Geist.
Dieser autonome Charakter des musikalischen Gefüges löste übrigens bei
dem auf die italienische Oper orientierten Publikum, ja damals fast al-
lenthalben, Befremden, wenn nicht Ablehnung aus. Was also begründet
eigentlich den spontanen Erfolg der ‹Entführung›? Was war die Ursache
für die theatralische Lebendigkeit, die gerade dieses Werk als erstes in der
Reihe der Opern Mozarts bis heute bewies?

Gattung Deutsches Singspiel

Osmins Zorn, Belmontes schwärmerische Liebe, Pedrillos, Blondchens
kreatürliche Munterkeit und Mutterwitz, Konstanzes Trauer und alles
durchwirkt von einer Jugendlichkeit, die Carl Maria von Weber einmal als
den unverwechselbaren Ton der ‹*Entführung*› bezeichnete, muten noch
heute so frisch an wie am ersten Tag. In allen Werken Mozarts, so bemerkte der späte Goethe gelegentlich, läge «eine zeugende Kraft, die von
Geschlecht zu Geschlecht fortwirket und so bald nicht erschöpft und ver-
zehrt sein dürfte» (zu Eckermann am 11. März 1828). Aber erstmals in
der ‹*Entführung*› ist auch die Dimension des Theaters, des Spiels, sind die
Figuren eingeschlossen. Man kann dies, zu einem Teil wenigstens, darauf
zurückführen, daß die Gattung des deutschen Singspiels noch zu Mozarts
Zeit (und übrigens auch weiterhin) keine gefestigten Konturen aufwies,
die sich wie in der konsolidierten italienischen Opera seria und buffa hätten einengend auswirken können. Trotzdem war es Mozart in einem ersten Angang nicht gelungen, den Singspiel-Rahmen mit einem musikalisch und gleichermaßen dramatisch überzeugenden Leben zu erfüllen.
Das schon im «türkischen» Sujet auf die ‹*Entführung*› vorausweisende
Singspiel ‹*Zaide*› [1779/80]; Titel nicht authentisch) blieb als Fragment
liegen, und wie der musikalische Befund nahelegt, nicht nur, weil sich die
Hoffnungen auf eine Aufführung (möglicherweise in Wien) zerschlugen.

Die ‹*Entführung*› ist aus *einem* Guß. Das unterscheidet sie von allen
früheren Opern Mozarts, wie gesagt, auch vom ‹*Idomeneo*›, dessen
Aktion für die unerhört reiche, bedeutende Musik kaum transparent
wird. Daß der Nachwelt die Briefe Mozarts zur ‹*Entführung*› erhalten
blieben, gehört zu den in der Geschichte seltenen Glücksfällen, in denen
der Weltgeist (um mit Hegel zu sprechen) den verhüllenden Schleier für
einen Augenblick lüftete. Sie dokumentieren, wenngleich nur zeichen-
haft – denn Mozart lag die kunsttheoretische Reflexion so fern wie möglich – die neue Stufe, die in der ‹*Entführung*› erreicht ist: die Verschrän-
kung von musikalischem und dramatischem Kunstverstand.

Zunächst: die Konstellation war günstig: «– mich freuet es so, das Buch
zu schreiben, daß schon die erste aria von der Cavalieri (Konstanze), und
die vom adamberger (Belmonte) und das Terzett welches den Ersten
Ackt schließt, fertig sind. die zeit ist kurz, das ist wahr; ... allein – die
umstände, die zu der zeit da es aufgeführt wird, dabey verknüpft sind,
und überhaubts – alle andere absichten – erheitern meinen Geist dergestalten, dass ich mit der grösten Begierde zu meinem schriebtisch eile,
und mit gröster freude dabey sitzen bleibe» (an den Vater am 1. August
1781). Mozart war für sein Werk von einer «Passion» erfaßt worden. Viel

Der Fluchtversuch von Pedrillo und Blondchen (im dritten Aufzug) in Giorgio Strehlers Salzburger Festspiel-Inszenierung von 1965, die insgesamt acht Jahre lang (1965–67 und 1970–74) im Kleinen Festspielhaus lief und zu den wichtigsten Inszenierungen von Mozarts Singspiel in unserem Jahrhundert gezählt werden muß. «Vor einer silbern-lichten Meereslandschaft von unendlicher Weite, die Luciano Damiani auf die Bühne zauberte, ließ Strehler die Gestalten von Mozarts ‹Entführung› wie Schattenbilder aufziehen», schrieb der langjährige Festspielchef Josef Kaut in seinem Festspielbuch von 1969. Über das Ensemble der ersten Spielzeit von 1965 notierte er: «Zubin Mehta erwies seine großen Qualitäten als Operndirigent. Neben Anneliese Rothenberger und Reri Grist sang der früh verstorbene Fritz Wunderlich seine letzte Rolle in Salzburg.» Der Premierenkritiker des «Münchner Merkur», Helmut Schmidt-Garré, hatte von Strehlers ‹Entführung in Scherenschnitten› einen ganz anderen Eindruck: «Intellektuell besticht dieser Einfall, aber seltsamerweise erweist er sich als nur wenig bühnensinnlich ... und nutzt sich ab. Für alle drei Akte gibt es ein Einheitsbühnenbild, seine Merkmale sind Rundhorizont, Meer und silbrig-bläuliche Kühle. Diese Kühle und der Mangel an Atmosphäre legen sich wie Rauhreif auf Mozarts leidenschaftliches Sturm- und Drang-Spiel» («Münchner Merkur» vom 30. Juli 1965).

schwerer wiegt noch, daß er durch die Komposition an der ‹Entführung› angeregt wurde, Maximen der Opernkomposition, seiner dramatisch-musikalischen Konzeption zu formulieren. Man pflegt sich etwa von der Aussage von der Herrschaft der Musik zufriedenzugeben. Was besagt diese von Mozart so drastisch und bildhaft hingeworfene Äußerung? Der Sinn kann nicht zweifelhaft sein; vor allem dann nicht, wenn man sie im Kontext auch der übrigen Entführungs-Briefe interpretiert. Da ist insbesondere die Rede von der «Idee» des Komponisten, der sich der Textautor unterordnen müsse, vom «Plan des Stücks» der «gut ausgearbeitet» sein solle. «Plan» (gemeint ist offensichtlich die Gesamtdisposition des dramatischen Ablaufs) und «Idee» beziehen sich indessen nicht auf das einzelne Stück, wie man meinen könnte, sondern auf die musikalisch-dramatische Gesamtkonzeption. Nur unter dieser Voraussetzung ist denkbar, was Mozart über die Entstehung der Arie des Osmin «Solche hergelaufne Laffen» (Nr. 3) berichtet, die in der Vorlage (Friedrich Bretzners ‹Belmonte und Konstanze oder Die Entführung aus dem Serail›, 1781) gar nicht vorgesehen – Osmin war dort eine Nebenperson – und von Stephanie auch noch nicht verfaßt war: «– die aria hab ich dem H: Stephanie ganz angegeben; – und die hauptsache der Musick davon war schon fertig, ehe Stephanie ein wort davon wuste . . .» (13. Oktober 1781). Die Arie kann nicht im Grundriß schon fertig gewesen sein, ohne daß Mozart eine genaue Vorstellung von der Gesamtdisposition gehabt hätte. Es ist die Vorstellung des musikalisch-dramatischen Ganzen, durch die sich die Konzeption der ‹Entführung› von den früheren Opern abhebt: «Gestern habe ich bey der Gräfin Thun gespeist, und Morgen werde ich wieder bey ihr speisen. – ich habe ihr was fertig ist hören lassen. – sie sagte mir auf die lezt, daß sie sich getraue mir mit ihrem leben gut zu stehen, dass das, was ich bis dato geschrieben, gewiß gefallen wird. – ich gehe in diesem Punkt *auf keines Menschens lob oder tadel* – bevor so leute nicht alles im ganzen – gehört und gesehen haben; sondern folge schlechterdings *meinen eigenen Empfindungen* – sie mögen aber nur daraus sehen, wie sehr sie damit muss zufrieden gewesen seyn, um so etwas zu sagen –» (8. August 1781). Aufs bestimmteste ist hier behauptet, daß sich die eigentlich beabsichtigte Wirkung nur aus der Kenntnis des Ganzen ergeben könnte. Dies bedeutet: Mozart spielt an auf die neuartige Einheit des Werks, die weniger Sache einer festgelegten Konvention ist, als vielmehr hervorgeht aus einem auf das besondere Werkgefüge bezogenen Kunstverstand. Bemerkenswert ist auch die Ausdrücklichkeit, mit der sich Mozarts künstlerisches Selbstbewußtsein artikuliert, die entschiedene Abwehr des Urteils anderer über künstlerisches Gelingen oder Mißlingen. Beethoven hätte die vom Künstler beanspruchte Souveränität nicht schärfer, radikaler formulieren können.

Die Schlußszene des ersten Aufzugs in Giorgio Strehlers «scherenschnittartiger» Inszenierung der ‹Entführung› für die Salzburger Festspiele 1965, hier in einer Aufführung der Oper im August 1974 mit Kurt Moll als Osmin, Werner Hollweg als Belmonte und Gerhard Unger als Pedrillo. Dirigent dieser Aufführung war Leif Segerstam.

Kunstcharakter und Werkeinheit

Was Mozart in der ‹Entführung› vorschwebte, und was er in der Tat erreichte, ist der ganzheitliche Entwurf, ein Entwurf allerdings, der sein bewegendes, sinnstiftendes Zentrum in der Musik hatte – und zwar nicht *trotz* der Kombination von gesprochenem Dialog und musikalischen Nummern, die der Musik weniger Raum ließ als die italienische Buffa und Seria, sondern *wegen* der a priori lockeren Singspiel-Struktur, die größere Beweglichkeit in der Disposition gestattete. Es ist darum wohl kein Zufall, wenn Mozart gerade dort auf der Eigengesetzlichkeit und autonomen Ordnungskraft der Musik besteht, wo es nahegelegen hätte, ausschließlich die dramatische Abhängigkeit zu betonen. Osmins Wut ist maßlos, und Mozarts Absicht ist es, in der Osmin-Arie des ersten Aktes diesen Charakter in die Musik aufzunehmen: «... ein Mensch der sich in

195

einem so heftigen zorn befindet, überschreitet alle ordnung, Maas und Ziel, er kennt sich nicht – so muss sich auch die Musick nicht mehr kennen ...» Dann aber folgt die Einschränkung, richtiger gesagt eine Art kategorischer Imperativ, der (nebenbei bemerkt) Perspektiven von kaum auszumessender Tragweite eröffnet: Es dürften die «leidenschaften» niemals «bis zum Eckel ausgedrücket seyn», die Musik müsse «auch in der schaudervollsten lage das Ohr niemalen beleidigen, sondern doch dabey vergnügen», somit «allzeit Musick bleiben» (26. September 1781).ˑ Der Kunstcharakter der ‹Entführung› bestünde demnach darin, daß die durchaus elementaren, auf schlichte Muster rückführbaren Motive, die die Handlung ausmachen, Gestalt wurden durch Musik, daß aber andererseits die musikalische Autonomie der Disposition klar hervortritt.

Die Werkeinheit der ‹Entführung› ist von der Art, daß sich nicht sagen läßt, ob sie primär musikalisch oder dramatisch begründet ist. Das vordergründigste Indiz für jene das Werk umgreifende Einheit ist die Rolle der «türkischen Musik» (kleine Flöte, Triangel, Becken und große Trommel), die Mozart weniger als charakteristisches Kolorit, als *couleur locale*, anwendete, denn als «leitmotivisches» Klangelement. Es repräsentiert in der Ouvertüre, in den Huldigungschören, in Osmins Zornausbrüchen ein von Empfindung und Veränderung nicht betroffenes fremdartiges Dasein, das Gegenteil von Beseelung. Die «türkische Musik» tritt immer dann ein, wenn etwas Unbeugsam-Bedrohliches unerwartet in die Handlung eingreift. Und nicht von ungefähr bringt Mozart selbst das Einfallen der «türkischen Musik» in der Ouvertüre mit dem Überraschungsmoment in Verbindung, das die Konstruktionsidee dieser Komposition ist: «... ich glaube man wird dabey nicht schlafen können und sollte man eine ganze Nacht durch nichts geschlafen haben» (26. September 1781).

Der «Plan», von dem Mozart an der schon zitierten Briefstelle redete und auf den alles an käme, erfaßt alle Glieder der musikalisch-dramatischen Architektur. Und Stephanie hat sich Mozarts Willen unterworfen. Von den Texten zu 21 Musiknummern in der ‹Entführung› stammen nur zehn aus dem Bretznerschen Vorgänger-Stück. Man begreift, daß Christoph Friedrich Bretzner, der später (1794) ‹Così fan tutte› für Leipzig ins Deutsche übersetzte und bearbeitete, im Vorwort dazu fast enthusiastisch von der «reizenden(n) und vortrefflichen Musik dieses Meisterwerkes des unsterblichen Mozarts» sprach, zunächst protestierte: «Ein gewisser Mensch, Namens *Mozart*, in Wien hat sich erdreistet, mein Drama ‹Belmonte und Constanze› zu einem Operntexte zu mißbrauchen ...» (1782?). Ingeniös schon die Disposition des ersten Aktes: wie die Gegenspieler Belmonte und Osmin jeder in seiner eigenen Welt und Sprache –

Belmonte in der eröffnenden Abbreviatur einer Arie, Osmin im behäbig-
beschaulichen Lied – in knappster Form vorgestellt werden, wie Osmins
Lied die Entführungsgeschichte bereits sinnspruchartig ankündigt, wie
Belmonte in die Zuständlichkeit des Lieds einbricht und daraus die
Aktion hervorgeht. Die beiden folgenden Arien (Osmin und Belmonte)
artikulieren nochmals entschieden die dramatische Grundkonstellation,
bis (wiederum überraschend) mit einem Huldigungschor der Janitscharen
Bassa Selim und in sentimentalischer Trauer die von ihm geliebte, gleichwohl gefangengehaltene Konstanze den Schauplatz betreten – eine Situa-
tion, die später in der ‹Zauberflöte› in der Beziehung zwischen Sarastro,
Pamina und Tamino wiederkehrt.

Daß der Bassa Selim, der «edle Türke», eine Sprechrolle ist (freilich
durchaus keine Nebenrolle) unterstreicht die unüberbrückbare Kluft zwischen Konstanze und ihm. Der jugendliche, feurige Liebhaber Belmonte
steht gegen die reife, geläuterte und sich läuternde Menschlichkeit des
Bassa. Aber die Glaubwürdigkeit, die Wahrheit der Lösung, die schließlich gewaltsam ins Werk gesetzt wird, aber als Gewaltakt exemplarisch
mißlingt, mag darin liegen, daß der Menschlichkeit des Bassa Selim die
Dimension der musikalischen Beseelung und der Spontaneität fehlt.
Doch auch der Bassa und Konstanze, die von ihm glücklos geliebte, sind
ein ungleiches Paar. Konstanzes Standhaftigkeit schöpft aus Quellen, die
dem Bassa unzugänglich sind. Die wegen ihrer Koloraturen häufig getadelte erste Arie der Konstanze («Ach ich liebte») muß man sogar gegen
ihren Autor in Schutz nehmen: «Die aria von der konstanze habe ich ein
wenig der geläufigen gurgel der Mad:selle Cavallieri aufgeopfert. *Trennung war mein banges loos. und nun schwimmt mein aug in Thränen* –
habe ich, so viel es eine wälsche Bravour-Aria zulässt, auszudrücken gesucht» (26. September 1781). Ein Stilbruch also? Hermann Abert, der
bedeutende Mozart-Biograph, glaubte sogar einen «unheilvollen Riß» in
Konstanzes Charakterbild konstatieren zu müssen. Aber die große Koloratur-Arie steht für die heroische Vereinsamung, entspricht zweifellos
Konstanzes Situation und ist demnach am Platze. Anders wäre es, wenn
sich Konstanze hier an den Geliebten wenden würde. In ihrer Arie bekundet sich Unnahbarkeit. Es ist kaum Zufall zu nennen, daß sich Konstanze im zweiten Akt, während der abermaligen Begegnung mit dem
Bassa Selim, ebenfalls in einer heroischen großen Koloratur-Arie aus-
spricht, in der Martern-Arie (Nr. 11). Ganz andere Töne schlägt Konstanze indessen an, wenn sie allein ist, ihren Empfindungen unverstellt
Raum zu geben vermag wie in ihrer g-Moll-Arie der vorausgehenden
Szene (Nr. 10: «Welcher Wechsel herrscht in meiner Seele» – «Traurigkeit
ward mir zum Lose»). Wird diese Arie gestrichen, was nicht selten ge-

Thomas Holtzmann als Bassa Selim im aktuellen «Chomeini»-Look und Edita Gruberova als Konstanze, in der von August Everding inszenierten Münchner Neuproduktion der ‹Entführung› im Jahre 1980. In dieser Inszenierung wirkte Karl Böhm (1894–1981) zum letztenmal vor seinem Tod als Operndirigent und leitete in den Monaten April und Juli 1980 sowie im Januar 1981 insgesamt acht Vorstellungen.

schieht, um die mißliche Aufeinanderfolge zweier Konstanze-Arien zu vermeiden, dann bleibt jedenfalls Wesentliches auf der Strecke.

Kehren wir zurück zum ersten Akt: das Terzett (Belmonte, Pedrillo, Osmin), mit dem er schließt, ist mehr als ein stürmischer, effektvoller Aktschluß. Es schlägt den Bogen zum gestörten Lied Osmins. Jetzt erfolgt der Durchbruch, der sich dort anbahnte; Belmonte und Pedrillo erzwingen sich den Eintritt («... Wir gehn hinein ...»). Der erste Akt exponiert in gedrängtester Form die Figuren, die sie bewegenden Kräfte und die entscheidende Aktion, die sich zur Entführung gleichsam spiegelbildlich verhält. Diese hatte Mozart ursprünglich an die Stelle versetzen wollen, an der üblicherweise die musikalische Komödie kulminiert, nämlich an den Schluß des zweiten Aktes. Im Vorgänger-Stück von Bretzner ist die Entführungs-Szene als musikalischer Ensemble-Satz (Sextett) am Anfang des dritten Aktes placiert. Die Versetzung der Entführungs-Szene an den Schluß des zweiten Aktes aber hätte im dritten «eine grosse veränderung, ja eine ganz Neue intrigue» erfordert (Mozart am 26. September 1781). Das war von Stephanie zuviel verlangt. Freilich dürfte die Erfindung einer neuen «Intrige» auch kaum möglich gewesen sein ohne Gefährdung des dem Singspiel angemessenen einfachen Handlungsgrundrisses. Die schließlich gefundene Lösung des dramatischen Dilemmas ist denn auch ungleich viel überzeugender, als die projektierte, wirft ein helles Licht auf Mozarts formgebenden Kunstverstand. Das Quartett am Schluß des zweiten Aktes, das einzige größere Ensemble des Werks, akzentuiert dessen Kulminationspunkt: die Begegnung der beiden Paare. Die ursprünglich für den dritten Akt gewünschte «Intrige» findet nun im Quartett statt. Es ist das plötzlich aufkommende Mißtrauen, das alles in Frage stellt. An diesem Wendepunkt einer Erschütterung, Besinnung und Verzeihung erfüllt sich die Menschlichkeit der Handelnden. Die Musik sagt es. Im Quartett, das Bretzner an dieser Stelle vorgesehen hatte, ist nur von der Hoffnung die Rede, der Fluchtplan möge gelingen. Mozarts Entschluß, die im dritten Akt belassene Entführungs-Szene eben nicht als Ensemble zu behandeln, kann man nicht genug bewundern. Denn ein derart weitläufiges Ensemble an der falschen Stelle – im dramaturgisch stets weniger gewichtigen dritten Akt – hätte sicherlich die Proportionen empfindlich gestört, der Vereinigung des Liebespaars (Rezitativ und Duett Nr. 20) angesichts des Todes nach mißglückter Entführung und vor der Lösung im Vaudeville (Nr. 21) am Schluß das Gewicht genommen.

Wo immer man ansetzt: stets tritt die planvolle Disposition hervor. Daß dennoch kein Schritt der Handlung, keine Pointe bis hin zur überraschenden Konfiguration von gescheiterter und gewährter Entführung determiniert erscheint, sondern als a priori freies Spiel, dies erst macht den künst-

Ileana Cotrubas als Konstanze und Frank Hoffmann als Bassa Selim in Filippo Sanjusts Salzburger Neuinszenierung der ‹Entführung› im Sommer 1980. Sanjust hatte auch Bühnenbilder und Kostüme dieser üppig ausgestatteten und unterschiedlich aufgenommenen Produktion entworfen; der Dirigent war Lorin Maazel.

lerischen Rang aus. Unerklärlich bleibt indes das besondere Ineinanderwirken von musikalischer und dramatischer Phantasie. Carl Maria von Weber hatte wohl Recht, als er meinte, in der ‹Entführung› habe «Mozarts Kunsterfahrung ihre Reife erlangt» und dann die «Welterfahrung» weitergeschaffen: «Opern wie ‹Figaro› und ‹Don Juan› war die Welt berechtigt, mehrere von ihm zu erwarten. Eine Entführung konnte er mit dem besten Willen nicht mehr schreiben. In ihr glaube ich das zu erblikken, was jedem Menschen seine frohen Jünglingsjahre sind, deren Blütezeit er nie *so* wieder erringen kann ...»

Annegret Ritzel*

Aus Konstanzes Tagebuch

Montag
Belmonte,
ach Belmonte, lebst Du noch?
Ach bitte, lebe noch, ich hoffe, ich glaube, daß Du lebst. Und wenn Du lebst, so bin ich sicher, daß Du einen Weg gefunden haben wirst, Dich zu befreien und nach Hause zurückzukehren. Oder bist Du gar unterwegs zu mir? Ach wüßte ich nur, wie es Dir geht!

Eine Woche lang waren wir in den Händen von Seeräubern; zum Glück hatten sie es nur auf meinen Schmuck abgesehen und nicht auf mich selbst; der Anführer der Bande hat dafür gesorgt, daß niemand uns anrührte. Nachdem ich zwei Tage lang geweint hatte, gingen endlich meine Tränen zu Ende und ich fiel in einen sehr langen Schlaf. Blonde, meine Allerbeste, tat alles um mich aufzuheitern: mit ihrem theatralischen Talent verstand sie es, Gang, Haltung und Redeweisen der Seemänner nachzuäffen, mal O-beinig, mal schlurfend, mal plattfüßig; nicht nur Pedrillo und mich machte sie lachen; nach einer Weile hatte sich ein kleiner Haufen der Schiffsmannschaft versammelt und schaute Blondes munterem Treiben zu. Durch diese kleine Geschichte waren wir für sie keine verachteten Fremden mehr. Pedrillo hatte herausgefunden, daß unter der Mannschaft auch zwei französische Adlige waren, die durch ihre Armut in diesen verbrecherischen Berufsstand sich hatten versetzen müssen. Einer der beiden war ein Freund des Grafen von Boussignac gewesen, bei dem Pedrillo, bevor er zu Dir kam, ein halbes Jahr lang als Gärtner gearbeitet hatte; so gewannen wir fast einen Freund auf dieser grausamen Reise. Wir wußten zunächst nicht, wo es hinging, bis selbiger Franzose uns heimlich wissen ließ, daß wir nördlich von Kreta landen würden und dort auf dem Sklavenmarkt verkauft werden sollten. Diese Aussicht machte uns alle drei so verzweifelt, daß wir in den nächsten Tagen keine Speisen mehr zu uns nehmen konnten. Ich betete zu Gott, er möge uns davor bewahren oder einen Sturm schicken, bei dem wir unser Lebensende finden könnten. Aber das Schicksal hatte etwas anderes mit uns vor:

---

* *Um den an der Produktion beteiligten Schauspielern und Sängern den Einstieg in ihre Rollen zu erleichtern, hat sich die Münchner Regisseurin Annegret Ritzel anläßlich ihrer Ulmer Inszenierung der ‹Entführung› im Jahre 1981 folgende imaginäre Tagebuchaufzeichnungen Konstanzes ausgedacht, die dann auch im Programmheft zur Neuinszenierung abgedruckt wurden. Es ist die erste plausible fiktive Darstellung der möglichen Vorgeschichte der Opernhandlung und zugleich eine präzise psychologische Studie Konstanzes.*

Szenenfoto von der eigenwilligen Frankfurter Inszenierung der ‹Entführung› im Dezember 1981, in der Regisseurin Ruth Berghaus erstmals auf die übliche orientalische Märchenszenerie verzichtete und statt dessen einen Psycho-Raum gespaltener isolierter bürgerlicher Charaktere inszenierte; hier die Traurigkeits-Arie Nr. 10 der Konstanze mit Faye Robinson und Julie Kaufmann als Blondchen (siehe auch das Szenenfoto auf den Seiten 4 und 5 des vorliegenden Bandes).

Eines frühen Morgens hieß es, daß wir nun da seien. Wir sollten gerade von Deck – nun stand uns also der Markt bevor –, als ein Schiff unmittelbar neben dem unsrigen anlegte. Blonde und Pedrillo hatten sich zitternd aneinandergeklammert. Ich schweifte mit meinem Auge sehnsüchtig nach Westen, nach Spanien, nach Belmonte, nach Dir – als mein Blick den Augen eines Mannes begegnete, der sich auf dem Nachbarschiffe befand. Er machte einen sehr vornehmen Eindruck und nahm sich unter dem türkischen Volke, in dem er stand, eher europäisch aus. Eine gewisse Ähnlichkeit mit meinem Vater ließ mich ihn länger anschauen, als Deine Konstanze gewöhnlicherweise Männer anzuschauen pflegt; und auch er blieb mit seinem Blick an mir haften, als hätte er in mir einen längst verlorengegangenen Menschen wiedererkannt. Nach einer Weile wandte er sich ab und sprach mit einem der neben ihm Stehenden, der kurze Zeit später auf unserem Schiff auftauchte um mit dem Kapitän zu sprechen, dann wieder auf dem anderen Schiff zu sehen war und nach gut einer halben Stunde wiederum bei uns erschien. Ich wurde herbeigerufen und man sagte mir, daß ich ans Nachbarschiff als Sklavin verkauft worden sei. Mir versagten die Knie, ich fiel dem Mann, der offensichtlich ein Türke war, in die Arme, kam aber sogleich wieder zu mir und sagte, daß ich ohne meine Dienerschaft dieses Schiff nicht verlassen werde. Der Kapitän lachte über mein kindliches Gemüt und übersetzte dem Türken meine wohl nicht ernst zu nehmenden Wünsche. Dieser verschwand aber sogleich und als er zurückkehrte, stellte sich heraus, daß wir nun alle drei von dem Besitzer des Nachbarschiffes gekauft worden waren. Oh welch ein Segen, in dieser Not! Was aber würde uns erwarten? Unendlich froh, daß wir zusammenbleiben durften, betraten wir nun ein unserem Stande angemessenes Schiff: kleine Zimmer, solche ich vorher auf Schiffen noch nie gesehen hatte, wurden uns zuteil, wir durften uns – erstmals nach einer Woche – waschen und kämmen, frische Kleider wurden uns hingelegt, die zwar wie Nachtgewänder aussahen, aber aus kostbarer Seide waren, mit Spitzen verziert. In kleinen silbernen Flaschen gab es Duftwasser. Kleine Schalen mit Früchten wurden uns gereicht, Datteln, die mit honiggesüßten Pinienkernen gespickt waren. Ich wußte gar nicht, wie mir geschah, in all der Not, plötzlich in Sphären von 1001 Nacht versetzt zu sein. Ein Moment des Aufatmens – vielleicht würde das unsere Rettung sein – vielleicht aber auch nicht. Ich suchte nach Deinem Medaillon, das ich im Saum meines Unterrocks versteckt hatte. Zum Glück, es war noch da. Ich fing an zu weinen – da klopfte es an der Türe – Blondchen stand vor mir; nun in einer türkischen Maskerade, wie man sie hier nur ahnungsweise bei Maskenfesten vorfindet. Kaum war sie wiederzuerkennen – auch ihr hatte man Kleider hingelegt. Ihre Art, die Dinge leichtzunehmen, hat etwas für sich. Als vollendete Türkin stand sie vor mir. Ich mußte lachen. Auch Pedrillo hatte sich herbeigeschlichen. So waren wir wieder beisammen. Zwei Tage lag das Schiff vor Anker, ehe es wieder in See stach. Ich wagte mich nicht aus der kleinen Kabine, Pedrillo und Blondchen indes erkundeten die Verhältnisse. Wir waren also auf einem türkischen Kriegsschiff gelandet, das zur Zeit aber keinen Krieg führte, sondern nur einen hohen türkischen Fürsten von Rom nach Konstantinopel zu bringen hatte. Nach zwei Tagen wurde ich gebeten, an einem Abendessen teilzunehmen. Ich wurde zu einem großen Raum geführt, der am anderen Ende des Schiffes lag. Dort waren etwa fünfzehn offiziersähnliche Herren versammelt, die allesamt auf Kissen saßen, sie schienen auf mich gewartet zu haben, denn als ich eintrat, erhoben sich allesamt, um mich zu begrüßen. Dieses erfolgte durch ein bis zur Taille gehendes Kopfnicken; auch der Herr, mit dem ich die Blicke getauscht hatte, stand plötzlich vor mir. Er sprach mich an, zuerst deutsch, dann spanisch; er nannte sich Selim und fragte nach meinem Namen. Merkwürdigerweise brachte ich kein Wort heraus, ich war wie stumm. Ich blickte vor mir auf den Boden nieder. So stand ich eine Weile. Alle Blicke waren auf mich gerichtet. Dann sprach der, der sich Selim nannte, ein paar Worte, die ich nicht verstand, daraufhin begann man zu speisen. Das Essen dauerte sechs Stunden, dann wurde ich wieder entlassen. Am Tag darauf wurde ich wieder gebeten. Als ich in das bewußte Zimmer eintrat, war dieses leer. Ich wartete und schaute mich um. Zu meinem Erstaunen entdeckte ich Bücher mit lateinischen Aufschriften. In diesem Augenblick trat aus einer hinteren Tür Herr Selim ins Zimmer; er verneigte sich ehrerbietig und bat mich in den dahinterliegenden Raum, der allem Anschein nach sein persönliches Zimmer war. Mich überkam plötzlich ein Unwohlsein, mir wurde heiß und das Blut stieg mir in die Wangen. Selim lächelte. Dann wurde Kaffee serviert, sehr stark und sehr heiß, fast kochend und mit viel Zucker. Schweigen! Daß ich nun Eigentum dieses Herren war, wurde mir in diesem Moment voll bewußt. Er hatte sich die Angelegenheit ja einiges kosten lassen; immerhin hatte er uns teuer eingekauft: man hätte um den Preis eine wohlausgestattete Kutsche mit sechs Pferden erhalten. Gewöhnlicherweise, so hatte Pedrillo herausgefunden, bekommt man für einen Sklaven nicht einmal ein Pferd. Alles das schoß mir in dem Augenblick durch den Kopf. Dieses nicht zu beschreibende Gefühl: jemandes Eigentum zu sein, ebenso wie ein Stuhl oder eine Halskette! In diesem Augenblick verstand ich, wie es den Menschen des Vierten Standes in ganz Europa ergehen müsse, die nichts sind als Eigentum ihrer Fürsten; ich gehörte einstmals auch zu denen, die von der Kraft ihrer Arbeit lebten. Oh, Belmonte, hier habe ich verstanden, daß unser Fürstenstaat dem der Muselmänner an Barbarei in nichts nachsteht.

Aber ich sollte nicht klagen, ich sollte Gott im Himmel dankbar sein, daß er es mir nicht hat schlechter ergehen lassen; denn jetzt, da ich dieses niederschreibe, sitze ich auf weichen Kissen auf einer Veranda, die auf das Meer hinausschaut, in dem sich die rot untergehende Sonne widerspiegelt. Dieser Ort könnte eine wahre Oase sein, wenn ich wüßte, ich wäre hier auf ein halbes Jahr zu Besuch und könnte dann wieder in Deine Arme fallen. Belmonte! Warum nur hat uns das Schicksal getrennt, genau in dem Augenblick, da die glücklichste Zeit des Lebens vor uns lag; und wie sehnsüchtig hat meine arme Mutter meine Rückkehr nach Wien erwartet, und wie beglückt schien doch auch mein Vater, seine Tochter in den Armen eines Mannes zu wissen, der wie er, aus einem alten spanischen Geschlecht stammt; der europäische Bildung besitzt und seine in

Das Schlußterzett des ersten Aufzugs in Ruth Berghaus' Frankfurter Insze-
nierung von 1981, mit Heinz Meyen als Pedrillo, Gerolf Scheder als Osmin
und Philip Langridge als Belmonte.

Deutschland begonnenen Studien nun dort gemeinsam mit mir fortsetzen
würde.

Ach Belmonte – soeben kommt Blondchen herein, schreckensbleich –
seit zwei Tagen bewohnen wir gemeinsam die obere Etage im rechten
Flügel des Landhauses des Selim – und nun soll sie übersiedeln zu einem
Mann, der hier im Hause offenbar den Posten des Kammerdieners oder
Haushofmeisters innehat. Bei unserer Ankunft kam uns dieses etwas
grobe, aber freundliche Gesicht entgegen, und ich konnte beobachten,
daß er die Blicke nicht von Blondchen ließ. Nun also ist eingetreten, was
zu befürchten stand: Ich die Sklavin des Bassa Selim, Blondchen die Sklavin dieses Haushofmeisters. Pedrillo weiß noch nichts von der Angelegenheit. Ich werde Selim, der ja eher europäische, denn türkische Manie-
ren hat – welche auch immer diese sein mögen –, bitten, Blondchen bei mir
zu lassen, da ich ohne sie vor Wehmut vergehe. Wir dürfen nur jetzt den
Kopf nicht verlieren. Der Bassa behandelt mich wie eine Dame von
Stand: Seit wir hier sind, habe ich ihn nicht besuchen müssen, da ich vor-

gegeben habe, krank zu sein.

Auf dem Weg hierher hatte unser Schiff in Konstantinopel haltgemacht. Wir blieben dort vier Tage. Der Bassa hatte – ich möchte übrigens wissen, woher er dieses akzentfreie Spanisch spricht – mich zu den wichtigsten Bauwerken der Stadt geführt und mir alles über ihre Geschichte, ihre Entstehung und ihren architektonischen Charakter erklärt. Er ist außergewöhnlich gebildet und kennt jede Einzelheit, auch hat er mir erklärt, daß die Mohammedaner «die Lehrmeister des Abendlandes» seien, sie hätten die gesamte griechische Kultur nach Europa gebracht, dann seien sie auch die Erfinder der Rechenkunst – die Algebra stamme von ihnen; einer ihrer Ärzte habe den Pestbazillus entdeckt und somit die Menschheit von der schlimmsten Krankheit befreit, aber auch die mehrstimmige Musik stamme von ihnen, da sie die kleine und die große Terz erfunden hätten, was ich nicht so recht glauben wollte.

Inzwischen ist es finster geworden. Blonde hat mir ein paar Windlichter gebracht. Sie ist bereits wieder gefaßt. Morgen werde ich den Bassa ihretwegen sprechen. Ich bin müde, aber ich weiß nicht ob ich schlafen kann, ich muß mich sammeln, muß meine Haltung wiedergewinnen, die mir doch sonst gewiß eigen war.

Dienstag

Der Bassa ist heute nicht da. Er hat zu tun in der Stadt. Nun – so müssen wir uns gedulden mit unserer Bitte. Heute wurden Blonde und ich wieder gebadet, es scheint hier so Sitte zu sein.

Mittwoch

Ein seltsames Land. Alles scheint mir bedrohlich und fremd. Blonde hingegen findet das alles sehr aufregend; fast hat sie Spaß am Abenteuer. Ach hätte ich nur eine Spur davon. Sie hat allerdings auch ihren Pedrillo bei sich – nun, was will sie mehr! Sie meint, sie könne sich schon eingewöhnen, wenn es denn unbedingt sein müsse.

Pedrillo wohnt in einem Seitenhaus. Tagsüber aber können wir uns im Garten sehen.

Donnerstag

Heute am späten Abend ist Selim zurückgekehrt. Von meiner Veranda aus konnte ich das Schiff nahen sehen. Da ihm das Licht in meinem Zimmer nicht entgangen war, ließ er nach mir schicken. Es klopfte an die Türe. Ich erschrak: was würde jetzt geschehen, da doch Mitternacht schon vorbei war. Aber er ließ nur fragen, ob es mir wohlergehe und ob ich noch etwas brauche. Ich bedankte mich und ging einigermaßen beruhigt zu Bette, aber wieder konnte ich nicht schlafen, und so sitze ich nun immer noch und schreibe. Wie still es ist. Und wie warm die Nacht. Ich sehe hinaus in das unendliche All, übersäht mit Sternenglanz und kenne meine Gefühle nicht. Aber ich werde ruhig. Ab jetzt werde ich jede Nacht diesen Himmel anschauen, der mir hoffentlich Stärke schenken wird.

Freitag

Bis jetzt hat sich Selim mir gegenüber rücksichtsvoll verhalten. Alles was geschah, blieb im Bereich der Höflichkeit. Wie lange aber wird das dauern? Ich glaube nicht, daß er mich aus bloßer Nächstenliebe so verwöhnt; und wenn er mich nicht zwingen wird, so wird er doch irgendwann Dank erwarten. Ja, wahrscheinlich; und deshalb werde ich alles, wofür er Dank erwarten könnte, ablehnen. Dieser Gedanke macht mich stark und sicher, vorausgesetzt, daß er nicht wirklich Gewalt anwendet.

Sonntag

Der Bassa hat schöne Augen. Seine Blicke sind scharf und weich zugleich. Ich muß wegschauen, wenn er mich ansieht. Bis jetzt weiß ich nicht, was er eigentlich tut und wer er ist. Auch Pedrillo hat noch nichts herausfinden können. Heute hat mich der Bassa seiner gesamten Dienerschaft vorgestellt. Es war wie eine kleine Audienz. Danach führte er mich durch das ganze Serail – was soviel heißt wie Schloß – alle Zimmer stünden zu meiner Verfügung, einschließlich der Bibliothek. Selbstverständlich erfreute mich das ein wenig. Vielleicht gibt es dort auch ein paar Bücher, die mich für ein paar Stunden meinen Kummer und meine Sehnsucht vergessen machen. Wenn ich nur wüßte, ob Du noch lebst, Belmonte, wenn ich das nur wüßte!

Montag

Soeben komme ich von der Veranda zurück. Ein Stoffhändler war bestellt worden und hat dort sein ganzes Lager ausgebreitet. Ich sollte Stoffe aussuchen für neue Garderobe, da ja meine Kleider bei den Seeräubern geblieben sind. Der Bassa stand dort und hatte schon ausgewählt. Er hielt mir verschiedene Stoffe an, um zu prüfen, wie sie mir zu Gesichte stünden. Das war mir sehr unangenehm, denn er betrachtete mich mit Augen – ach Belmonte! Ich sagte, ich hätte keine Garderobe nötig, zwei Gewänder zum Wechseln genügten mir. – Er verwöhnt mich in einem Maße, das mich tief in seine Schuld stürzt. Ich versuche mich zu entziehen, aber es gelingt kaum. Selbstverständlich kommt es nicht in Frage, daß ich nur mit zwei Kleidern herumlaufe. Es kämen hohe Gäste hierher und ich hätte ordentlich auszusehen. Das sagte er in einem Tone, dem zu widersprechen nicht möglich war. Nun also – er denkt sich mich als seine Dame zum Repräsentieren. Nun gut – besser als seine Bettgenossin.

Zeittafel

1741 Johann Gottlieb Stephanie (der Jüngere) wird am 19. Februar in Breslau geboren.

1756 Am 27. Januar wird Wolfgang Amadeus Mozart in Salzburg geboren.

1781 12. März: Sechs Wochen nach der Uraufführung seiner opera seria ‹Idomeneo, re di Creta› im neuen Münchner Hoftheater (am 29. Januar) reist Mozart auf Weisung seines Salzburger Dienstherrn, Erzbischof Hieronymus Colloredo, von München nach Wien. Hier trifft er am 16. März ein und bezieht im Haus des Deutsch-Ritter-Ordens ein «scharmantes Zimmer».

Vor dem 18. April: Der Theaterdichter Gottlieb Stephanie der Jüngere verspricht Mozart «ein Neues stück, ... ein gutes stück» zur Vertonung zu geben.

28. April: Mozart sträubt sich gegen die Anordnung des Erzbischofs, nach Salzburg zurückzukehren; er will dies nur unter der Bedingung tun, daß er «künftige faste zu Ende Carneval nach Wienn reisen» darf.

Anfang Mai läßt Colloredo Mozart ausrichten, daß er «den Augenblick ausziehen» müsse.

Frau Cäcilie Weber, spätere Schwiegermutter Mozarts, gibt ihm daraufhin ein Zimmer in ihrer Wohnung «auf dem Peter im Auggottes», 2. Stock.

Am 9. Mai folgt nach zwei heftigen Auseinandersetzungen der endgültige Bruch mit dem Erzbischof. (Mozart an seinen Vater: «Ich bin noch ganz voll der Galle! ... ich will nichts mehr von Salzburg wissen – ich hasse den Erzbischof bis zur raserey.») Sein Vater versucht ihn mehrmals brieflich zur Rücknahme seines Entschlusses zu bewegen, jedoch Mozart, in seiner Ehre zutiefst gekränkt, läßt sich nicht mehr umstimmen.

25. Mai: Uraufführung des Singspiels ‹Belmont und Constanze,

oder: Die Entführung aus dem Serail› in Berlin nach dem Text des Leipziger Komödiendichters Christian Friedrich Bretzner (1748-1807). Die Musik ist von dem Berliner Musikverleger, Dirigenten und Komponisten Johann André (1741-1799).

Weitere Aufführungen des Singspiels folgen in München und Leipzig (1781), in Hamburg (1782), in Karlsruhe (1784) und Schwedt (1785).

Am 9. Juni erhält Mozart von des Erzbischofs Oberstküchenmeister Graf Karl Arco seinen offiziellen Abschied durch einen Fußtritt.

30. Juli: Gottlieb Stephanie übergibt Mozart das versprochene Operntextbuch. «das Buch ist ganz gut. das Sujet ist türkisch und heist; *Bellmont und konstanze.* oder *die verführung aus dem Serail*» (Brief vom 1. August).

7. August: Mozart spielt der Gräfin Thun die bereits fertiggestellten Arien Nr. 3 des Osmin, Nr. 4 des Belmonte und Nr. 6 der Konstanze vor.

22. August: «der erste Ackt von der opera ist nun fertig» (Brief an seinen Vater).

Um den 20. September herum teilt Mozart seinem Vater die vollständige Besetzungsliste seiner neuen «opera» mit.

26. September: der komplette erste Akt inklusive Ouvertüre sowie das «Saufduett» Nr. 14 und «eine aria im 2ten Ackt» sind fertiggestellt. Mozart möchte das (in der Vorlage) am Anfang des dritten Aktes stehende Entführungsquintett an das Ende des zweiten Aktes vorverlegen. Er bittet Stephanie, nun für den dritten Akt «eine ganz Neue intrigue» zu ersinnen. Mozart unterbricht die Komposition der Oper für mehrere Monate.

Am 6. Oktober schreibt er an seinen Vater, daß die Oper nun noch länger liegenbleiben müsse, «bis dem Gluck seine 2 opern zu stande gekommen sind».

15. Dezember: Mozart teilt Leopold mit, daß er «eine Weberische – aber nicht Josepha – nicht Sophie – sondern Costanza; die Mittelste ... versteht die hauswirthschaft, hat das beste herz von der Welt» heiraten möchte.

1782 8. Mai: Mozart berichtet seinem Vater, daß er «gestern» der Gräfin Thun seinen «2.t Ackt vorgeritten» habe.

29. Mai: Abschluß der Komposition der ‹*Entführung aus dem Serail*›. («Morgen speise ich mit meiner lieben konstanze bey der gräfin Thun, und werde ihr den 3.ten Ackt voreiten.»)

3. Juni: Erste Probe der ‹*Entführung*› im Burgtheater.

16. Juli: Uraufführung des deutschen Singspiels ‹*Die Entführung aus dem Serail*› im k.k. Nationalhoftheater zu Wien (= Burgtheater). Die Besetzung ist: Konstanze – Caterina Cavalieri, Blonde – Therese Teyber, Belmonte – Johann Valentin Adamberger, Pedrillo – Johann Ernst Dauer, Osmin – Ludwig Karl Fischer, Bassa Selim – Dominik Jautz. Die beiden ersten Vorstellungen bringen 1200 Gulden ein. Mozart erhält später vom Hoftheater ein Pauschalhonorar von 426,60 Gulden. Nach der zweiten Aufführung am 18. Juli berichtet Mozart seinem Vater, daß «gestern noch eine Stärkere Cabale war als am ersten Abend – der ganze Erste ackt ist verzischet worden. – aber das laute *Bravo* rufen unter den arien konnten sie doch nicht verhindern.»

26. Juli: Die dritte Aufführung findet nach Mozarts Darstellung «allen applauso ... und das theater war wider ohngeacht der erschröcklichen hitze gestrotzt voll.»

Am 30. Juli findet die vierte, am 4. August die fünfte Vorstellung der ‹*Entführung*› im Burgtheater statt. Am selben Tag heiratet Mozart Constanze Weber im Dom von St. Stephan in Wien. Die Zustimmung des Vaters zur Heirat kommt erst nach der Trauung in Wien an.

6. August: Sechste Vorstellung der ‹*Entführung*› «auf begehren des glucks». «gluck hat mir vielle Complimente darüber gemacht. Morgen speise ich bey ihm.»

Bis zum Ende der Spielzeit 1782/83 erlebt die ‹*Entführung*› im Burgtheater insgesamt fünfzehn Aufführungen.

Im Herbst 1782 führt die Truppe Karl Wahr die ‹*Entführung*› zum erstenmal in Prag auf.

1783 Am 8. Mai wird das Singspiel zum erstenmal in Warschau gegeben, in deutscher Sprache.

Weitere Erstaufführungen der ‹*Entführung*› folgen in Bonn (22. Juni), Frankfurt am Main (2. August) und in Leipzig (25. September).

1784 Erstaufführungen der Oper in Mannheim (18. April), Karlsruhe (16. Oktober), Köln (24. Oktober) und Salzburg (17. November).

1785 In diesem Jahr wird die ‹*Entführung*› in Dresden, Riga, München, Weimar, Aachen, Kassel, Preßburg, Augsburg, Nürnberg und Mainz zum erstenmal gezeigt.

1786 Rostock und Altona erleben die Oper zum erstenmal.

Am 10. Mai, 21. Juli und im November finden, nach mehrjähriger Pause, wieder Vorstellungen der ‹*Entführung*› im Burgtheater statt.

1787 Erstaufführungen des Singspiels in Hannover, Hamburg, Breslau und Koblenz.

1788 Am 4. Februar geht die Deutsche Singspiel-Periode am Wiener Kärntnertor-Theater mit Mozarts ‹Entführung› zu Ende. Es ist zugleich die letzte von 42 Vorstellungen der Oper zu Mozarts Lebzeiten in Wien.

Erstaufführungen der ‹Entführung› in Braunschweig, Hildesheim, Graz und Berlin.

1789 Am 14. April wird die ‹Entführung› in Bamberg konzertant aufgeführt.

Am 27. Mai wird die Oper in Ofen (= Buda) von der Truppe Hubert Kumpf vorgeführt.

1791 Im Januar wird die Oper in Amsterdam, im März in Erfurt, am 19. Juni in Pest gegeben.

5. Dezember: Fünf Minuten vor ein Uhr morgens stirbt Mozart fünfunddreißigjährig in Wien.

‹Die Entführung aus dem Serail› wurde zum größten Bühnenerfolg seines Lebens.

1798 Pariser Erstaufführung des Singspiels in französischer Sprache.

1800 23. Januar: Johann Gottlieb Stephanie d. J. stirbt in Wien.

1810 In Moskau wird die ‹Entführung› in russischer Sprache gegeben.

1813 Erstaufführung des Singspiels in dänischer Sprache in Kopenhagen.

1814 Erstaufführung des Singspiels in schwedischer Sprache in Stockholm.

1827 Erste englischsprachige Version der ‹Entführung› am Covent Garden Royal Opera House in London.

1860 New York stellt die ‹Entführung› in italienischer Sprache vor.

1926-28 Die Opernhäuser von Helsinki, Bukarest und Sofia stellen die ‹Entführung› zum erstenmal in ihrer Landessprache vor.

1935 Italienische Erstaufführung (?) der Oper am Teatro Pergola in Florenz, in deutscher Sprache.

Bibliographie

Eine Auswahl empfohlener Schriften zum Thema
‹Die Entführung aus dem Serail›

Carl Maria von Weber: Die Entführung aus dem Serail, Oper von Mozart.
  – In: «Abendzeitung» (Dresden), Nr.142 vom 16.6.1818. – In: C. M. v.
  Weber: Kunstansichten. Leipzig 1975, S. 209–211
Alexander Ulybyscheff: Nouvelle biographie de Mozart. Moskau 1843. –
  dt.: Mozarts Leben. Stuttgart 1847
Alexander Ulybyscheff: Mozarts Opern. Leipzig 1848
Otto Jahn: W. A. Mozart. 4 Bde. Leipzig 1856–1859. – 3. Aufl. bearbeitet
  und ergänzt von Hermann Deiters. 2 Bde. Leipzig 1889-1891
Hector Berlioz: «Abu Hassan», «Die Entführung aus dem Serail» (1859).
  – In: Musikalische Streifzüge. Leipzig 1912
Heinrich Bulthaupt: Dramaturgie der Oper. Bd.I. Leipzig 1887, S. 87–
  109
Walter Preibisch: Quellenstudien zu Mozarts «Entführung aus dem Se-
  rail». Diss. Halle 1908 – In: Sammelbände der Internationalen Musik-
  gesellschaft Leipzig 1908/09.
Arthur Schurig: Wolfgang Amadé Mozart. 2 Bde. Leipzig 1913
Edward J. Dent: Mozart's Operas. London 1913 – dt.: Mozarts Opern.
  Berlin 1913, S. 73–90
Hermann Cohen: Die dramatische Idee in Mozarts Operntexten. Berlin
  1915, S. 58–65
Oskar Bie: Die Oper. Berlin 1913, S. 159–162
Ernst Lert: Mozart auf dem Theater. Berlin 1918, S. 311–325
Hermann Abert: W. A. Mozart. (5. vollst. neu bearb. u. erw. Aufl. von
  Otto Jahns Mozart) 2 Bde. Leipzig 1919–1921. – 7. Auflage Leipzig
  1956, Bd. I, S. 748–799
Bernhard Paumgartner: Mozart. Berlin 1927, S. 357–373
Annette Kolb: Mozart. Wien 1937
Roland Tenschert: Mozart. Ein Leben für die Oper. Wien 1941, S. 90–100
Roland Tenschert: W. A. Mozart. Salzburg 1951, S. 88–93

Egon von Komorzynski: Mozart. Sendung und Schicksal. Berlin 1941, S. 59–75

Leopold Conrad: Mozarts Dramaturgie der Oper. Würzburg 1943, S. 226–246

Alfred Einstein: Mozart. His character, his work. New York 1945 – dt.: Stockholm 1947 – 4. Aufl. Kassel 1960

Heinrich Eduard Jacob: Mozart. Geist – Musik – Schicksal. Frankfurt a. M. 1955 – 3. Aufl. München 1978, S. 242–266

Erich Schenk: W. A. Mozart. Zürich etc. 1955

Marcel Brion: Mozarts Meisteropern. Erlenbach – Zürich 1956

Aloys Greither: Die sieben großen Opern Mozarts. Heidelberg 1956, S. 47–87

Horst Seeger: W. A. Mozart. Leipzig 1956

Brigid Brophy: Mozart, the dramatist. A new view of Mozart, his operas and his age. London 1964

Karl Maria Pisarowitz: Mozarts Ur-Bassa. – In: Mitteilungen der Internationalen Stiftung Mozarteum. Jg. 13 Heft 3/4. Salzburg 1965

Anna Amalie Abert: Die Opern Mozarts. Wolfenbüttel und Zürich 1970

Ulrich Dibelius: Mozart-Aspekte. München 1972

Constantin Floros: Die Ouvertüre zur «Entführung aus dem Serail». – In: Mozart-Studien I. Wiesbaden 1979

Stefan Kunze: «‹Die Entführung aus dem Serail› schlug alles nieder ...» – In: Programmheft der Bayerischen Staatsoper zur Neuinszenierung der «Entführung aus dem Serail» am 20. 4. 1980. München 1980, S. 17–22 und in: Neue Zürcher Zeitung vom 26. Februar 1982

Annegret Ritzel: Aus Konstanzes Tagebuch. – In: Programmheft zur Neuinszenierung der «Entführung aus dem Serail» am Ulmer Theater am 27. 10. 1981. Ulm 1981

Gerhard Croll: Vorwort zur Partiturausgabe der «Entführung aus dem Serail» im Rahmen der ‹Neuen Mozart Ausgabe›. Vorgelegt von Gerhard Croll. Kassel etc. 1982, S. VIII–XXXV

Briefe und Dokumente

W. A. Mozart: Briefe und Aufzeichnungen. Gesamtausgabe. Gesammelt und erläutert von Wilhelm A. Bauer und Otto Erich Deutsch. Band III. Kassel etc. 1963

W. A. Mozart: Die Dokumente seines Lebens. Gesammelt und erläutert von Otto Erich Deutsch. Kassel etc. 1961

Otto Erich Deutsch (Hg.): Mozart und seine Welt in zeitgenössischen Bildern. Kassel etc. 1961

Attila Csampai

Anmerkungen zur Diskographie

Die interpretatorischen Probleme von Mozarts Singspiel ‹Die Entführung aus dem Serail› stellen sich grundsätzlich nicht anders dar als bei den anderen großen Opern dieses Komponisten. Auch hier entscheiden primär Tempofragen über das Gelingen oder Mißlingen einer Aufnahme. (Wobei es Studioproduktionen von vornherein schwieriger haben, den Lebensimpuls von Mozarts Musik herzustellen, da die Beteiligten in einer fremden Umgebung Bühnenwirklichkeit simulieren müssen.)

Die absolute Priorität der richtigen Tempowahl erklärt sich aus dem *genuin dramatischen Wesen* der Mozartschen Musik. Ihrer besonderen Eigenschaft wegen, das gesamte dramatische Geschehen in sich, in ihrer Struktur zu bergen, muß Mozarts Musik, um ihren Sinn zu erfüllen, bereits in ihrer Klanggestalt das Theatergeschehen realisieren – quasi als geistiger Akt. Hierin unterscheidet sich Mozarts Opernkonzeption von denen aller anderen Komponisten, bei denen die Musik zum Theater *hinzutritt* und ästhetisch autonomer Teilbereich des Gesamtkomplexes Theater ist, darum auch losgelöst vom Theater rein musikalisch aufgefaßt und genossen werden kann. Mozarts Musik allein erfaßt das Theater vollständig und dient nur dem Zweck, in Tönen menschliches Handeln und Empfinden zu erfassen. Dieses ästhetische Ziel kann aber nur in einem dem menschlichen Lebenspuls entsprechenden musikalischen Tempo plausibel realisiert werden, auf der Grundlage einer gleichmäßigen, vital-pulsierenden (dem menschlichen Herzschlag ähnlichen) Zeitgestaltung. Mit anderen Worten: Das vom Interpreten gewählte Tempo muß eine bestimmte Impulsdichte und -folge von musikalischen Einzelereignissen, eine Art musikalischer Grundfrequenz, gewährleisten, die freies menschliches Handeln ermöglicht bzw. dem Tempo des normalen Lebens entspricht. (Beim Film wären das 24 Bilder pro Sekunde.)

Der in einem hohen Maße objektive Charakter von Mozarts Musik verlangt aber nicht nur eine bestimmte «Pulsfrequenz» des musikalischen

Ablaufs, sondern verbietet auch jede Art von persönlicher Einmischung des Interpreten, wie etwa unbegründete Temposchwankungen, Seufzer, Rubati oder dergleichen.

Von den elf mir zur Verfügung stehenden Gesamtaufnahmen der ‹Entführung› aber erfüllen sieben die oben angeführte Grundvoraussetzung nicht und scheiden daher von vornherein wegen zu langsamer oder schwankender Tempi aus: Für die Aufnahmen unter den Dirigenten Rudolf Moralt, Otmar Suitner, Heinz Wallberg und Karl Böhm gilt dies in jedem Fall, bei genauerer Prüfung aber auch für die über weite Strecken feinfühlig und ansprechend musizierten Einspielungen von Thomas Beecham und Josef Krips.

Unter dem Strich bleibt nur ein einziger Dirigent übrig, dessen Tempogestaltung man in jedem Punkt, also in allen 21 Musiknummern der ‹Entführung› vorbehaltlos zustimmen kann: Es ist die zuletzt entstandene Studioproduktion unter Colin Davis und dem exzellent aufspielenden Solistenensemble der Academy of St. Martin-in-the-Fields, die als einzige Aufnahme selbst in der heiklen «Traurigkeits»-Arie Nr. 10 die Tempo-Prüfung besteht. Dabei hält sich Davis lediglich an Mozarts Partiturvorschrift, die ein bewegtes «Andante con moto» vorschreibt, und er bemüht sich, das einmal angeschlagene Grundtempo gleichmäßig durchzuhalten. Doch allein diese Tat sichert ihm den Vorsprung vor den anderen Dirigenten dieser Arie, die – einer mysteriösen Eingebung folgend – glauben, hier selbst in Depressionen verfallen zu müssen, und dem Orchester und dem Zuhörer eine Lektion in freier Zeitgestaltung erteilen zu müssen. Selbst ein sonst so rasanter Dirigent wie Ferenc Fricsay hält sich ganz an die ungeschriebene Konvention und gießt in dieser Arie die ganze Gefühlslauge des 19. Jahrhunderts (oder das, was davon im 20. Jahrhundert übriggeblieben ist) über die diskrete Partitur Mozarts. Das Traurige daran ist nur, daß die genial auskomponierte, zerklüftete, aus lauter einzelnen Seufzern zusammengesetzte Trauer-Struktur der Arie so nicht mehr richtig zum Tragen kommt; denn die konkret gestaltete Diskontinuität des musikalischen Verlaufs kann nur vor dem «Hintergrund» eines geordneten, einheitsstiftenden Metrums wahrgenommen werden.

Die musikalische Überlegenheit der Davis-Aufnahme zeigt sich aber auch in anderer Hinsicht: Das überaus kultivierte, virtuose, plastische und solistisch durchgezeichnete Ensemblespiel der «Academy» verschmilzt mit der nicht weniger differenzierten Darstellung und dem gepflegten, diskreten Ton der Vokalsolisten zu einem homogenen, kompakten, ästhetisch anspruchsvollen und ausgehörten Klangbild (hervorzuheben der zurückhaltende, kantable, sensible Belmonte von Stuart Burrows und die präzis und gefühlvoll gesungene Blonde von Norma Burrows).

Und dann kann Davis auch in der – zumeist so peinlich überstrapazierten – Sprechrolle des Bassa Selim mit einen wirklichen Könner aufwarten: mit dem lebenserfahrenen, aber immer noch sehr suggestiven Curd Jürgens, der sich hier, in einer seiner letzten Rollen, als Meister der leisen Töne erweist.

Von den Konkurrenzaufnahmen kommt allenfalls die 1966 eingespielte Version unter Eugen Jochum als Alternative in Betracht. Jochums ‹Entführung› ist spritziger, witziger, vitaler als Davis' lyrisch-verhaltene Deutung, und sie setzt eine gute Portion mehr an Drive, Verve und Bühnenenergie frei. Jochum setzt auf den männlichen, dramatisch bewegten, stürmischen und feurigen Mozart, und er überzeugt damit nicht weniger als sein britischer Kollege, zumal auch er in Fritz Wunderlich einen Belmonte-Darsteller von Gewicht und in Erika Köth eine zumindest standhafte, selbstbewußte Konstanze in die Waagschale werfen kann.

Eigentlich hätte auch noch der Live-Mitschnitt von István Kertész' Salzburger Festspiel-Aufführung von 1961 wegen der sehr guten Tempi, ihrer Intimität und Sinnlichkeit eine Empfehlung verdient, wenn die Leistungen der Sänger hier nicht so deutlich hinter dem Standard zurückbleiben würden.

Für die wichtigste, schwierigste Partie der Oper hat indes die gesamte bisher vorliegende Diskographie noch keine Idealbesetzung aufbieten können: Eine untadelige, erstklassige Konstanze muß noch gefunden werden.

Liste der Gesamtaufnahmen*

1937 Heinrich Steiner (Piltti, Beilke, Erb, Zimmermann, Strienz, Korner; Chor und Symphonieorchester des Reichssenders Berlin)
      ANNA

1945 Rudolf Moralt (Schwarzkopf, Loose, Dermota, Klein, Alsen, N.N.; Wiener Rundfunkchor, Österreichisches Rundfunk-Sinfonieorchester)
      Melodram 047

1947 Emil Cooper (Steber, Alarie, Kullman, Garris, Ernster, Hargrave; Chor und Orchester der Metropolitan Opera New York)
      EJS

* *Reihenfolge der Rollen: Konstanze – Blonde – Belmonte – Pedrillo – Osmin – Bassa*

1950 Josef Krips (Lipp, Loose, Ludwig, Klein, Koreh, Woester; Chor der Wiener Staatsoper, Wiener Philharmoniker)
Decca LXT 2020/21
1954 Ferenc Fricsay (Stader, Streich, Haefliger, Vantin, Greindl, Franck; RIAS Kammerchor, RIAS Symphonie-Orchester Berlin)
DGG-Heliodor 89756/57
1954 Otto Ackermann (Tyler, Petrich, van Kesteren, Schiebener, Griebel, N. N.; Chor und Orchester des Opernhauses Köln)
Concert Hall Records
1956 Thomas Beecham (Marshall, Hollweg, Simoneau, Unger, Frick, Laubenthal; Beecham Choral Society, Royal Philharmonic Orchestra)
EMI-SLS 5153
1961 István Kertész (Pütz, Holm, Wunderlich, Wohlfahrt, Litassy, Wolf; Chor der Wiener Staatsoper, Mozarteum Orchester)
Live-Mitschnitt von den Salzburger Festspielen
Melodram 702 (3)
1962 Otmar Suitner (Vulpius, Rönisch, Apreck, Förster, van Mill, Schütte; Chor der Staatsoper Dresden, Staatskapelle Dresden)
Philips-Fontana 700 194/95 WGY
1966 Eugen Jochum (Köth, Schädle, Wunderlich, Lenz, Böhme, Boysen; Chor und Orchester der Bayerischen Staatsoper München)
DGG 2727 002
1966 Josef Krips (Rothenberger, Popp, Gedda, Unger, Frick, Rudolf; Chor der Wiener Staatsoper, Wiener Philharmoniker)
EMI-Electrola 1 C 197-00 070/71
1968 Yehudi Menuhin (Dobbs, Eddy, Gedda, Fryatt, Mangin, Kelsey; Ambrosian Singers, Bath Festival Orchestra)
in englischer Sprache
EMI-SAN 201-3
1973 Karl Böhm (Auger, Grist, Schreier, Neukirch, Moll, Mellies; Rundfunkchor Leipzig, Staatskapelle Dresden)
DGG 2740 203
1978 Heinz Wallberg (Gruberova, Ebel, Araiza, Orth, Bracht, Leipnitz; Chor des Bayerischen Rundfunks, Münchner Rundfunkorchester)
Ariola-Eurodisc 300 027-440
1979 Colin Davis (Eda-Pierre, Burrowes, Burrows, Tear, Lloyd, Jürgens; John Alldis Choir, Academy of St. Martin-in-the-Fields)
Philips 6769 026

Nachweise

Quellen der Texte

Gerhard Croll: Auftrag, Buch, Besetzung und Komposition Mozarts «Entführung aus dem Serail». In: «Die Entführung aus dem Serail». Partiturausgabe der Oper im Rahmen der NMA (Neue Mozart-Ausgabe). Bärenreiter, Kassel etc. 1982
Mozarts Briefe an seinen Vater zur «Entführung». In: Mozart. Briefe und Aufzeichnungen. Bärenreiter, Bd. IV, Kassel 1963
Carl Maria von Weber: «Die Entführung aus dem Serail». In: «Kunstansichten». Verlag Philipp Reclam jr., Leipzig 1965
Hector Berlioz: «Abu Hassan» – «Die Entführung aus dem Serail». In: «Musikalische Streifzüge», Breitkopf & Härtel, Leipzig 1912
Heinrich Bulthaupt: Die Entführung aus dem Serail. In: Dramaturgie der Oper in 2 Bdn. Bd. 1, Breitkopf & Härtel, Leipzig 1887
Heinrich Eduard Jacob: Ein deutsches Singspiel. In: Mozart oder Geist, Musik und Schicksal eines Europäers. Heinrich Scheffler, Frankfurt a. M. 1963
Anna Amalie Abert: Mozarts «Entführung aus dem Serail». In: Die Opern Mozarts. In: Beihefte zum Archiv für Musikwissenschaft. Moeseler, Wolfenbüttel und Zürich 1970

Quellen der Abbildungen

S. 4/5, 202, 205: Mara Eggert, Frankfurt am Main
S. 24: Stich von Johann Ernst Maresfeld nach Joseph Lange (Mozart-Gedenkstätte Augsburg)
S. 78: Stich von Jakob Adam nach Christian Vinazer (Mozart-Gedenkstätte Augsburg)

S. 84: Gesellschaft der Musikfreunde, Wien

S. 87: Silhouetten von Hieronymus Löschenkohl (Hist. Museum der Stadt Wien)

S. 89: Stich von Friedrich John nach Friedrich Heinrich Füger (Mozart-Gedenkstätte Augsburg)

S. 101: Civico Museo Bibliographico Musicale, Bologna

S. 123: Zavertal Collection, Hunterian Museum, Glasgow University

S. 134: Theatersammlung der Universität Hamburg

S. 137: Museum der Staatstheater, Berlin

S. 155/157: Archiv der Bayerischen Staatsoper, München

S. 164, 167: Archiv der Max Reinhardt-Forschungs- und Gedenkstätte, Salzburg/Ellinger

S. 171: Pressebüro Salzburger Festspiele/ Ellinger

S. 179: Ursula Richter, Dranske

S. 183: R. F. Schmiedt, Hamburg

S. 187: Archiv der Max Reinhardt-Forschungs- und Gedenkstätte, Salzburg/Madner

S. 189, 192, 195: Pressebüro Salzburger Festspiele/Steinmetz

S. 198: Anne Kirchbach, Starnberg

S. 200: Pressebüro Salzburger Festspiele/Rabanus

Über die Herausgeber

Attila Csampai, geboren 1949 in Budapest, studierte Musikwissenschaft, Theatergeschichte, Philosophie, Soziologie und Mathematik in München und arbeitet dort seit 1974 als freier Musikschriftsteller. Er schrieb zahlreiche Essays und Werkkommentare für Konzert- und Opernprogramme und Platteneditionen sowie Aufsätze in Fachzeitschriften. Daneben Rundfunksendungen und von 1975–78 Rezensent bei «Hi Fi Stereophonie». Seit 1978 dramaturgische Mitarbeit und musikalische Beratung bei verschiedenen Opern- und Theaterinszenierungen. Seit 1980 ständige freie Mitarbeit beim Bayerischen Rundfunk als Autor und Programmgestalter und seit Herbst '81 auch als Redakteur beim «Musikmagazin».

Dietmar Holland, geboren 1949, studierte in München Musikwissenschaft, Philosophie und Theatergeschichte. Arbeitet derzeit an einer opernästhetischen Dissertation und veröffentlichte außer Essays über musikalische Sachfragen Werkkommentare für Konzert- und Opernaufführungen bzw. -aufnahmen. Musikkritische Tätigkeit und Musiksendungen beim Rundfunk sind weitere publizistische Arbeitsgebiete. Seit der Spielzeit 1979/80 ist er Programmheftredakteur der Münchner Philharmoniker.

RICORDI

Klavierauszüge
in musikkritischen Neuausgaben

DOMENICO CIMAROSA
Die heimliche Ehe (dt./it.)
(F. Donatoni – J. Popelka)

GAETANO DONIZETTI
Don Pasquale (dt./it.)
(P. Rattalino – J. Popelka / H. Goerges)

GIACOMO PUCCINI
La Bohème (dt./it.)
(F. Bellezza – H. Swarowsky)

Madame Butterfly (dt./it.)
(Ma. Abbado – H. Hartleb)

Tosca (dt./it.)
(F. Bellezza – G. Rennert)

GIOACCHINO ROSSINI
Der Barbier von Sevilla (dt./it.)
mit transponierten Arien
(A. Zedda – G. Rennert)

Greifen Sie beim Abhören Ihrer Tonträger zu
RICORDI-Klavierauszügen. Erhältlich im Musikalienhandel.

(Fortsetzung auf nächster Seite)

RICORDI

Klavierauszüge
in musikkritischen Neuausgaben (Fortsetzung)

GIUSEPPE VERDI

Aida (dt./it.)
(M. Parenti – J. Popelka)

Don Carlos (dt./it.)
Vieraktige Fassung (H. Swarowsky)
Vier- und fünfaktige Fassung (H. Swarowsky)
Sämtliche Fassungen, einschließlich der
Pariser Urfassung (fr./it.) (U. Günther)

Falstaff (dt./it.)
(M Parenti – H. Swarowsky)

Die Macht des Schicksals (dt./it.)
(M. Parenti – J. Popelka / G. C. Winkler)

Ein Maskenball (dt./it.)
(M. Parenti – J. Popelka / G. C. Winkler)

Nabucco (dt./it.)
(F. Testi – K. Honolka)

Othello (dt./it.)
(M. Parenti – W. Felsenstein / C. Stueber)

Simon Boccanegra (dt./it.)
(F. Bellezza – H. Swarowsky)

La Traviata (dt./it.)
(M. Parenti – J. Popelka / G. C. Winkler)

Der Troubadour (dt./it.)
(M. Parenti – J. Popelka / G. C. Winkler)

Die Werke erschienen in neugestochenen Klavierauszügen,
revidiert nach dem Autograph der Partitur, versehen mit Instru-
mentationsangaben und Studierziffern. Den Klavierauszügen
vorangestellt sind: Angaben über Personen der Handlung,
Orchesterbesetzung, Bemerkungen zum Werk und zur Aufführungspraxis, wie auch Revisionsbericht, Bildbeigaben
fallweise.

Greifen Sie beim Abhören ihrer Tonträger zu
RICORDI-Klavierauszügen. Erhältlich im Musikalienhandel.